Excel 商业数据分析

实战版

杨小丽◎编著

中国铁道出版社有限公司
CHINA RAILWAY PUBLISHING HOUSE CO., LTD.

内 容 简 介

这是一本专门介绍如何使用Excel进行商业数据分析的工具书，全书共11章，先介绍商业数据分析的相关基础内容及具体分析流程，然后挑选整个分析流程中的关键环节进行重点讲解，让读者具体了解Excel工具在商业数据分析中的应用。最后通过4个综合案例，以点代面，让读者真实地体会Excel商业数据分析的实战应用。

本书内容实用，语言精确严谨，案例丰富，操作详细，特别适合想要从事数据分析工作的新人快速入门，对于从事数据分析工作不久的相关人员，巩固和提升数据分析的相关技能也有一定帮助。

图书在版编目（CIP）数据

Excel商业数据分析:实战版/杨小丽编著.—北京：中国铁道出版社，2018.7（2024.6重印）

ISBN 978-7-113-24511-5

Ⅰ.①E… Ⅱ.①杨… Ⅲ.①商业信息-数据处理 Ⅳ.①F713.51

中国版本图书馆CIP数据核字（2018）第102640号

书　　名：Excel商业数据分析（实战版）
作　　者：杨小丽

责任编辑：于先军　　**编辑部电话**：(010) 51873026　　**邮箱**：46768089@qq.com
封面设计：MXK DESIGN STUDIO
责任印制：赵星辰

出版发行：中国铁道出版社有限公司（100054，北京市西城区右安门西街8号）
印　　刷：北京铭成印刷有限公司
版　　次：2018年7月第1版　2024年6月第3次印刷
开　　本：710 mm×1 000 mm　1/16　**印张**：21　**字数**：261千
书　　号：ISBN 978-7-113-24511-5
定　　价：59.80元

配套资源下载地址：
http://www.crphdm.com/2018/0518/14014.shtml

前言

P R E F A C E

在如今“大数据”的背景下，我们经常能听到“数据分析”这个词，那么，究竟什么是数据分析呢？通俗地讲，数据分析就是数据加分析，即对收集来的大量第一手资料和第二手资料进行技术分析，以求最大化地开发数据资料的功能，发挥数据的作用。

在这个网络发达的时代，要想更好地发展企业，就必须通过各种渠道，收集行业相关数据，整体把握行业现状，并且对企业自身的各种数据进行科学和严谨的分析，通过分析结果的可靠性，制订切实可行的运营计划。因此，未来企业争夺的能源就是数据。由此可见，数据分析在企业经营管理中的重要性。

正因如此，做好数据分析是每个从事数据分析工作的人必须认真对待的事情。尤其对于初涉数据分析行业的新人而言，更应该打下坚实的基础。

为了帮助更多的人了解商业数据分析，并掌握最常用的数据分析工具——Excel，我们特编写了本书。

本书包括 11 章内容，具体章节的内容如下。

◎ 第 1 ~ 2 章

为本书的开篇，意在让读者更全面、深入地了解商业数据分析的重要性、分析流程、常用方法和一些分析误区等，并介绍如果要做好数据分析工作，必须掌握的一些基本方法和操作，包括数据表格的规范设计及如何确保数据安全等。

◎ 第 3 ~ 9 章

是本书的主体部分，重点介绍整个商业数据分析流程中的数据搜集整理、加工处理、分析方法及数据分析结果的呈现方式等关键环节，结合 Excel 工具，以实战案例的方式进行讲解，教会读者如何通过 Excel 工具完成商业数据分析的相关操作。

◎ 第 10 ~ 11 章

是本书的综合实战部分，通过 4 个大型的综合案例，让读者深刻体会 Excel 工具在销售、生产、财务及运营这些领域中进行商业数据分析的具体方法。

本书在写作过程中，采用大量真实案例来讲解对应的 Excel 技术，这样可以让读者更好地体会 Excel 工具在商业数据分析中的具体应用。在讲解过程中，采用大量图形和表格的表现手法，力求用清晰的结构展示复杂的逻辑关系，便于读者理解。另外，本书涉及的所有素材和效果文件均免费提供，方便读者上机操作练习和巩固学习效果。

配套资源下载地址：http://www.crphdm.com/2018/0518/14014.shtml

最后，希望所有读者能够从本书内容中学到有用的知识，并能较好地应用到具体的工作中。由于编者能力有限，对于本书内容不完善的地方希望得到读者的指正。

编　者

2018 年 6 月

配套资源下载地址：
http://www.crphdm.com/2018/0518/14014.shtml

目录

C O N T E N T S

第 9 章 Excel 中的数据分析工具应用

第 10 章 销售与生产类商业数据分析实战

第1章

Excel 商业数据分析全接触

在大数据时代，无论是行业的现状、发展及未来的变化趋势预测，或者是把握企业的整体运营情况、制订生产计划及营销计划等，都离不开科学、严谨的数据分析。可靠的数据分析结果，为我们的决策提供最重要的数据保障。本章将具体介绍 Excel 商业数据分析的相关内容，让读者对其有整体的认识。

1.1 数据分析有哪些作用

数据分析是指用适当的统计分析方法对收集的大量数据进行分析，提取有用信息和形成结论而对数据加以详细研究和概括总结的过程。常言道：数据是最有说服力的，尤其在商业应用中，数据分析结果更是起着举足轻重的作用。下面先来看一个小例子。

案例陈述　数据告诉你：尿布和啤酒摆在一起销售的促销

在 20 世纪 90 年代，美国沃尔玛超市的管理人员在分析销售数据时发现了一个令人难以理解的现象：在某些特定的情况下，“啤酒”与“尿布”这两件看上去毫无联系的商品却经常出现在同一个购物单中，后来经过调查发现，这种现象主要出现在年轻的爸爸身上。

因为年轻的爸爸在去超市购买尿布时都会顺便为自己购买啤酒，所以看上去毫无关系的两件商品，在年轻爸爸这个群体的存在下发生了必然的联系。

于是，沃尔玛超市的管理人员尝试推出将啤酒和尿布摆在一起的促销手段，而事实也证明这种促销手段大大提高了商品的销售额。

通过这个案例可以知道，很多事物从表面现象来看，是很难发现二者之间的联系的，比如，本例中介绍的啤酒和尿布两个物品。但是通过科学、严谨的数据分析，从消费者的潜在需求中可以将二者联系起来，从而帮助超市管理人员制定合理、有效的营销方法，最终让资源配置达到最优。下面具体来看看数据分析到底有哪些作用。

客观地反映真实情况。由于数据分析是以实事求是为前提，对获得的数据进行处理和分析，因此数据分析结果是对客观事实的集中和正确反映。

监督企业的运营情况。对于公司大量的数据和资料信息进行处理，可以更准确地把握公司当前的整体运营情况，也是对企业相关部门的计划或者决策的执行进行监督的重要手段。

依据数据进行科学化管理。通过对公司各种运营数据的分析，可以更好地从量化的角度来分析和研究问题，从而让领导者和决策者可以更全面地了解企业的过去、现在与未来趋势，从而以数据为基础，对公司进行科学化的管理。

有助于各部门工作顺利开展。对于市场部和运营部等部门，许多的决策和计划都要依据市场的数据调查结果来展开执行，但是由于数据的繁多与信息的凌乱，从表面上很难得到有用的信息。而通过数据分析后，可以将数据的深层次关系展现得更直观，方便工作人员理解，从而更好地依据数据分析结果来开展工作。

职场小贴士

在统计学领域中，数据分析有三种类型：第一种是描述性数据分析，它是数据分析中最简单的一种类型，一般的商务数据分析都是这种分析；第二种是探索性数据分析，这种数据分析类型主要侧重于在数据中发现新的特征；第三种是验证性数据分析，这种数据分析类型侧重于已有假设的证实或证伪。

1.2

落实商业数据分析

在职场中，我们也经常听到“数据分析”这个词语，现实中大多数人把数据计算或者数据处理等称为数据分析，其实这种说法是不完全正确的，严格意义上讲，这些都是商业数据分析流程中的某一个环节。对于一次完整的商业数据分析流程，需要经历七个步骤，具体如下。

第一步：确定项目需求，制订可行计划。

第二步：获取进行商业数据分析的数据。

第三步：处理数据源，确保数据的完整性。

第四步：依据分析目的进行数据分析。

第五步：选择合适的数据呈现方式。

第六步：撰写数据分析报告。

第七步：推动方案或建议的执行。

下面就针对这七个步骤分别进行详细介绍，让读者全面深入地了解整个商业数据分析流程。

1.2.1 第一步：确定项目需求，制订可行的计划

无论是在生活中，还是工作中，当你决定要做一件事的时候，首先你要明确你的目的是什么，只有在清晰的目标引导下，你才能沿着正确的目标来完成事情。

对于逻辑性要求更强的商业数据分析来说，确定项目的需求更加重要，因此在进行商业数据分析工作之前，数据分析师要尽可能地与需求方进行充分的交流，真正了解需求方的意图。

虽然有些数据分析师有丰富的数据分析经验，切忌盲目地直接以自己的经验来处理新的项目。因为每个商业数据分析项目或许有共通的地方，但是毕竟是两个不同的项目，是独立存在的个体，在这种情况下，要确保每个项目的科学性和最终的正确性，必须重新进行立案，并有针对性地进行可行性分析，制订出可行的项目计划，从而确保项目的可行性，进而顺利开展项目。

1.2.2 第二步：获取进行商业数据分析的数据

数据分析师分析的主要对象就是数据，所有的数据分析过程和结果，没有原始数据的支撑，分析结果是不具备可靠性的，也不能作为决策的数据基础。既然数据这么重要，那么，这些数据从何而来呢？

作为商业数据分析需要的数据，我们可以从 3 个方面来获得，分别是公司内部数据库、网络公开的数据源及问卷调查数据。

1. 数据来源之公司内部数据库

在公司创立之初，就会对各种数据进行分类管理，如财务数据、运营数据、客户资源和在职员工信息等，这些数据都分别保存在不同的部门中，有的数据保存在 Excel 中，如图 1-1 所示；有些数据保存在 Access 数据库中。对于一些大型的企业，数据保存得更完善，会有专门独立的数据库系统来存储。

而且随着时间的推移，这些数据也会越来越多，当数据分析师在分析数据之前，需要整理好自己所需的数据明细，如数据的类型、哪个时间段的数据等，然后交到各部门，这样相关部门的工作人员才能及时、准确地将你需要的数据准备好。

员工编号	员工姓名	职务	部门	基本工资	提成工资
YGBH1001	汪治兰	经理	销售部	¥ 1,200.00	¥ 86
YGBH1002	肖鹏	副经理	销售部	¥ 1,000.00	¥ 64
YGBH1003	肖建勋	销售人员	销售部	¥ 600.00	¥ 1,07
YGBH1004	龙梅	销售人员	销售部	¥ 600.00	¥ 1,02
YGBH1005	汪何畏	销售人员	销售部	¥ 600.00	¥ 92
YGBH1006	张建明	销售人员	销售部	¥ 600.00	¥ 80
YGBH1007	邓李丽	销售人员	销售部	¥ 600.00	¥ 96
YGBH1008	余婷	销售人员	销售部	¥ 600.00	¥ 1,01
YGBH1009	郑荣玮	经理	市场部	¥ 1,200.00	¥ 86
YGBH1010	白罗	副经理	市场部	¥ 1,000.00	¥ 64
YGBH1011	张玺	市场调查员	市场部	¥ 600.00	¥ 82
YGBH1012	罗萍	市场调查员	市场部	¥ 600.00	¥ 62
YGBH1013	谭小月	市场调查员	市场部	¥ 600.00	¥ 1,04
YGBH1014	侯礼安	市场调查员	市场部	¥ 600.00	¥ 1,05
YGBH1015	柯凡	市场调查员	市场部	¥ 600.00	¥ 91
YGBH1016	王茜	财务总监	财务部	¥ 1,200.00	¥ 86
YGBH1017	龚贵鲲	出纳	财务部	¥ 600.00	¥ 64

工资表 提成 档案

图 1-1

公司内部数据库的数据是数据分析最直接的数据来源，也是公司基本情况最真实的反映，充分利用这些数据信息，可以更准确地把握公司的过往经营情况及现如今的发展情况，为数据分析提供最有力的保障。

2. 数据来源之网络公开的数据源

在网络如此发达的现代社会中，从网络中寻找资料已成为许多人获取资料的一个常用方法。而获取数据的途径和方式也多样化，有的从公开发行的刊物（如中国统计年鉴、世界经济年鉴和世界发展报告等）中获取数据；也有的从国家相关统计部门公布的数据信息、各种查询平台及专业的第三方机构等平台查阅数据。下面列举一些常见的数据查询平台。

中华人民共和国国家统计局（http://www.stats.gov.cn）。主要包括国家经济宏观数据、社会发展和民生相关等重要数据及信息，非常全面，且定期发布统计出版刊物，实用性强，其统计数据页面效果如图 1–2 所示。

图 1-2

国家数据（http://data.stats.gov.cn）。数据源来自国家统计局，但排版更清晰简洁，包括国计民生各个方面的月度数据、季度数据、年度数据、各地区数据、部门数据及国际数据，其页面效果如图 1–3 所示。

图 1-3

艾瑞网（http://www.iresearch.cn/）。定期发布互联网相关数据及报告，主要侧重于发布自家报告，在国内的互联网咨询服务方面的报告相对出色。该网站的页面效果如图 1-4 所示。

图 1-4

3. 数据来源之问卷调查数据

问卷调查是社会调查的一种数据收集手段。在企业分析市场现状情况时，通常都会采用这种方法。

相比之下，利用问卷调查方式获得的数据对数据分析师而言是最有用的，因为其是针对本次数据分析活动进行的，目的性更强，而且数据更准确，因此，公司在制订营销计划前，都会采用这种方法来获取第一手资料。

根据不同的划分标准，问卷调查又被分为多种类型，下面具体介绍一些常见划分方式，供读者了解，具体内容如表 1-1 所示。

表 1-1　问卷调查的划分形式

划分依据	类型	描述
按照载体的不同划分	纸质问卷调查	是传统的问卷调查，公司通过雇用临时人员或派遣员工分发这些纸质问卷，调查对象填制完问卷后回收答卷。通过该方式获得数据与统计结果比较麻烦，而且获取成本比较高
	网络问卷调查	现在有许多在线问卷调查网站，这些网站提供设计问卷、发放问卷和分析结果等一系列服务。公司依靠这些网站来进行问卷调查，通过这种方式可以无地域限制地扩大调查范围，而且成本相对低廉，只是对于答卷的质量无法保证
按照应用的不同划分	学术性问卷调查	这种方式多为学校或研究机构的研究人员所采用，来进行学术问题的研究
	应用性问卷调查	这种方式多为市场调研人员或其他机构的人员所采用，来解决实际工作中的问题

需要说明的是，市场调查数据虽然针对性相对较强，但是也会存在误差，因此其数据也是仅做参考，不能完全只依据调查结果来确定最终的决策方案。

1.2.3　第三步：处理数据源，确保数据的完整性

在获取数据源后，还需要对数据进行加工，从而让数据更符合数据分析的需求，以此才方便对数据进行分析。例如通过问卷调查获得的数据，如果不进行加工处理，数据会显得多而杂，根本无法使用，这是整个数据分析过程中相对关键的环节。

对于有些从公司数据库或者网络中获得的数据，也存在二次加工的情况，例如清理录入表格的数据是否存在重复项，检查表格数据是否都

填写完整，根据现有数据计算数据分析时需要使用的新数据等，以此来确保数据的正确性、完整性和有效性。

1.2.4 第四步：依据分析目的进行数据分析

数据分析是基于完整的数据处理基础上，使用正确的数据方法论和数据方法，辅助数据分析工具对数据进行深入的分析的过程。目前可以用于数据分析的工具有很多，如图 1–5 所示。

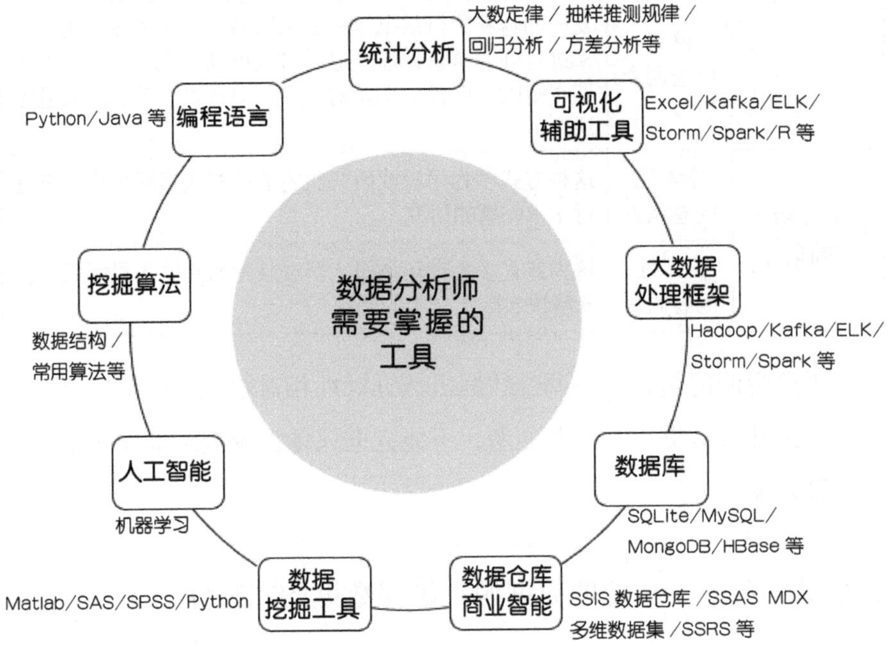

图 1-5

用户可以根据自己的能力和工作需求选择其中的部分工具进行学习，对于一般的数据处理，使用 Excel 工具就能完成，这个工具也是学习简单、上手最快的工具。本书中也会针对 Excel 工具来介绍如何进行商业数据的分析。

此外，在进行数据分析时，还要求数据分析师对分析项目所在的行业或者公司的业务流程情况非常熟悉，最好有自己独到的见解，只有在这个前提条件下，分析出来的数据结果才具有可行性。

1.2.5 第五步：选择合适的数据呈现方式

数据分析完成后，如何将数据以更直观和形象的方式展现出来，供他人查阅也是非常重要的一步。为了确保数据的最佳呈现方式，我们可以从如下 3 个方面来进行考虑。

工具如何选。数据分析完成后，可以使用 PPT、Excel 和 Word 等工具将分析结果呈现出来，但是不同的工具，其使用场景不同，如果数据结果需要在大型会议上展示，则使用 PPT 软件投影到投影仪的屏幕上；如果需要将数据的整个分析过程及分析结果全面地以报告的形式汇报给他人，则用 Word 工具的情况较多；但是如果仅仅是简单地查看，则一般用 Excel 工具，此外，在数据较多的情况下，也用 Excel 来做数据分析报告。

数据给谁看。在完成数据分析后，数据的阅读对象不同，在呈现数据时也有侧重点。例如，分析结果是给公司的领导层阅读，他们通常只关心结果，因此数据呈现方式要重点突出结果；再如，分析结果的阅读者是项目的执行层，他们是项目执行的关键人物，因此更注重过程，此时的数据呈现方式就要注重过程，尽量阐述得详尽和细致。

形式有哪些。形式看起来不重要，但是却是数据分析结果面向最终阅读者的直接方式，通常，要想将数据结果更直观、形象、清晰地呈现在阅读者的眼前，尽量注意图形化展示，即能用表格的不用文字，能用图表的不用表格，下面我们来看一个例子。

案例陈述　“文不如表，表不如图”的实际应用

结束了一天的工作，小组组长张某将当日每个员工的销售总额进行统计，准备第二天交给领导查看，经过统计和整理后写了如下的汇总报告。

2017 年 7 月 18 日，赵婷婷的销售总额为 8.421 万元，刘丹的销售总额为 4.562 万元，何艳请事假，所以销售总额为 0，马六的销售总额为 10.578 万元，王喜平的销售总额为 2.354 万元，曹溪的销售总额为 3.568 万元。

从上面的文字内容可看出，汇总报告的内容准确，语言表达流畅。但是作为领导人而言，他们需要的是一个清晰、直观的汇报结果，因此是不会花太多的时间看你密密麻麻的文字报告，因为这样可能导致领导什么信息都没有记住。

经过思考后，张某对汇总报告进行了修订，采用表格的形式来说明情况，其修订后的表格如表 1-2 所示。

表 1-2　7 月 18 日员工销售总额统计

员工	销售总额（万元）	员工	销售总额（万元）
赵婷婷	8.421	刘丹	4.562
何艳	0	马六	10.578
王喜平	2.354	曹溪	3.568

经过修改后可以看出，用表格传递信息要比使用文本传递信息的效果明显好得多，对于数据较少的情况下，表格绝对是首选的表达方式。

如果表格数据内容很多，或者要突出显示某些数据，如销售总额最大的数据是什么，为什么会出现销售总额为 0 的情况，默认的表格效果是不能展示出这些内容的。

为了解决这一问题，可以用图表来展示员工的销售总额统计数据结

果，因为图表可以更形象直观地传递更多的数据信息，这是文字描述和表格方式无法做到的。

将如表 1-2 所示的数据制作成图表，并突出显示其中销售总额最大的数据信息及标注为什么何艳的销售总额数据为 0 的原因，其结果表达如图 1-6 所示。

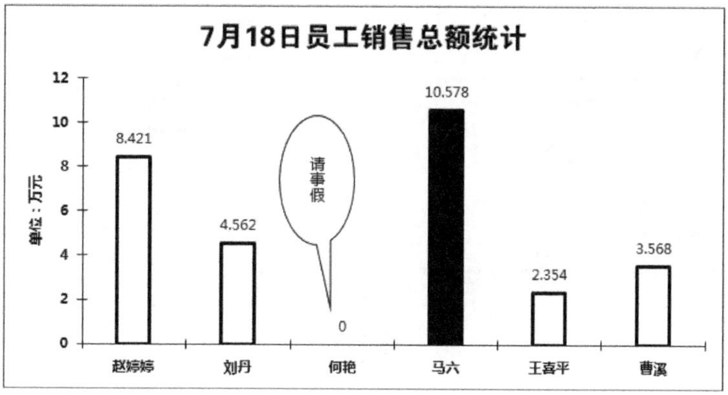

图 1-6

1.2.6 第六步：撰写数据分析报告

大多数人认为，得到数据分析结果就标志着数据分析工作的完成。其实不然，对于一次严谨的数据分析工作，当得到数据分析结果后，还需要将其制作成数据分析报告。

数据分析报告是整合一个业务实际分析过程的成果，是对该业务实际的定性结论。通过撰写数据分析报告，可以将数据分析工作的起因、采用的数据分析方法和数据分析工具、数据分析的过程、得到的数据分析结果及根据数据分析结果而给出的建议完整地呈现出来，供决策者更详细、全面和深入地了解公司的运营情况，帮助决策者更准确地对项目进行评估。因此撰写数据分析报告也不能马虎。图 1-7 所示为利用 Word 工具撰写的数据分析报告的部分内容展示效果。

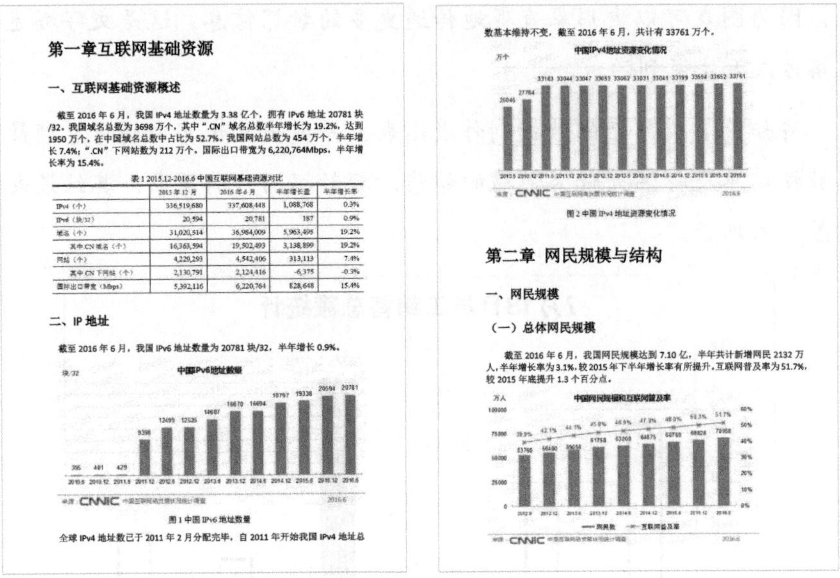

第一章互联网基础资源

一、互联网基础资源概述

截至 2016 年 6 月，我国 IPv4 地址数量为 3.38 亿个，拥有 IPv6 地址 20781 块/32。我国域名总数为 3698 万个，其中“.CN”域名总数半年增长为 19.2%，达到 1950 万个，在中国域名总数中占比为 52.7%。我国网站总数为 454 万个，半年增长 7.4%；“.CN”下网站数为 212 万个。国际出口带宽为 6,220,764Mbps，半年增长率为 15.4%。

表 1 2015.12-2016.6 中国互联网基础资源对比

	2015 年 12 月	2016 年 6 月	半年增长量	半年增长率
IPv4（个）	336,519,680	337,608,448	1,088,768	0.3%
IPv6（块/32）	20,594	20,781	187	0.9%
域名（个）	31,020,514	36,984,009	5,963,495	19.2%
其中.CN 域名（个）	16,363,594	19,502,493	3,138,899	19.2%
网站（个）	4,229,293	4,542,406	313,113	7.4%
其中.CN 下网站（个）	2,130,791	2,124,416	-6,375	-0.3%
国际出口带宽（Mbps）	5,392,116	6,220,764	828,648	15.4%

二、IP 地址

截至 2016 年 6 月，我国 IPv6 地址数量为 20781 块/32，半年增长 0.9%。

图 1 中国 IPv6 地址数量

全球 IPv4 地址数已于 2011 年 2 月分配完毕，自 2011 年开始我国 IPv4 地址总数基本维持不变，截至 2016 年 6 月，共计有 33761 万个。

图 2 中国 IPv4 地址资源变化情况

第二章 网民规模与结构

一、网民规模

（一）总体网民规模

截至 2016 年 6 月，我国网民规模达到 7.10 亿，半年共计新增网民 2132 万人，半年增长率为 3.1%，较 2015 年下半年增长率有所提升。互联网普及率为 51.7%，较 2015 年底提升 1.3 个百分点。

图 1-7

数据分析报告的好坏会直接影响阅读者是否正确理解数据分析结果。如果想要写好一份数据分析报告，可以从以下几个标准来进行编撰。

（1）标准 1：报告要有明显框架

数据分析报告的框架是整个报告的主心骨，而且在搭建报告框架时，一定要站在目标阅读者的角度来思考并梳理出合理、富有逻辑顺序的结构，对阅读者想要了解的内容进行重点介绍，只有结构清晰、主次分明的框架，才有利于阅读者对分析报告的理解。

（2）标准 2：分析要有重点结论

做任何数据分析工作都是有一定的目的性的，因此在完成数据分析后，一定要有对应的分析结论，如果只有分析过程，没有最终的分析结论，那么分析工作就没有意义。

此外，在总结分析结论时，一定要有侧重点，对重要的分析结论进行详细的阐述，这样才更利于阅读者抓住重点问题。而且数据分析结论一定是有可靠的数据作为支撑，千万不要有“我认为”“我觉得”……这种主观的文字描述，这样会降低分析结论的可靠性。

（3）标准 3：报告要有可读性

在撰写数据分析报告时，一定要注意报告的可读性，尽量多用一些图形化的表达方式来简化文字描述，让阅读者有读下去的欲望。但是也不是表格、图表越多越好，过多的表格和图表也会造成阅读者的视觉疲劳，因此，数据分析师要合理地控制这个度。

此外，数据分析报告的目标阅读者并不是专业从事数据分析工作的人，因此尽量避免在报告中使用过多的专业术语，从而简化阅读者的理解。当必须使用专业术语时，一定要对专业术语添加对应的注解，从而让阅读者能够看得懂报告的内容。

（4）标准 4：问题要有解决方案

开展的任何一项数据分析工作，都是为了解决某个问题，因此在分析报告中，一定要有针对某个目标问题切实可行的解决方案或者建议，供决策者参考。如果数据分析结果没有解决方案，那么问题仍然客观存在，并没有得到解决，由此所做的数据分析工作也就没有意义。

1.2.7 第七步：推动方案或建议的执行

数据分析报告只是对整个数据分析过程进行完整的陈述，并对分析结果进行总结和方案提出，而要让数据分析真正发挥作用，还在于最终方案或者建议的落地执行。虽然数据分析报告的最终执行者是企业的相关业务部门，但是只有数据分析师最清楚整个数据分析过程，因此数据分析师也不能忽略自己的主观能动性，要主动询问业务部门在实施环节中是否遇到困难，并提供帮助，大家共同配合来推动项目的执行，这也是作为专业的商业数据分析师应尽的职责。

1.3

商业数据分析的基本方法

在进行商业数据分析时，有时候我们获得的数据是很普通的数据记录，除了这些数据本身代表的意义，直接看不出其他的关系或者得到其他的结论。此时，就需要数据分析师用一些基本的分析方法，从普通的数据表中挖掘出有价值的内容，例如，常见的商业数据分析方法是计算比率分析、制作图表分析、改变切入点分析和变换维度分析。

1.3.1 计算比率分析数据

比率即两数相比所得的值，通常用于描述某个数据在整个数据中所占的比例，这是数据分析过程中经常采用的数据分析方法，常用的类型有以下两种。

构成比率分析。是计算某项指标的各个组成部分占总体的比重，即部分与总体的比率，是进行数量分析的一种方法，其计算公式为：构成比率 = 某个数据 / 所有数据的合计 ×100%。

趋势比率分析。是指对某项经济指标不同时期数值进行对比，求出比率，分析其增减速度和发展趋势的一种方法，具体分为定基比率和环比比率，其计算公式为：趋势比率 =（本次数据 − 上次数据）/ 上次数据 ×100%。

案例陈述　添加比率，从普通的数据中找分析重点

在表 1-3 中记录了某公司各产品第一季度和第二季度销售额的具体情况。

表 1-3　第一季度和第二季度的销售额统计　单元：元

产品名称	第一季度	第二季度	合计
产品 1	44 875	47 864	92 739
产品 2	35 847	38 941	74 788
产品 3	157 541	159 542	317 083
产品 4	75 471	74 587	150 058
合计	313 734	320 934	634 668

表 1-3 只是简单地对数据的事实进行列举，以产品 1 为例，该产品第一季度的销售额为 44 875 元，第二季度的销售额为 47 864 元，其销售总额为 92 739 元。从这些数据来看，分析意义不大。

现在在该表中添加各产品的合计构成比率及上升率数据，以产品 1 为例，其计算公式如下。

构成比率 = 该产品的销售额合计 / 所有商品的销售额合计 ×100%=92 739/634 668×100%=14.61%。

销售额上升率 =（第二季度销售额 - 第一季度销售额）/ 第一季度销售额 ×100%=（47 864−44 875）/44 875×100%=6.66%。

最终得到如表 1-4 所示的效果。

表 1-4　第一季度和第二季度的销售额统计（附比率）　单位：元

产品名称	第一季度	第二季度	合计	构成比率	销售额上升率
产品 1	44 875	47 864	92 739	14.61%	6.66%
产品 2	35 847	38 941	74 788	11.78%	8.63%

续表

产品名称	第一季度	第二季度	合计	构成比率	销售额上升率
产品 3	157 541	159 542	317 083	49.96%	1.27%
产品 4	75 471	74 587	150 058	23.64%	−1.17%
合计	313 734	320 934	634 668	100.00%	2.29%

从表 1–4 的每一行记录中都可以清晰地查看数据分析的意义，以产品 3 为例，该产品第一季度的销售额为 157 541 元，第二季度的销售额为 159 542 元，其前两个季度的销售额合计占所有产品销售额合计的 49.96%，是热销产品，而且整个公司的销售额的好坏也取决于产品 3 的销售情况。此外，相比第一季度，产品 3 在第二季度的销售额也上升了 1.27%。

1.3.2　制作图表分析数据

我们已经知道，在数据分析中使用图表可以在一定程度上让数据视觉化，从而让阅读者在阅读时更直观。对于一些表格中数据繁杂的情况，最好使用图表来展示，因为图表可以让数据之间的变化更形象，更能直观地呈现数据之间的差异特征和变化方向。

但是在制作图表分析数据时，一定要明白每种图表到底能分析什么样的数据，从而才能正确地选择合适的图表来分析数据。有关图表制作的具体内容将在第 7 章和第 8 章进行详细介绍。

1.3.3　改变切入点分析数据

改变切入点即是对数据进行切片分析，它是指改变数据查看的观点，将数据分离或切割出新的面，来进行数据分析。形象的理解是，将给定的数据假定成一个数据立方体，切片分析就是将数据切割成多个二维平面，将总体数据从其他角度分离成次级的数据。

下面通过具体的实例来理解改变切入点进行数据分析的方法。

案例陈述　改变切入点，深入挖掘有用的信息

如图 1-8 所示为某公司各分店不同产品上半年各季度的销售额数据模型立方体。

下面通过从不同的切入点，截取不同的切面来分析公司产品的销售额数据。

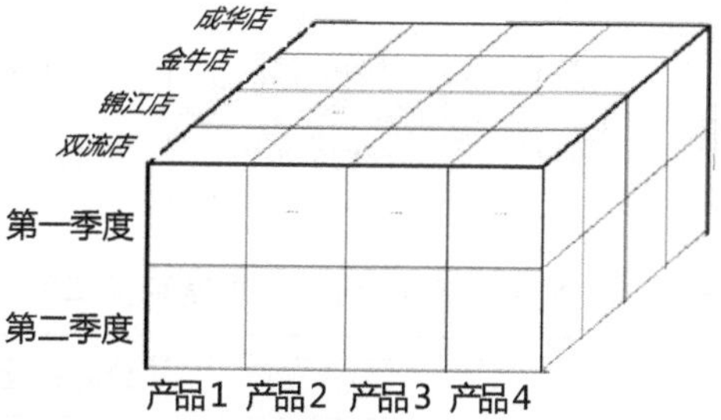

图 1-8

在表 1-5 中记录了该公司所有分店各产品第一季度和第二季度的销售额的具体情况。

表 1-5　所有分店产品第一季度和第二季度的销售额统计　　单位：元

产品名称	第一季度	第二季度	合计	构成比率
产品 1	44 875	47 864	92 739	14.61%
产品 2	35 847	38 941	74 788	11.78%
产品 3	157 541	159 542	317 083	49.96%
产品 4	75 471	74 587	150 058	23.64%
合计	313 734	320 934	634 668	100.00%

从上表中可以清楚地看到公司中的每种产品的销售情况，其中产品 3 销量最好，是畅销产品，产品 2 的销量最差，仅为公司创造了 11.78% 的销售额。下面改变切入点，从各分店的角度将总表进行切片分析，得到如表 1-6 ～表 1-9 所示的表格。

表 1-6　成华店各产品第一季度和第二季度的销售额统计　　单位：元

分店：成华店				
产品名称	第一季度	第二季度	合计	构成比率
产品 1	9 548	13 542	23 090	3.64%
产品 2	10 257	10 254	20 511	3.23%
产品 3	86 542	86 547	173 089	27.27%
产品 4	19 854	19 867	39 721	6.26%
合计	126 201	130 210	256 411	40.40%

表 1-7　金牛店各产品第一季度和第二季度的销售额统计　　单位：元

分店：金牛店				
产品名称	第一季度	第二季度	合计	构成比率
产品 1	12 548	10 245	22 793	3.59%
产品 2	8 697	9 865	18 562	2.92%
产品 3	28 654	28 647	57 301	9.03%
产品 4	14 785	20 487	35 272	5.56%
合计	64 684	69 244	133 928	21.10%

表 1-8　锦江店各产品第一季度和第二季度的销售额统计　　单位：元

分店：锦江店				
产品名称	第一季度	第二季度	合计	构成比率
产品 1	8 965	10 478	19 443	3.06%
产品 2	8 965	9 756	18 721	2.95%
产品 3	18 965	25 897	44 862	7.07%
产品 4	15 421	19 867	35 288	5.56%
合计	52 316	65 998	118 314	18.64%

表 1-9　双流店各产品第一季度和第二季度的销售额统计　　单位：元

分店：双流店				
产品名称	第一季度	第二季度	合计	构成比率
产品 1	13 814	13 599	27 413	4.32%
产品 2	7 928	9 066	16 994	2.68%
产品 3	23 380	18 451	41 831	6.59%
产品 4	25 411	14 366	39 777	6.27%
合计	70 533	55 482	126 015	19.86%

上面 4 个表格的右下角分别代表着每个分店为公司创造利润的比率，其具体的数据分别为成华店 40.40%、金牛店 21.10%、锦江店 18.64%、双流店 19.86%。通过这组数据，可以了解到公司近一半的利润都由成华店创造，从总表（表 1-5）中的统计数据是得不到这个结果的。

1.3.4　变换维度分析数据

维度即事物或现象的某种特征，如性别、地区或时间等都是维度。变换维度分析数据是指从不同的面来对数据进行分析，它与变换切入点分析数据是不同的，变换维度分析是指在数据立方体中，以某个轴来旋转数据立方体，从而改变我们观察数据的面。下面通过具体的实例来理解变换维度进行数据分析的方法。

案例陈述　变换维度，从不同角度分析数据

表 1-5 是根据图 1-8 数据模型的正面数据关系制成的统计表，下面将图 1-8 进行旋转，从而得到图 1-9 所示的两个数据模型立方体。改变数据模型的维度，通过图 1-9 左图所示的正面数据关系将得到表 1-10 所示的表格效果，而通过图 1-9 右图所示的正面数据关系将得到表 1-11 所示的表格效果。

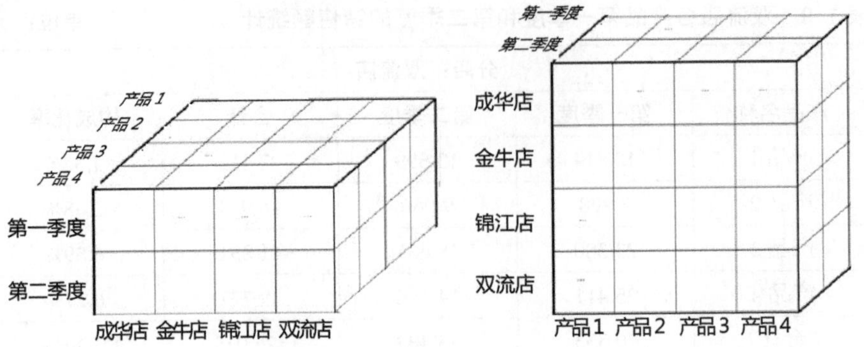

图 1-9

表 1-10　各分店第一季度和第二季度的产品销售额统计　　单位：元

分店	第一季度	第二季度	合计	构成比率
成华店	126 201	130 210	256 411	40.40%
金牛店	64 684	69 244	133 928	21.10%
锦江店	52 316	65 998	118 314	18.64%
双流店	70 533	55 482	126 015	19.86%
合计	313 734	320 934	634 668	100.00%

表 1-11　各分店不同产品一、二季度的总销售额统计　　单位：元

分店	产品 1	产品 2	产品 3	产品 4	合计	构成比率
成华店	23 090	20 511	173 089	39 721	256 411	40.40%
金牛店	22 793	18 562	57 301	35 272	133 928	21.10%
锦江店	19 443	18 721	44 862	35 288	118 314	18.64%
双流店	27 413	16 994	41 831	39 777	126 015	19.86%
合计	92 739	74 788	317 083	150 058	634 668	100.00%

通过变换维度后，通过表格可以将分店与季度、分店与产品之间的关系展现得更加直观。

以表 1-10 为例，从行的方向可以分析各个分店每个季度的销量情况及增减情况，如从第二行记录可以知道成华店二季度的销量较一季度而言有所上升；从列的方向可以分析每个季度各个分店的销售额情况，如从第二列记录可以知道，在第一季度中成华店创造的销售额最大，具体为 126201。

再以表 1-11 为例，从行的方向可以分析每个分店各产品的具体销售额情况，如从第二行记录可以知道，成华店这两个季度产品 3 的销售额最高，具体为 173089；从列的方向可以分析每种产品这两个季度各分店的销售额情况，如从第二列记录可以知道，产品 1 这两个季度在双流店的销售情况最好，其销售额为 27413。

1.4 商业数据分析工作中的常见错误

数据分析工作是一项科学、严谨的工作，其数据分析结果是决策者在进行决策时的重要参考，因此必须确保数据分析结果的正确性和客观性。但是在数据分析过程中，数据分析师也常常犯一些错误，下面具体介绍数据分析过程中数据分析师容易犯的一些常见错误，只有规避这些错误，才能提高数据分析结果的可靠性。

（1）错误一：直接从结论出发找数据源

某些数据分析师在进行数据分析工作之前，就对项目进行了一些预判，且越老练的数据分析师越容易出现这种情况，这种做法是不对的，因为每次数据分析工作都是一个全新的个体，它的分析结果应该基于与其相关的数据分析来得到。如果已经对项目有了一个预判，数据分析师往往就会依据自己的预判来寻找迎合自己观点的数据来支撑自己的观点。这种预判不具备客观性，因此也就不能应用到实际的方案执行中。

（2）错误二：数据来源不可信、单一

在进行数据分析时，一定要有可信的数据来源，它是确保数据分析结果靠不靠谱的关键环节，如果数据源存在大量不可信的数据，最终分析的结果也就不敢付诸实践。此外，对于数据来源，也要求完整和全面，不要以点代面，即用单一的数据来代替全部数据进行数据分析，这种片面的数据得到的数据结果有可能完全是错误的。

（3）错误三：脱离业务仅关心数据

一个专业的数据分析师，必须非常熟悉所分析项目所在的行业，以及相关的业务流程和知识，因为数据分析的最终结果是解决项目中存在的问题，或者给行业的决策者提供参考意见。如果不能很好地将业务知识与数据分析工作结合起来，脱离业务而只关心数据，在这种情况下分析得到的结果根基不牢，不具有使用价值。

（4）错误四：把简单问题复杂化

数据分析工作对数据的精确度要求非常高，通常给人的感觉就是数据分析工作很难，要做得专业就必须掌握各种高端的工具和数据分析模型。其实数据分析工作并不是这样，如果能用简单的方法得到相同的结果，就没有必要应用复杂的数据分析模型。

复杂的算法与数据结果的正确性之间没有必然的等于关系，简单的算法得出的结果与数据结果的可靠性之间也没有必然的不等关系。因此，不要把时间花费在数据分析算法上，从而将简单的问题复杂化，这样反而走了弯路。不管算法多简单还是多复杂，能够解决问题就是好方法。

综上所述，数据分析师在进行数据分析之前，应保持中立的态度，不要过多地进行预判，所有的分析都要依据正确、可靠的数据，结合行业的具体业务情况，选用最合适的数据分析方法进行科学的数据分析。

第2章

数据分析的表格要规范

Excel 电子表格是数据分析的主要操作对象，表格是否规范在一定程度上会影响数据分析工作是否能够顺利开展。那么，什么样的表格才是规范的表格呢？一般情况下，数据分析表格是否规范主要从表格的布局结构、表格中数据的可读性及表格数据的安全性等方面来判定，这也是本章将要重点介绍的内容。

2.1

数据分析对表格有什么要求

在商业数据分析中，表格制作是数据分析师经常进行的操作。日常办公中可以看到各式各样的表格效果，但是从数据分析的角度出发，为了方便后期的数据分析操作，对表格的结构设计是有要求的，其中最显著的要求有如下几点。

- 数据表的结构要以一维结构存在，不能设置为二维结构。
- 无论是标题行还是记录行，都不能存在合并单元格的情况。
- 表头中不能出现斜线样式。

下面针对这 3 点要求进行详细讲解。

2.1.1 表格布局最好是一维效果

要理解表格布局最好是一维效果，用户需要先了解表格的维度是什么。从数据分析的观点来看，这里的“维”是指分析数据的角度，其中一维表和二维表是刚接触数据分析的新手经常看到的。

从外观效果上来看，一维表和二维表没有什么区别，都是在 Excel 中通过行列组成的一个表格，表格的第一行都是标题行，第二行为记录行，要区别到底什么是一维表，什么是二维表，可以从表格的字段（列标题，或者称为表头）入手，如果字段是独立的参数，那就是一维表，如果多个字段同时属于某个属性，则就是二维表。

下面来看一个具体的实例。

案例陈述 区别一维表与二维表

某工作人员对公司新进的员工的基本信息用了两种形式的表格来进行记录，如表 2-1 和表 2-2 所示。

表 2-1 新进员工的简单人事数据（形式一）

序号	姓名	年龄	博士	硕士	本科	大专及以下
1	张佳	36	√			
2	杨柳	28		√		
3	何阳	22				√
4	肖梅梅	24			√	
5	李婷婷	24			√	
6	胡艳	30		√		
7	王佳怡	23				√

表 2-2 新进员工的简单人事数据（形式二）

序号	姓名	年龄	学历
1	张佳	36	博士
2	杨柳	28	硕士
3	何阳	22	大专及以下
4	肖梅梅	24	本科
5	李婷婷	24	本科
6	胡艳	30	硕士
7	王佳怡	23	大专及以下

在以上两个表格中，表 2–1 是典型的二维表布局结构，因为其中的“博士”“硕士”“本科”和“大专及以下”这 4 个字段从数据的角度来说，都属于“学历”属性，是人事档案中的一个基本描述因素；而表 2–2 则属于一维表结构。

一般情况下，大多数人制作的表格都是按照二维表的布局结构来制作表格并存储数据，因为其结构简单，而且表达清晰，便于查看。但是从数据分析的角度而言，一维表结构是最适用于透视和数据分析的数据存储结构，因为其字段精练，不重复。

借助于 Excel 工具的数据透视表功能，可以方便、快速地将二维结构的表格转换为一维表结构的表格，数据透视表相关的知识和操作将在第 5 章进行详细讲解。

2.1.2 表格中不能出现合并单元格

在电子表格中使用合并操作对单元格区域进行合并是最常见的操作，通过合并操作可以让表格的整个结构更加清晰，方便对数据的查阅，如图 2–1 所示的材料领用单。

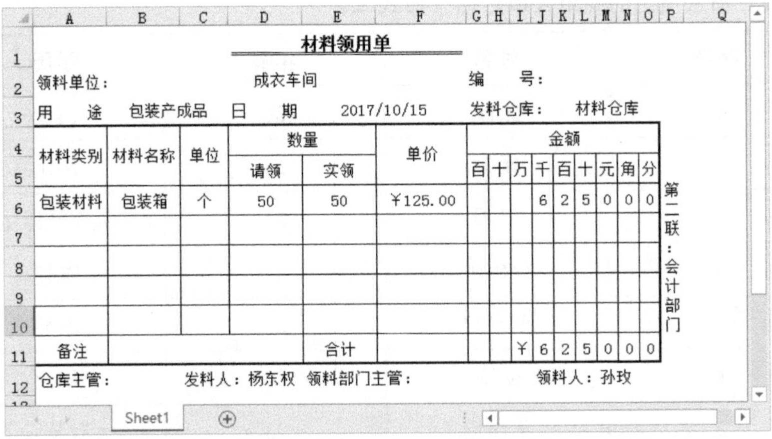

图 2-1

但是在数据分析工作中，合并的单元格往往会“碍事儿”，我们经常在使用排序、筛选、汇总、透视表及图表等功能进行数据分析时，这些数据总是不听话，不按照我们原本的意思正确进行操作。

图 2-2 所示为利用图表功能对带合并单元格的表格中的数据进行分析的效果。

铺货地点	目标铺货	上市第一月		上市第二月		上市第三月		铺货地点重要程度
		实现铺货	铺货率	实现铺货	铺货率	实现铺货	铺货率	
各大商场	100	80	80.00%	90	90.00%	95	95.00%	重要
中小超市	75	30	40.00%	50	66.67%	55	73.33%	一般
学校附近	98	80	81.63%	85	86.73%	90	91.84%	重要
专卖店	60	20	33.33%	35	58.33%	46	76.67%	一般
批发	20	6	30.00%	10	50.00%	12	60.00%	不重要

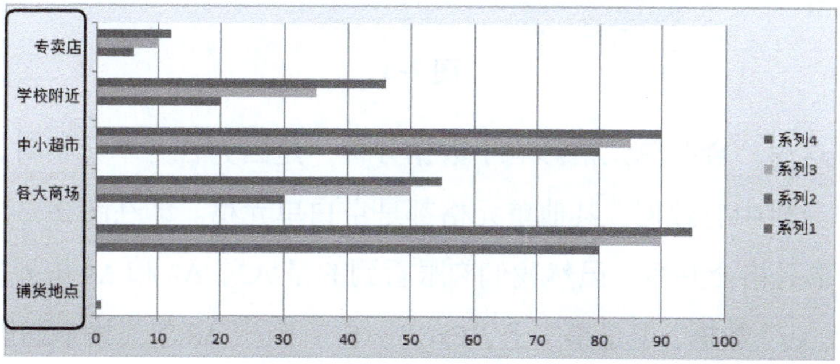

图 2-2

在图 2-2 中，本意是展示各铺货地点在每月实现的铺货，但是由于表头中存在合并单元格，致使系统不能识别哪些数据作为数值轴，哪些数据作为分类轴，结果将所有的表头数据作为分类轴，而在数值轴中自动生成不需要的数据。

再如，在图 2-3 中，分店数据中出现了合并单元格，此时对这个数据源进行筛选操作，将 1 分店的所有数据记录筛选出来，结果却只显示了一条数据记录。

	A	B	C	D	E	F	G	H
1	分店	产品名称	单价	一季度	二季度	三季度	四季度	销售总额
2		SDKY1002	¥ 220.00	158	200	138	198	¥ 152,680.00
3	1分店	SDKY1001	¥ 280.00	150	147	230	128	¥ 183,400.00
4		SDKY1003	¥ 315.00	102	250	167	145	¥ 209,160.00
5		SDKY1001	¥ 280.00	150	210	160	135	¥ 183,400.00
6	2分店	SDKY1002	¥ 220.00	182	198	145	126	¥ 143,220.00
7		SDKY1003	¥ 315.00	165	187	120	110	¥ 183,330.00
8		SDKY1002	¥ 220.00	110	190	110	115	¥ 115,500.00
9	3分店	SDKY1001	¥ 280.00	134	185	193	187	¥ 195,720.00
10		SDKY1003	¥ 315.00	197	200	126	199	¥ 227,430.00
11		SDKY1001	¥ 280.00	164	201	110	102	¥ 161,560.00
12	4分店	SDKY1002	¥ 220.00	201	156	105	156	¥ 135,960.00
13		SDKY1003	¥ 315.00	112	145	98	135	¥ 154,350.00

↓

	A	B	C	D	E	F	G	H
1	分店	产品名称	单价	一季度	二季度	三季度	四季度	销售总额
2	1分店	SDKY1002	¥ 220.00	158	200	138	198	¥ 152,680.00
14								
15								
16								
17								

图 2-3

在这里，合并单元格影响了数据分析，是因为合并单元格时，只有首个单元格中有数据，其他单元格都是空白单元格。即在图 2–3 中，将 A2:A4 单元格合并后，虽然我们肉眼看到的是 A2、A3 和 A4 单元格中都是“1 分店”数据，但是事实上，Excel 只能判断出 A2 单元格中的值是“1 分店”数据，而 A3 和 A4 单元格中的值都是空白，所以在筛选数据时，程序只能筛选出一条数据记录。

综上所述，无论是在表头位置，还是表格内容位置，如果数据源要用于数据分析，都不能出现合并单元格。

职场小贴士

在有些表格中，会使用斜线表头样式，虽然有的斜线单元格不是合并单元格，但是在进行数据分析时，同样会影响正常的分析操作，如图 2–4 所示中的第一个单元格中有斜线样式。此时进行数据筛选操作时，程序自动忽略第一行，将第二行数据记录视作表头进行筛选。

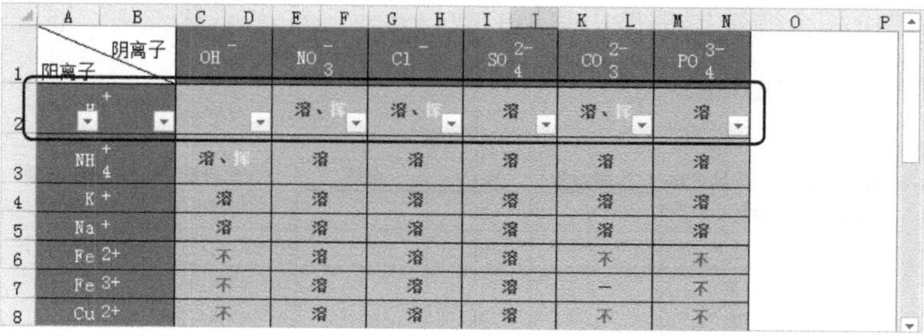

阴离子 / 阳离子	OH^-	NO_3^-	Cl^-	SO_4^{2-}	CO_3^{2-}	PO_4^{3-}
H^+		溶、挥	溶、挥	溶	溶、挥	溶
NH_4^+	溶、挥	溶	溶	溶	溶	溶
K^+	溶	溶	溶	溶	溶	溶
Na^+	溶	溶	溶	溶	溶	溶
Fe^{2+}	不	溶	溶	溶	不	不
Fe^{3+}	不	溶	溶	溶	—	不
Cu^{2+}	不	溶	溶	溶	不	不

图 2-4

2.2

如何提高数据的可读性

在商业数据分析中，如果表格不具备可读性，会影响数据分析师对表格数据的理解和查阅，最终影响数据分析结果的正确性。为了更好地进行数据分析操作，可以从以下几个方面入手，提高数据的可读性。

2.2.1 设置符合实际意义的数据

默认情况下，Excel 只能识别数字数据和文本数据，为了更直观地从数据本身的特点来区分数据，可以为相应的数据设置符合实际意义的数据类型。

所谓符合实际意义的数据是指被展示的数据要具有本身应用的特质，虽然同一个数据会有多种不同的表现形式，但是它只是在数值上相等而已，在实际的办公中是不具备任何实际意义的。如图 2−5 所示，请购数量、单价和金额数据都是用常规的数据表示，如果不看表头，很难区别这 3 列数据的代表意义。

	A	B	C	D	E	F	G
1	请购单编号	产品名称	请购数量	单价	金额	订购日期	验收日期
2	BG-006235	U盘	5	80	400	2017年7月29日	2017年8月15日
3	BG-006237	U盘	3	80	240	2017年8月1日	2017年8月17日
4	BG-006224	耳塞	6	32	192	2017年7月18日	2017年8月4日
5	BG-006230	耳塞	12	32	384	2017年7月24日	2017年8月10日
6	BG-006232	耳塞	9	32	288	2017年7月26日	2017年8月12日
7	BG-006222	光驱	2	150	300	2017年7月16日	2017年8月2日
8	BG-006238	光驱	2	150	300	2017年8月2日	2017年8月18日
9	BG-006223	内存条	3	100	300	2017年7月17日	2017年8月3日

采购记录表

图 2-5

在图 2-6 中，分别将单价和金额数据设置为货币格式，通过添加一个“￥”符号，即使不看表头，也能从数据本身传达的意义分辨出哪些数据表示数量，哪些是表示与金额相关的数据。

	A	B	C	D	E	F	G
1	请购单编号	产品名称	请购数量	单价	金额	订购日期	验收日期
2	BG-006235	U盘	5	¥80.00	¥400.00	2017年7月29日	2017年8月15日
3	BG-006237	U盘	3	¥80.00	¥240.00	2017年8月1日	2017年8月17日
4	BG-006224	耳塞	6	¥32.00	¥192.00	2017年7月18日	2017年8月4日
5	BG-006230	耳塞	12	¥32.00	¥384.00	2017年7月24日	2017年8月10日
6	BG-006232	耳塞	9	¥32.00	¥288.00	2017年7月26日	2017年8月12日
7	BG-006222	光驱	2	¥150.00	¥300.00	2017年7月16日	2017年8月2日
8	BG-006238	光驱	2	¥150.00	¥300.00	2017年8月2日	2017年8月18日
9	BG-006223	内存条	3	¥100.00	¥300.00	2017年7月17日	2017年8月3日

采购记录表

图 2-6

职场小贴士

在 Excel 中，表示金钱性质的数据类型有两种，分别是货币型格式和会计专用型格式，前者一般用于显示带有数字的默认货币符号，它可以指定要使用的小数位数、是否使用千位分隔符及如何显示负数；后一类型的格式会在一列中对齐货币符号和数字的小数点。

2.2.2 完全展示表格中的数据

在 Excel 中，默认情况下单元格的行高为 13.50（18 像素），刚好能放置字号为 11 的宋体字体；列宽为 8.38（72 像素），刚好能容纳 8 个英文字母或者 4 个汉字。如果在单元格中输入的数据过多或者设置的字号过大，系统将不能完整地显示数据内容。

如图 2-7 所示，当表格中的标题字号过大时，只会显示部分文字；当表格中输入的日期数据显示内容过多时，程序自动以多个“#”符号显示，当表格中输入的文本过多时，程序默认只显示前面部分内容。

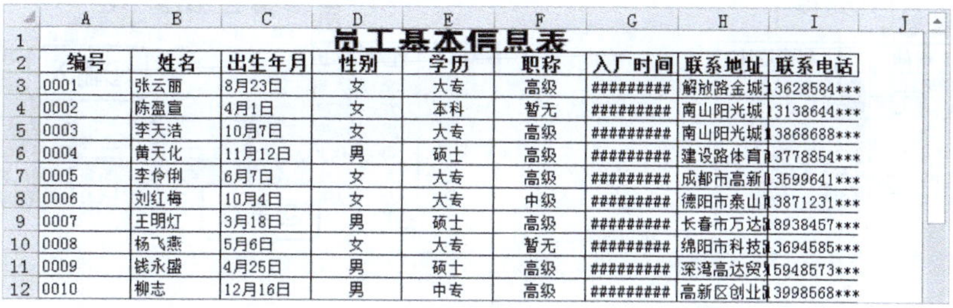

编号	姓名	出生年月	性别	学历	职称	入厂时间	联系地址	联系电话
0001	张云丽	8月23日	女	大专	高级	#########	解放路金城	13628584***
0002	陈盈宣	4月1日	女	本科	暂无	#########	南山阳光城	13138644***
0003	李天浩	10月7日	女	大专	高级	#########	南山阳光城	13868688***
0004	黄天化	11月12日	男	硕士	高级	#########	建设路体育	13778854***
0005	李伶俐	6月7日	女	大专	高级	#########	成都市高新	13599641***
0006	刘红梅	10月4日	女	大专	中级	#########	德阳市泰山	13871231***
0007	王明灯	3月18日	男	硕士	高级	#########	长春市万达	18938457***
0008	杨飞燕	5月6日	女	大专	暂无	#########	绵阳市科技	13694585***
0009	钱永盛	4月25日	男	硕士	高级	#########	深湾高达贸	15948573***
0010	柳志	12月16日	男	中专	高级	#########	高新区创业	13998568***

图 2-7

为了让表格中的数据完整地显示出来，用户可以通过调整单元格行高和列宽来解决这个问题。直接选择整个表格，在“开始”选项卡“单元格”功能组中单击“格式”下拉按钮，在弹出的下拉菜单中选择“自动调整行高”选项和“自动调整列宽”选项即可，如图 2-8 所示。

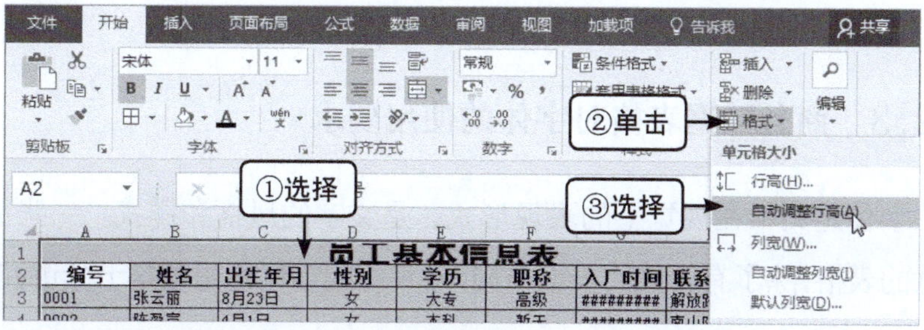

图 2-8

如果要精确统一多行或者多列的行高或列宽，此时可以选择需要调整的多行或者多列，单击“格式”下拉按钮，在弹出的下拉菜单中选择“行高”或“列宽”选项，在打开的对话框中输入对应的行高值或列宽值，最后单击“确定”按钮即可快速统一。图 2–9 所示为统一设置行的行高操作。

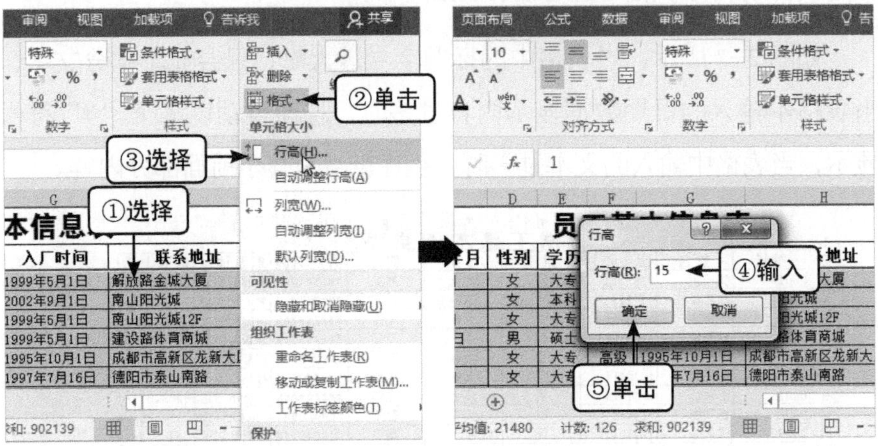

图 2-9

职场小贴士

在 Excel 中，也可以使用拖动鼠标的方法快速设置单元格的行高或者列宽。将鼠标光标移到要调整的行的分隔线上，当其变为+形状时按住鼠标左键不放上下拖动来减小或增大行高；将鼠标光标移到要调整的列的分隔线上，当其变为+形状时按住鼠标左键不放左右拖动来减小或增大列宽。

2.2.3 商务数据表格对字体的使用要求

字体是文本在视觉上的表现形式，是文字的风格和样式。一张清晰易读的表格，除了有合理的表格布局外，其中的字体使用也是十分讲究的。

汉字在书写过程中，其每一笔画的开始和结束的位置都有装饰，我们将这个装饰称为字体的衬线，根据字体是否有衬线可以将字体分为有衬线字体（serif）和无衬线字体（sans serif）两种类型。

◆ 有衬线字体是指字体的末端有小笔画，即粗细不均匀，如图 2-10 所示为常见的有衬线字体。

宋体　华文中宋

方正大标宋简体

Times New Roman

图 2-10

◆ 无衬线字体有清晰的样式，其笔画粗细比较均匀，如图 2-11 所示为常见的无衬线字体。

黑体　微软雅黑

方正细等线简体

Arial Rounded Mt Bold

图 2-11

在正规的场合如商务场合下，如果在 Excel 中进行数据分析后直接将 Excel 数据导出到 Word 文档中打印出来查阅，则表格中的字体最好选择有衬线字体，常用的字体组合为“宋体 +Times New Roman”。因为这类字体在内容的展示上具有严谨性，也是大众最常见且最容易接受的字体组合。

如果在 Excel 中进行数据分析后将分析结果导出到 PPT 幻灯片中，在商务演示场合演示，则最好选择无衬线字体，常用的字体组合为“黑

体 +Arial”，或者直接使用微软雅黑。因为这类字体在幻灯片中被放大演示时，字体仍然显示清晰的笔画，而有衬线字体在幻灯片中被放大显示时，笔画会出现锯齿的效果。

2.2.4 合适的字号让表格的层级关系更清晰

除了表格的字体要使用规范以外，表格中的文本的字号使用也非常有讲究。在表格中，按照表格标题、表头和表格内容可以将表格划分为基本的 3 个层次。表格标题是整个表格的“领头羊”，其层次关系最高；其次是表头；层次关系最低的是表格内容，其关系如图 2–12 所示。

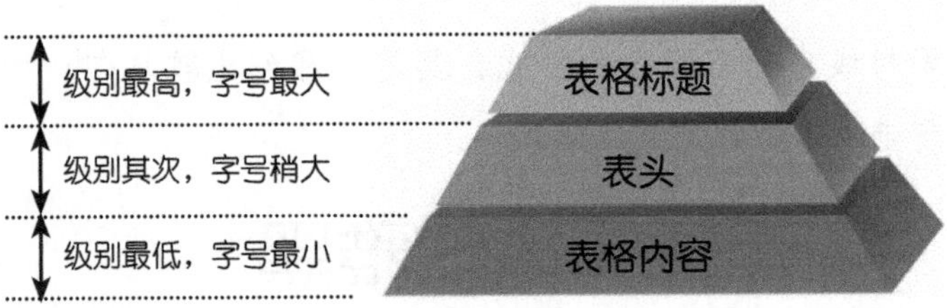

图 2-12

虽然标题、表头和表格内容之间存在层次级别关系，但也不是表格标题级别越高，字号就要特别大；也不是表格内容级别最低，字号就要特别小。通过设置字号大小来让表格的层次结构更清晰这一操作中的字号大小是相对大小，而不是绝对大小。

如果在设置字号大小时，没有考虑表格的整体效果，而使标题与内容的字号相差过大，这样不仅会影响他人阅读，而且整个表格效果也显得很粗糙。

如图 2–13 所示为两个表格中不同字号大小的表格效果，上图中虽然按照字号的大小对标题、表头和表格内容中的文本字号进行了设置，但是并没有考虑整体表格中字号的协调搭配，各部分之间的字号差值较大，从而导致整个表格效果看起来很粗糙。而下图则注意到了不同部分之间的字号的协调搭配问题，让整个表格效果看起来更专业、严谨。

工程三队2017年工程计划

序号	项目名称	负责人	联系电话	开始日期	计划完成日期	剩余周数
1	北方股份涂装外墙	王和肖	153****2535	2017年5月31日	2017年7月31日	1 周
2	第三阀门厂东大门	梁永根	131****4813	2017年6月17日	2017年8月17日	3 周
3	海湖豪庭二期娱乐设施	傅奕飞	136****3424	2017年11月8日	2017年11月8日	15 周
4	海湖豪庭一期围墙加高	傅奕飞	183****3707	2017年1月17日	2017年8月17日	3 周
5	海湖豪庭幼儿教学楼	符景通	157****7104	2017年3月15日	2017年12月15日	20 周
6	海威二期插建	余泳晓	131****6007	2017年5月19日	2017年12月19日	21 周
7	检查院住宅楼	梁永根	186****6346	2017年6月8日	2017年12月8日	19 周
8	建委食堂	吴清玲	132****2115	2017年7月6日	2017年12月6日	19 周
9	居然青年城	符景通	133****4286	2017年11月9日	2017年11月9日	15 周

图 2-13

2.2.5 对齐方式的使用原则

为表格中的数据设置不同的对齐方式，可以使整个表格布局看起来整齐、舒适。对齐方式的设置操作很简单，选择单元格后，直接在“开始”选项卡“对齐方式”功能组中单击对应的按钮即可为单元格中的文本内容快速设置相应的对齐方式，如图 2-14 所示。

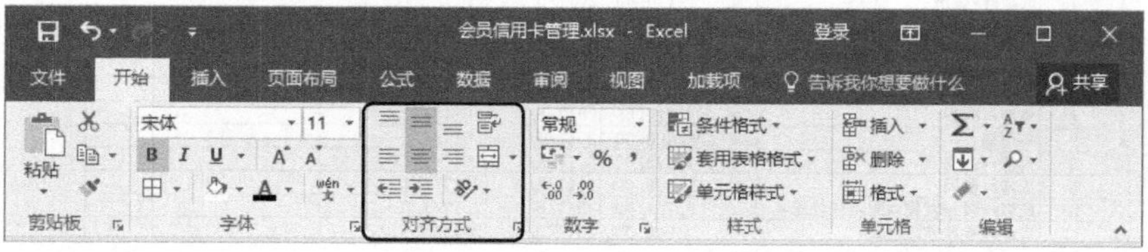

图 2-14

在表格设计中，如何利用不同的对齐方式让表格中的数据排列更整齐，显示更清晰呢？这就需要掌握不同对齐方式的使用原则。通常，表格标题和表头数据都是采用居中对齐方式显示，只有表格内容不一样，它的对齐方式取决于数据本身的特点，具体如下。

- **左对齐方式应用原则**：对于字符数据中前几个字符相同，或者表格数据长度不等，或者表格数据长度很长的情况，通常采用左对齐方式进行排列。
- **居中对齐方式应用原则**：如果表格数据的字符宽度都相同，即使不相同，但是最长的字符宽度也比较小，此时采用居中对齐方式排列表格数据。
- **右对齐方式应用原则**：如果表格中的数据的末尾几个字符相同，并且字符宽度相差不大，对于这类数据，可以将其用右对齐的方式进行排列。

图 2−15 所示为合理使用对齐方式的前后对比效果。

应收款记录

行号	单位全名	应收款	产生日期	计划收款日期	是否今日收款	备注
1	成都***超市	¥ 120.00	2017/6/3	2017/6/18		
2	成都**数码	¥ 2,380.00	2017/6/4	2017/7/1		
3	成都**商贸有限公司	¥ 11,036.00	2017/6/5	2017/7/4		
4	成都**科技	¥ 319.65	2017/6/5	2017/7/5		
5	成都**摄影器材火车站	¥ 100.00	2017/6/6	2017/6/14		
6	成都**数码	¥ 670.00	2017/6/7	2017/6/26		
7	**电器	¥ 4,400.00	2017/6/7	2017/7/8		
8	成都**赵文飞	¥ 4,328.00	2017/6/7	2017/6/11		
9	成都**数码	¥ 5,299.00	2017/6/8	2017/7/1		
10	成都**科技发展有限责任公司	¥ 2,767.50	2017/6/8	2017/7/5		
11	成都**科技有限公司	¥ 948.00	2017/6/9	2017/7/8		

应收款记录

行号	单位全名	应收款	产生日期	计划收款日期	是否今日收款	备注
1	成都***超市	¥ 120.00	2017/6/3	2017/6/18		
2	成都**数码	¥ 2,380.00	2017/6/4	2017/7/1		
3	成都**商贸有限公司	¥ 11,036.00	2017/6/5	2017/7/4		
4	成都**科技	¥ 319.65	2017/6/5	2017/7/5		
5	成都**摄影器材火车站	¥ 100.00	2017/6/6	2017/6/14		
6	成都**数码	¥ 670.00	2017/6/7	2017/6/26		
7	**电器	¥ 4,400.00	2017/6/7	2017/7/8		
8	成都**赵文飞	¥ 4,328.00	2017/6/7	2017/6/11		
9	成都**数码	¥ 5,299.00	2017/6/8	2017/7/1		
10	成都**科技发展有限责任公司	¥ 2,767.50	2017/6/8	2017/7/5		
11	成都**科技有限公司	¥ 948.00	2017/6/9	2017/7/8		

图 2-15

在上图中，将所有数据的对齐方式都设置为居中对齐，其中的单位全名和日期数据由于数据长短不一，用居中对齐方式使得整个界面显得很乱；而下图将这几列数据设置为左对齐，通过对比，可以发现下图的表格整体排版效果比上图的整体排版效果更整齐，数据显示更清晰。

职场小贴士

虽然各种对齐方式都有其特有的应用场合，但是对于左对齐方式而言，它是一种比较特殊的对齐方式，因为人们的阅读习惯为从左到右，因此，当不确定到底使用哪种对齐方式时，可以将所有的表格数据靠单元格左侧对齐。

2.2.6 用边框线和颜色分隔数据记录

在 Excel 中，所有的数据都是存放在单元格中的，默认情况下，我们看见的网格线在打印时就会消失，为了更方便地查阅数据，或者方便分析数据，用户可以使用边框线和颜色来分隔表格中的行列数据。

1. 用边框线分隔数据记录

边框是用于分隔纪录最常见的一种方式，一般情况下直接用默认的粗细为所有单元格添加边框。由于边框的样式有很多，有的用户习惯使用较粗的边框来分隔表格标题、表头与表格内容这三大组成部分，而所有表格内容之间（每条纪录）用相对较细的边框分隔，如图 2-16 所示。

应收款记录

行号	单位全名	应收款	产生日期	计划收款日期	是否今日收款	备注
1	成都***超市	¥ 120.00	2017/6/3	2017/6/18		
2	成都**数码	¥ 2,380.00	2017/6/4	2017/7/1		
3	成都**商贸有限公司	¥ 11,036.00	2017/6/5	2017/7/4		
4	成都**科技	¥ 319.65	2017/6/5	2017/7/5		
5	成都**摄影器材火车站	¥ 100.00	2017/6/6	2017/6/14		
6	成都**数码	¥ 670.00	2017/6/7	2017/6/26		
7	**电器	¥ 4,400.00	2017/6/7	2017/7/8		
8	成都**赵文飞	¥ 4,328.00	2017/6/7	2017/6/11		
9	成都**数码	¥ 5,299.00	2017/6/8	2017/7/1		
10	成都**科技发展有限责任公司	¥ 2,767.50	2017/6/8	2017/7/5		

图 2-16

添加边框的方法很简单，选择需要设置边框的单元格区域，在“字体”功能组中单击“边框”下拉按钮，在弹出的下拉菜单中选择“其他边框”选项，打开“设置单元格格式”对话框，在“边框”选项卡的“线条”栏中提供了13种边框样式，用户可以根据需要进行选择，如图2–17所示。

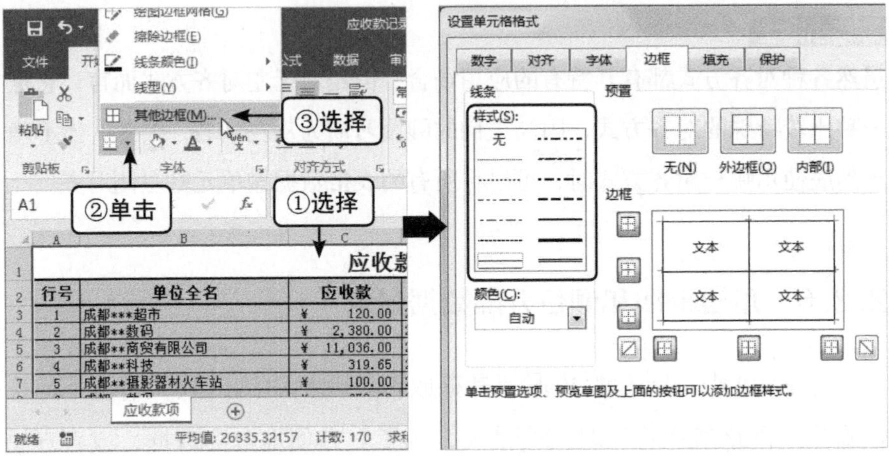

图 2-17

在“颜色”下拉列表框中还可以设置选择的边框样式的颜色，如果选择“其他颜色”选项，在打开的对话框的“标准”选项卡和“自定义”选项卡中还可以设置更多的边框颜色，如图2–18所示。

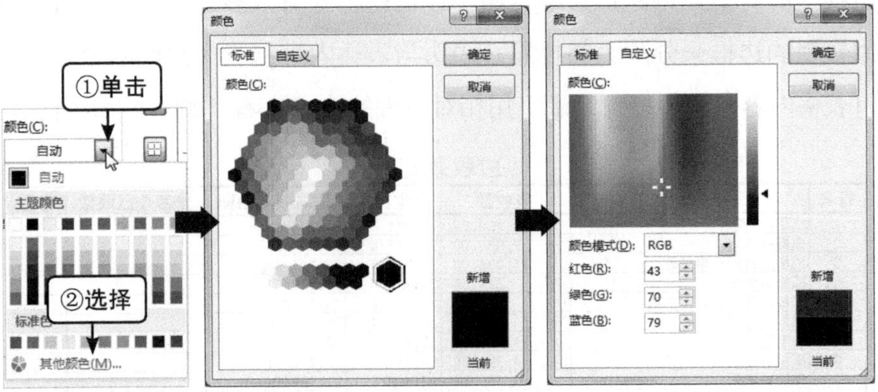

图 2-18

2. 用颜色分隔数据记录

颜色是分隔数据较灵活的一种方式，它可以根据用户不同的需求进行间隔行或间隔列填色。通常，间隔行填充颜色主要是为了分隔每条记录，方便查看；间隔列填色主要是为了按列查看和分析数据。

要为表格设置填充色可以有两种情况，一种情况是通过用户自定义选择使用颜色来设置填充，选择需要填充的单元格或单元格区域后，单击“填充颜色”下拉按钮，在弹出的下拉菜单中选择需要的颜色即可，如图 2–19（左）所示，或者打开“设置单元格格式”对话框，在“填充”选项卡中可以设置颜色填充、图案填充、样式填充和效果填充等，如图 2–19（右）所示。

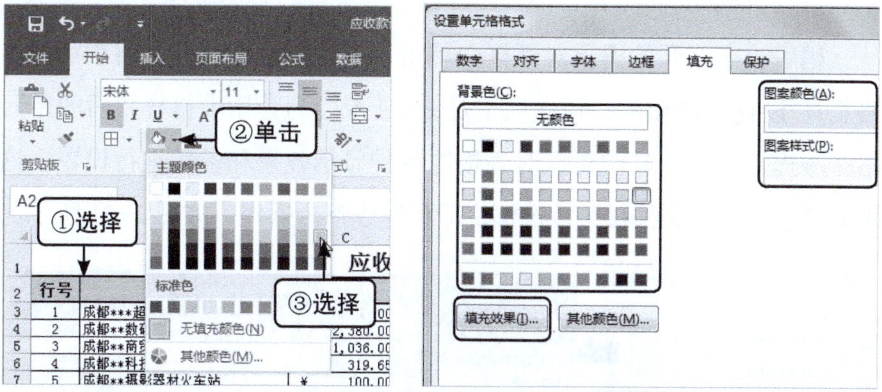

图 2-19

在使用颜色填充表格行列时，切记不能使用多种颜色来填充，一般情况下，表格中的填充颜色最好不超过 3 种，否则花哨的填充颜色容易让阅读者产生视觉疲劳。

此外，在 Excel 中，程序按照不同的填充颜色和填充效果内置了 60 种表格样式，这些表格样式无论是颜色的使用、搭配，还是样式效果，都相对专业，用户可以通过套用这些表格样式，快速完成表格的填充设置，其具体的操作方法如下。

选择单元格区域，单击“样式”功能组中的“套用表格格式”下拉按钮，在弹出的下拉列表中选择需要的表格样式，如图 2–20 所示。

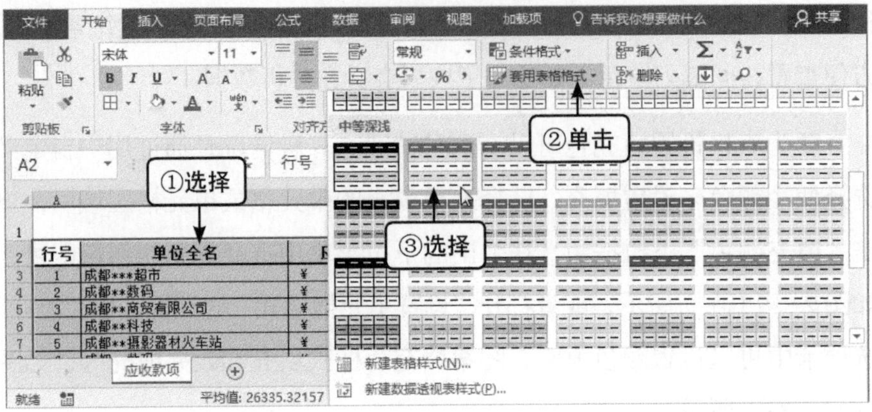

图 2-20

稍后，在打开的提示对话框中单击“确定”按钮，程序将激活“表格工具 设计”选项卡，该选项卡是 Excel 专门为套用表格样式后的单元格区域提供的，在其中可以对表格的各种显示效果和参数进行设置，这里取消选中“筛选按钮”复选框，即可完成整个操作，如图 2–21 所示。

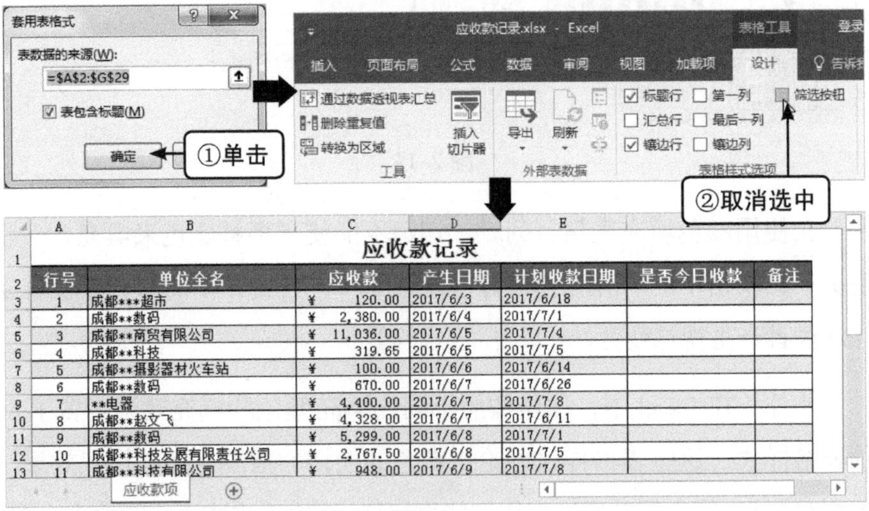

图 2-21

2.2.7 使用突出效果来强调数据信息

在制作数据分析报告时，为了提升报告的可读性，通常会添加一些表格或者图表，在这些表格和图表中，对于某些关键数据需要决策者重点查阅或者引起注意的，此时可以使用突出效果来强调这些数据信息。

在 Excel 电子表格中，用户可以使用 6 种方法来强调数据，如图 2–22 所示（对于有关图表中数据的强调方法将在第 8 章详细介绍）。

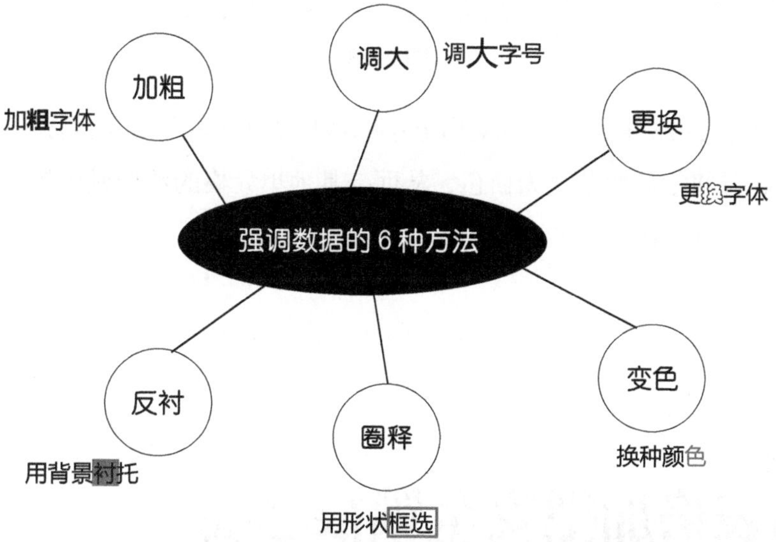

图 2-22

虽然这些方法在 Excel 中的操作很简单，但是用好了却能有效地将我们的分析重点突出显示出来。

在实际的操作过程中，各种强调方法也可以混合使用，例如将需要强调的数据加粗并调大字号，或者将需要强调的数据变色并圈释出来……通常，混合使用后的强调效果比单独使用时效果更好。图 2–23 所示为使用强调方法强调数据的前后对比效果。

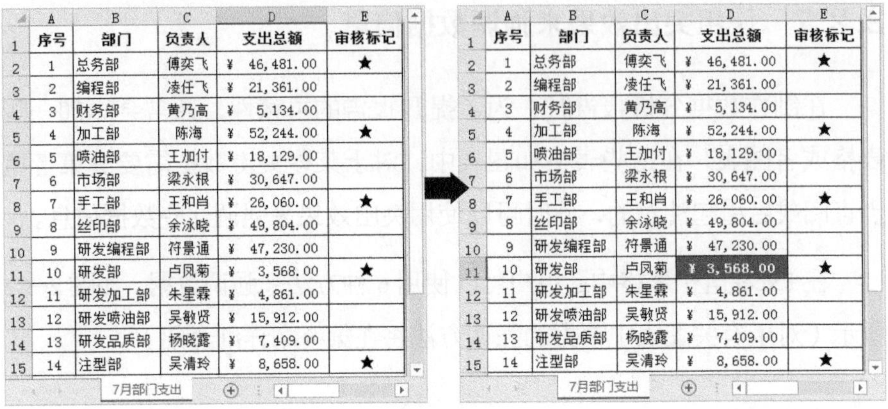

	A	B	C	D	E
1	序号	部门	负责人	支出总额	审核标记
2	1	总务部	傅奕飞	¥ 46,481.00	★
3	2	编程部	凌任飞	¥ 21,361.00	
4	3	财务部	黄乃高	¥ 5,134.00	
5	4	加工部	陈海	¥ 52,244.00	★
6	5	喷油部	王加付	¥ 18,129.00	
7	6	市场部	梁永根	¥ 30,647.00	
8	7	手工部	王和肖	¥ 26,060.00	★
9	8	丝印部	余泳晓	¥ 49,804.00	
10	9	研发编程部	符景通	¥ 47,230.00	
11	10	研发部	卢凤菊	¥ 3,568.00	★
12	11	研发加工部	朱星霖	¥ 4,861.00	
13	12	研发喷油部	吴敏贤	¥ 15,912.00	
14	13	研发品质部	杨晓露	¥ 7,409.00	
15	14	注型部	吴清玲	¥ 8,658.00	★

7月部门支出

	A	B	C	D	E
1	序号	部门	负责人	支出总额	审核标记
2	1	总务部	傅奕飞	¥ 46,481.00	★
3	2	编程部	凌任飞	¥ 21,361.00	
4	3	财务部	黄乃高	¥ 5,134.00	
5	4	加工部	陈海	¥ 52,244.00	★
6	5	喷油部	王加付	¥ 18,129.00	
7	6	市场部	梁永根	¥ 30,647.00	
8	7	手工部	王和肖	¥ 26,060.00	★
9	8	丝印部	余泳晓	¥ 49,804.00	
10	9	研发编程部	符景通	¥ 47,230.00	
11	10	研发部	卢凤菊	**¥ 3,568.00**	★
12	11	研发加工部	朱星霖	¥ 4,861.00	
13	12	研发喷油部	吴敏贤	¥ 15,912.00	
14	13	研发品质部	杨晓露	¥ 7,409.00	
15	14	注型部	吴清玲	¥ 8,658.00	★

7月部门支出

图 2-23

在图 2–23 中，将当月支出最小的数据的单元格用红色填充，字体加粗，并将字体颜色变为白色，从而与其他单元格的数据显示效果形成明显的区别，让阅读者能够一眼就看到这个数据。

2.3

为表格加把安全锁很必要

商业数据分析对数据的准确性要求很高，因此保护工作表中数据的安全性是每个数据分析师必须掌握的操作。根据表格的不同使用目的，可以为工作表设置保护，也可以为指定的单元格区域设置密码访问，还可以为整个工作簿设置保护。

2.3.1 为工作表设置密码，防止数据被修改

素材 库存信息表.xlsx
效果 库存信息表.xlsx

在商业数据分析过程中，不同数据之间的交互查阅是经常发生的事

情，为了确保工作表的数据在传送给他人阅读的过程中不被恶意修改，可以为工作表设置一个密码保护，例如要对“库存信息”工作表设置密码保护，首先在工作表中单击“审阅”选项卡，在“更改”功能组中单击“保护工作表”按钮，如图 2-24 所示。

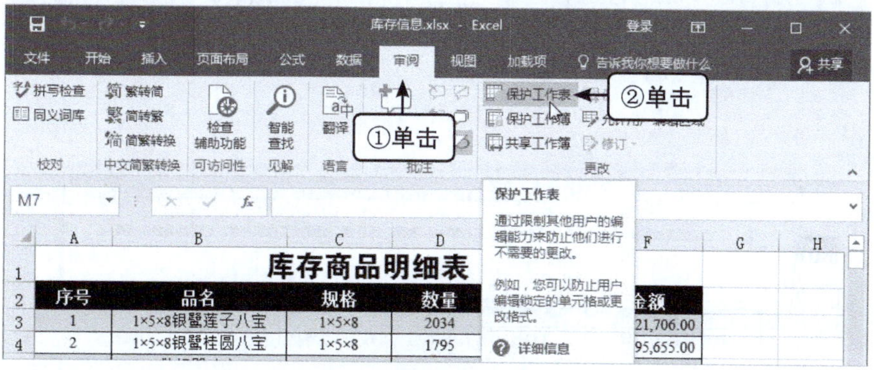

图 2-24

在打开的“保护工作表”对话框中设置允许此工作表的所有用户可以进行的操作，这里保持默认的参数设置不变，直接输入工作表的保护密码，如输入“123456”，单击“确定”按钮，如 2-25（左）所示；在打开的“确认密码”对话框中输入确认密码后，单击“确定”按钮即可完成工作表的保护操作，如 2-25（右）所示。

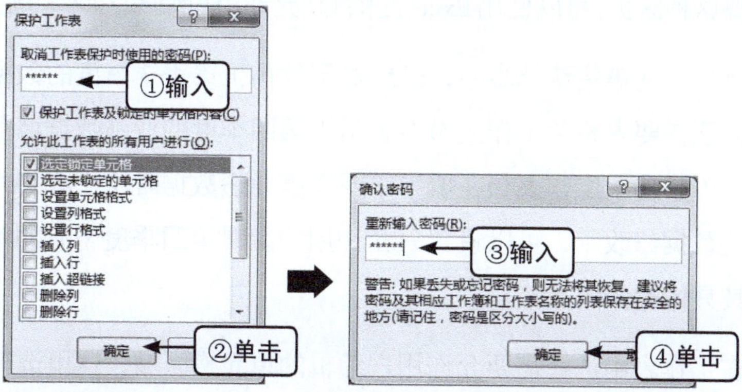

图 2-25

对工作表设置保护操作后，如果试图对工作表中的数据进行删除、修改等编辑操作，此时程序将自动打开一个提示对话框，提示工作表当前是受保护状态，如果要编辑，需要先取消工作表的保护，如图2-26所示。

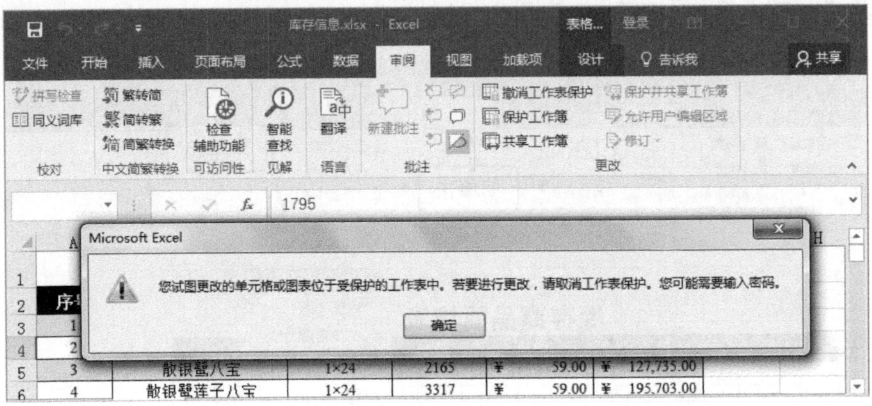

图 2-26

2.3.2　为单元格区域设置密码访问

素材 销售统计.xlsx
效果 销售统计.xlsx

直接为工作表设置保护操作后，当他人在输入正确的密码情况下，可以对表格中的所有数据进行编辑操作，如果只允许用户在输入正确密码的情况下在表格中的指定位置输入数据，其他位置则没有编辑权限。要实现这种保护，可以使用Excel提供的“允许用户编辑区域”功能来实现。

例如，在销售统计表中，已经对每位员工第1~3季度的数据进行了统计，现在要求相关工作人员将各员工第四季度的业绩数据填写到工作表中，为了防止工作人员在填写第四季度业绩数据时不小心将其他已经填写的数据修改了，可以设置只允许用户编辑第四季度下方的单元格区域，其具体操作如下。

在工作表中选择需要允许用户编辑的单元格区域，这里选择 E3:E20 单元格区域，单击“审阅”选项卡“更改”功能组中的“允许用户编辑区域”

按钮，在打开的“允许用户编辑区域”对话框中单击“新建”按钮，如图 2–27 所示。

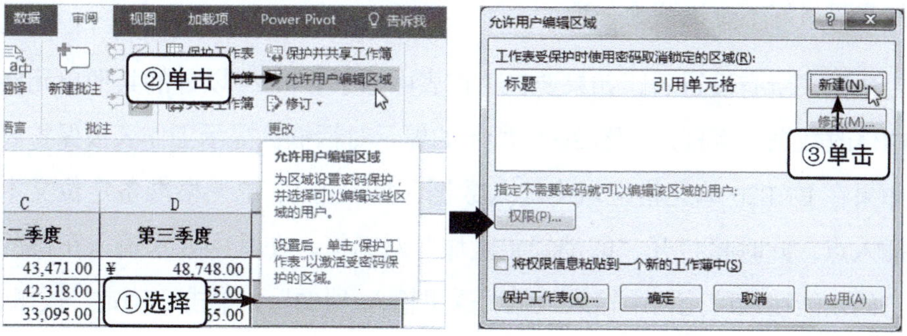

图 2-27

在打开的“新区域”对话框的“区域密码”文本框中输入密码，如这里输入“123”，单击“确定”按钮，在打开的“确认密码”对话框中重新输入密码，完成后单击“确定”按钮，如图 2–28 所示。

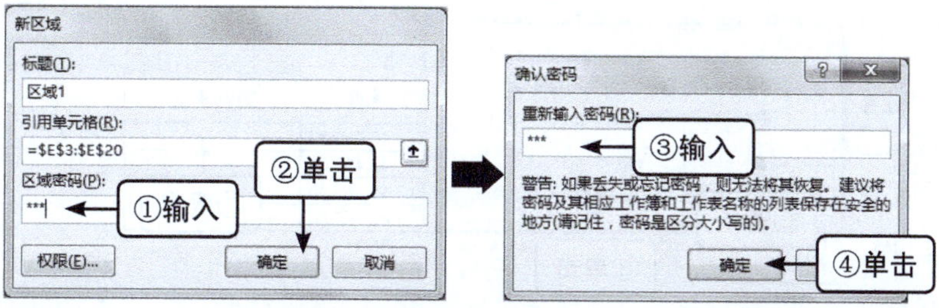

图 2-28

返回“允许用户编辑区域”对话框中，单击“保护工作表”按钮，如图 2–29 所示，然后根据向导对话框对工作表设置密码保护。

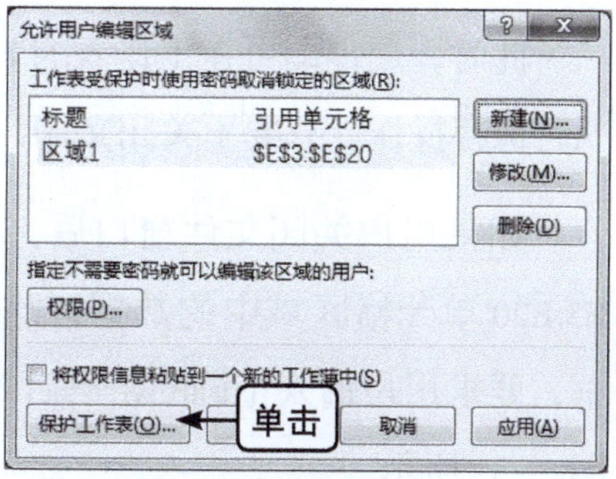

图 2-29

这一步是必需的一步，如果在对指定的单元格设置了允许输入密码编辑的权限后，没有对工作表设置密码保护操作，则设置的权限将不起作用。此外，从安全性的角度考虑，单元格区域的密码与保护工作表的密码最好不要设置为一致。

完成所有设置后，如果要在工作表中除了 E3:E20 以外的其他单元格中修改数据，将打开如图 2–26 所示的提示对话框，提示工作表被保护。如果在 E3:E20 单元格区域中输入数据，如双击 E3 单元格准备定位文本插入点，此时将打开“取消锁定区域”对话框，在其中要求输入正确的密码才能在该单元格中输入数据，这里输入“123”，单击“确定”按钮，如图 2–30 所示。

图 2-30

此时，用户即可在工作表的 E3:E20 单元格区域中任意地输入数据，执行保存操作，只要不关闭文件，可再对输入的数据进行编辑操作等。

如果用户关闭文件窗口后，再次打开该工作表，则需要再次修改 E3:E20 单元格区域中的数据，此时将再次打开“取消锁定区域”对话框，要求用户输入正确的密码后才能对该单元格区域进行编辑操作，如图 2–31 所示。

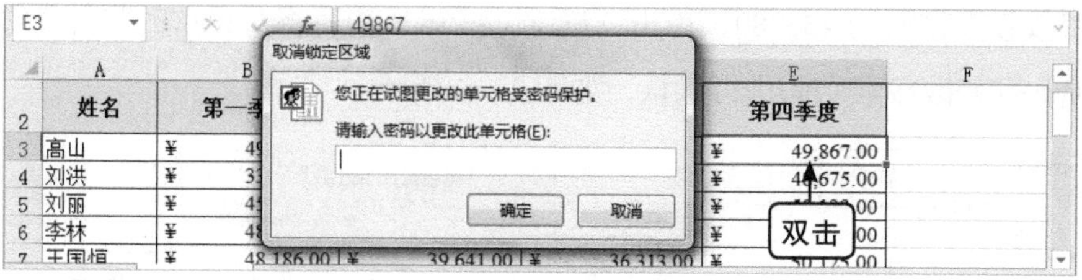

图 2-31

2.3.3 为工作簿设置密码，防止重要数据外泄

素材 企业生产单.xlsx
效果 企业生产单.xlsx

在进行商业数据分析过程中，对于一些重要的数据分析过程或者数据如果不希望其他无关的人查阅，只对某些特定的人有访问和编辑权限，从而避免重要数据外泄，此时可以为工作簿设置密码。

例如，要为“企业生产单”工作簿文件设置密码保护，需要先打开该文件对应的“另存为”对话框，单击“工具”下拉按钮，在弹出的菜单中选择“常规选项”选项，如图 2-32 所示。

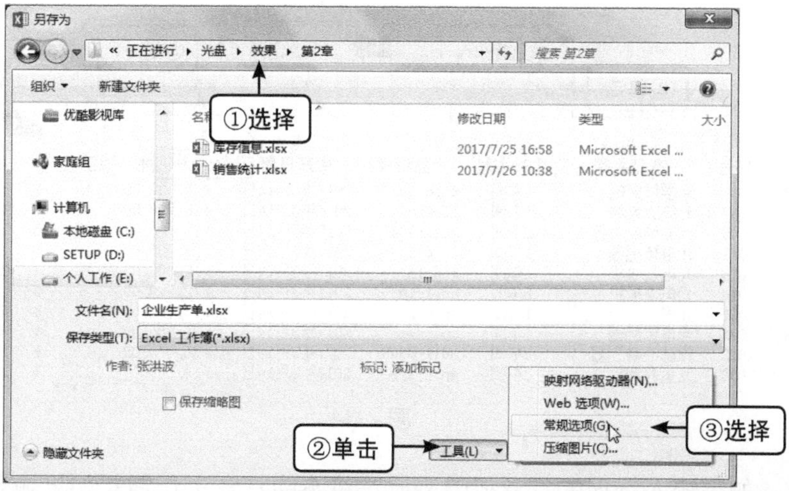

图 2-32

在打开的“常规选项”对话框中分别设置打开权限密码为 123456，

修改权限密码为 456789，单击“确定”按钮，稍后将对设置的打开权限密码和修改权限密码进行确认，如图 2–33 所示。

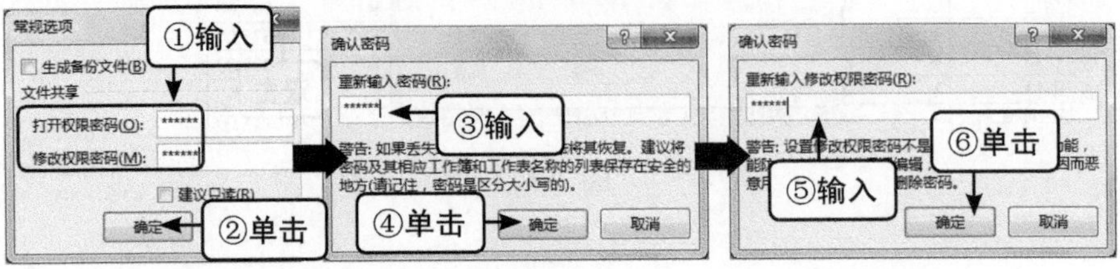

图 2-33

返回“另存为”对话框，在其中单击“保存”按钮完成操作。当打开设置了密码保护的工作簿时，将先打开一个提示对话框提示输入打开密码，这里输入“123456”，单击“确定”按钮后将打开一个提示对话框，提示输入编辑权限密码，这里输入“456789”，单击“确定”按钮后即可查阅并编辑工作表中的数据，如图 2–34 所示。

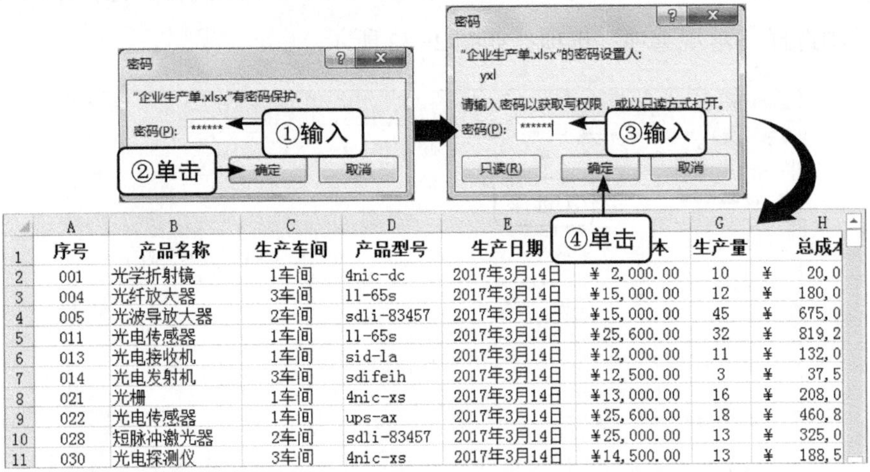

图 2-34

如果输入错误的打开权限密码，将不能打开工作簿；如果输入了正确的打开密码，但是不知道编辑权限密码，则只能以只读方式查阅表格数据。

第3章

准备好数据源，开启数据分析之路

数据是商业数据分析的重要操作对象，只有准备好需要的数据，才能正式开启数据分析之路。那么数据可以通过哪些方法获取？在本章中，将重点介绍现有成型的数据、手动录入获取完整数据及通过问卷调查获取第一手数据的相关操作方法，让读者全面了解怎么获取不同来源的数据。

3.1

导入外部数据获取成型数据源

在商业数据分析中，用于数据分析的数据并不一定都是存在 Excel 中的，其来源广泛，如文本文件、Access 数据库、SQL 数据库和网页数据等，Excel 作为强大的数据分析工具，能够很好地解析这些数据源。因此，在使用 Excel 工具来分析数据前，首先将这些数据源导入 Excel 中，将其转换成 Excel 可以操作的类型。

3.1.1 导入文本文件数据

素材	企业生产状况记录.txt
效果	企业生产状况记录.xlsx

文本文件数据是大多数应用软件都能解析的数据，它没有软件特有的一些格式信息，只是单纯的文本数据。但是作为 Excel 能够解析的文本文件数据，对数据的记录格式还是有要求的，可以使用制表符、逗号、分号及空格等符号来区分各列数据，如图 3-1 所示。

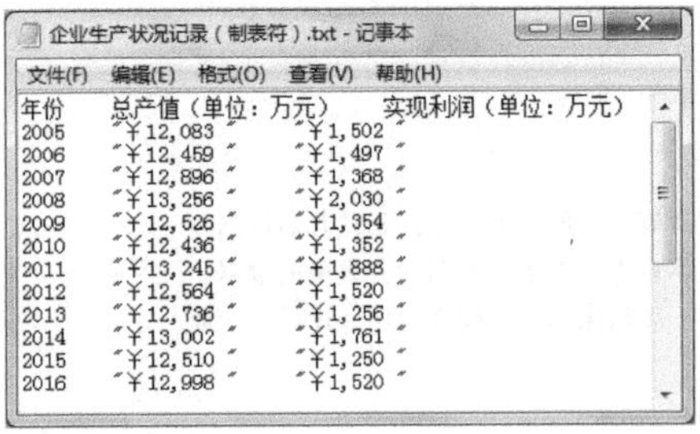

▲用制表符分隔

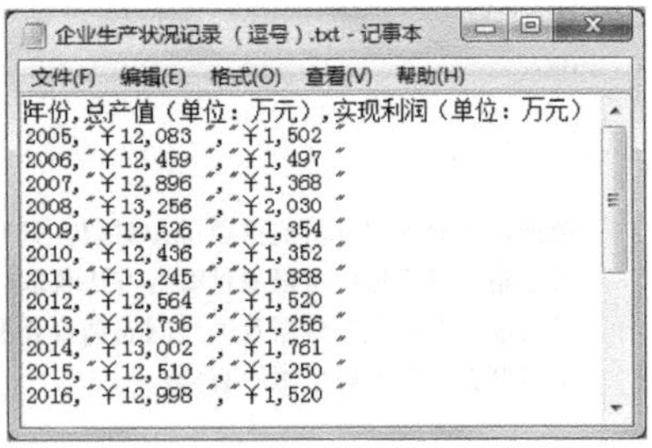

▲用逗号分隔

图 3-1

在图 3–1 中，总产值和实现利润数据中添加了双引号，这个双引号在不使用逗号作为分隔符时，可以添加也可以不用添加，如果用逗号作为列的分隔符，则必须添加双引号，否则程序会自动将千位分隔符也识别为列的分隔标记。

无论使用哪种方式来分隔数据，其导入方法都相似，下面以将利用逗号作为分隔符的记事本文件导入 Excel 中为例，讲解如何将记事本文件导入 Excel。

首先在 Excel 工作界面中单击“数据”选项卡，在“获取外部数据”功能组中单击“自文本”按钮，在打开的“导入文本文件”对话框中找到文件的保存位置，并选择需要导入的文件，单击“导入”按钮，如图 3–2 所示。

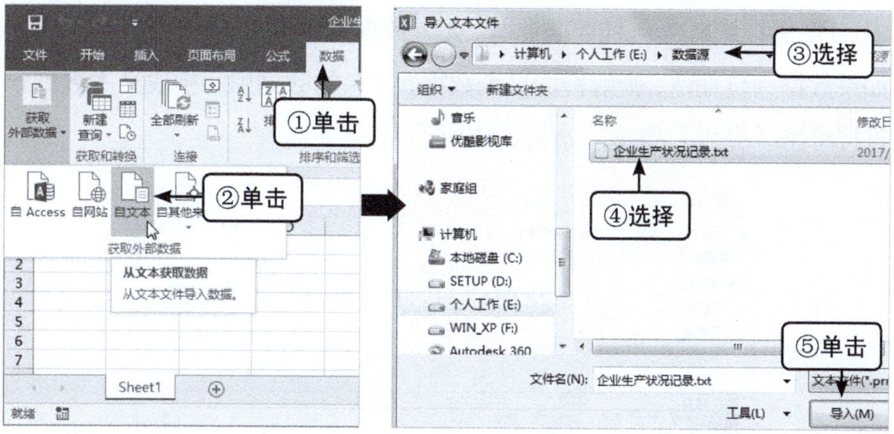

图 3-2

在打开的对话框中保持默认的“分隔符号”单选按钮的选中状态后单击“下一步”按钮。稍后，在打开的设置分列数据包含的分隔符对话框中选择文本文件中使用的分隔符，这里取消选中“Tab 键”复选框，选中“逗号”复选框，此时程序自动以逗号为分隔符将文本文件中的数据分隔成 3 列，在对话框下方的“数据预览”栏中即可预览到效果，单击“下一步”按钮，如图 3–3 所示。

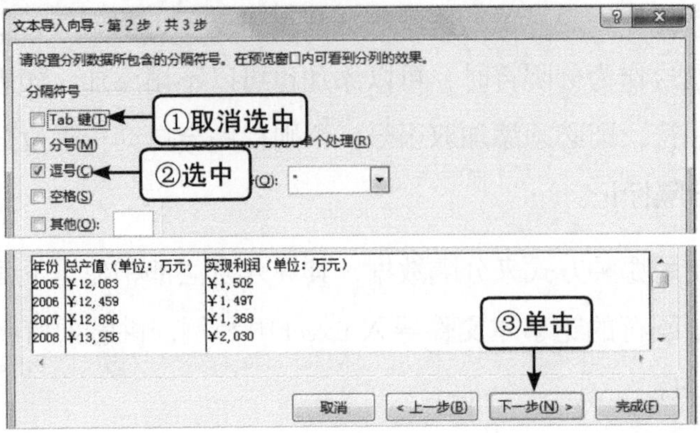

图 3-3

在打开的设置数据格式的对话框中保持默认的“常规”单选按钮的选中状态，在这种数据格式下，程序自动判断文本文件中的数据导入Excel中后被解析为何种数据类型。如果数据为数值，则解析成数字数据；如果数据为日期值，则解析成日期数据，其余的数据则解析成文本数据。直接单击“完成”按钮，如图 3–4 所示。

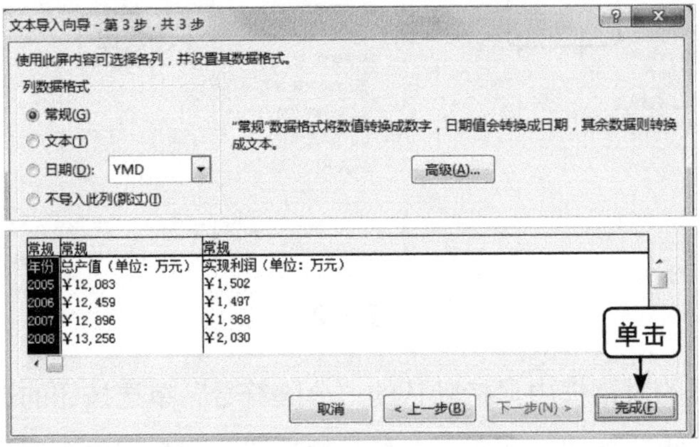

图 3-4

在打开的“导入数据”对话框中保持将数据存放在现有工作表的 A1 单元格位置，单击“确定”按钮，如图 3–5（左）所示；此时，程序自动解析文本文件中的数据，并将其导入工作表中，并以 A1 单元格为起始位置进行保存，如图 3–5（右）所示。

图 3-5

将数据导入 Excel 中后，如果对数据源进行修改，如这里将 2016 年的实现利润数据“¥1,520”修改为“¥1,720”，在 Excel 中单击“全部刷新”下拉按钮，在弹出的下拉菜单中选择“全部刷新”选项，打开“导入文本文件”对话框，在其中选择修改过的文本文件，单击“导入”按钮，此时程序将自动对 Excel 中早期导入的文本文件的数据进行更新，使其与修改后的文本文件中的数据保持一致，如图 3–6 所示。

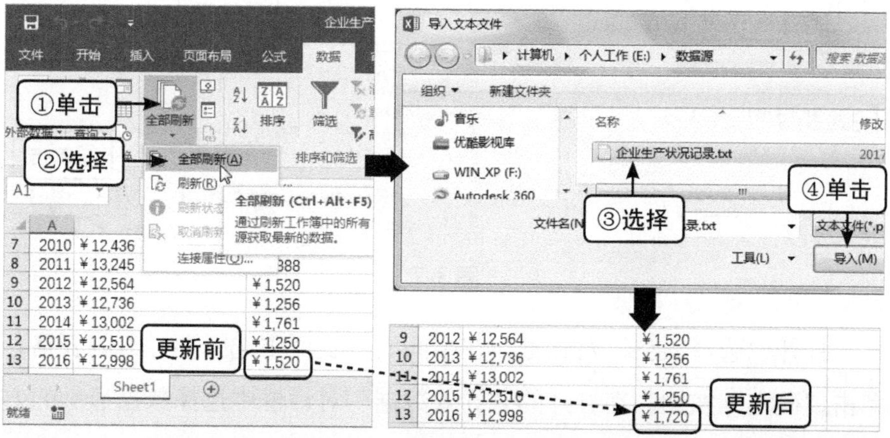

图 3-6

3.1.2 导入 Access 数据

素材	销售数据管理.accdb
效果	年度销售数据.xlsx

Access 也属于 Office 办公套件之一，该组件的主要功能是数据的存储与查询，一般来说，业务数据相对较多的中小型公司会将数据存放在该组件中。

由于 Excel 与 Access 数据中的表格可以完全兼容地导入与导出，包括 Access 数据库中表格样式与文本格式的设置等。如果要分析 Access 中的数据，只能将其导出，借助 Excel 强大的数据分析功能来进行。

例如，企业将所有的销售数据都保存在 Access 数据库中，现在要在 Excel 中分析公司的销售情况，则需要在“数据”选项卡的“获取外部数据”功能组中单击“自 Access”按钮，在打开的“选取数据源”对话框中选择要导入的数据库文件，单击“打开”按钮，如图 3-7 所示。

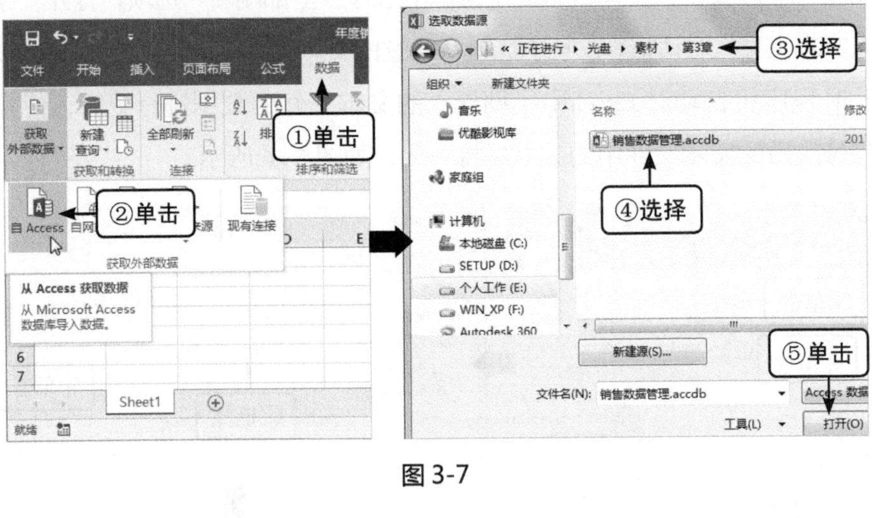

图 3-7

打开“选择表格”对话框，在中间的列表框中选择要导入的表格，单击“确定”按钮，在打开的“导入数据”对话框中选择数据显示的方式和放置位置后，单击“确定”按钮（如果当前导入的 Access 数据库文件中只包含一张工作表，则在导入过程中不会出现“选择表格”对话框，而直接进入选择数据显示方式和保存位置的步骤）。稍后，程序自动将选择的 Access 数据库中指定表格的数据导入 Excel 中，如图 3-8 所示。

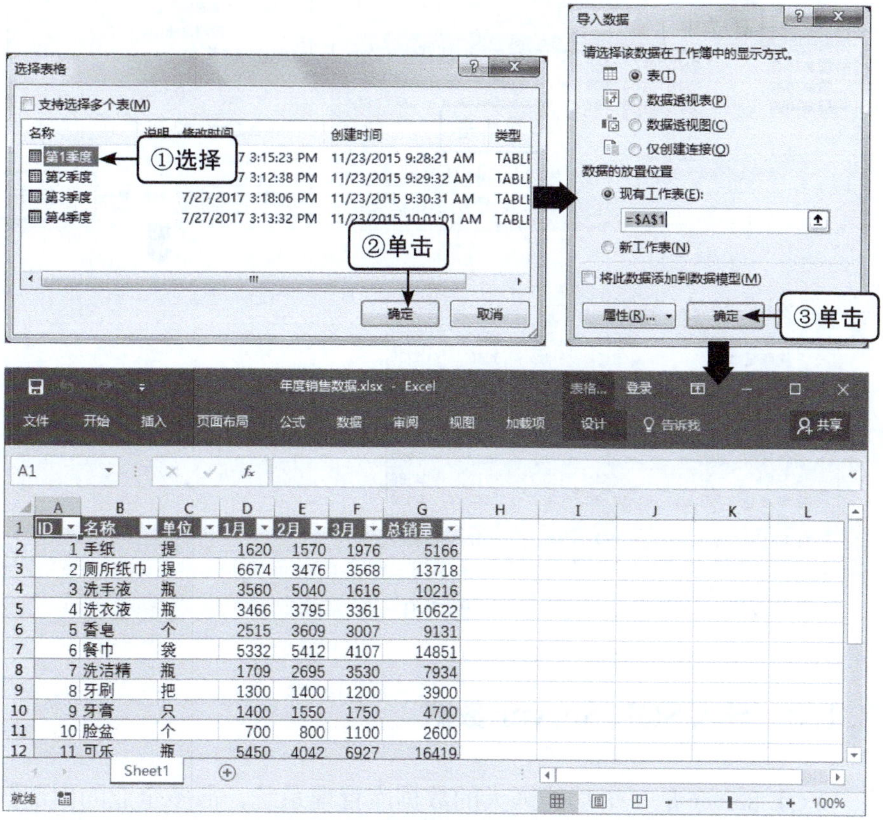

ID	名称	单位	1月	2月	3月	总销量
1	手纸	提	1620	1570	1976	5166
2	厕所纸巾	提	6674	3476	3568	13718
3	洗手液	瓶	3560	5040	1616	10216
4	洗衣液	瓶	3466	3795	3361	10622
5	香皂	个	2515	3609	3007	9131
6	餐巾	袋	5332	5412	4107	14851
7	洗洁精	瓶	1709	2695	3530	7934
8	牙刷	把	1300	1400	1200	3900
9	牙膏	只	1400	1550	1750	4700
10	脸盆	个	700	800	1100	2600
11	可乐	瓶	5450	4042	6927	16419

图 3-8

在 Excel 2016 中，Excel 程序还支持同时选择多个表进行批量导入，直接在“选择表格”对话框中选中“支持选择多个表”复选框，即可在各个数据表右侧显示一个复选框，选中需要导入的表格对应的复选框即可。

如果要将所有表格导入 Excel 中，直接选中“名称”复选框即可快速选中所有的表格，单击“确定”按钮，在打开的“导入数据”对话框中选中“表”单选按钮，单击“确定”按钮后，程序自动新建 4 张工作表，在其中依次导入 Access 数据库中 4 张表格的数据，如图 3-9 所示。

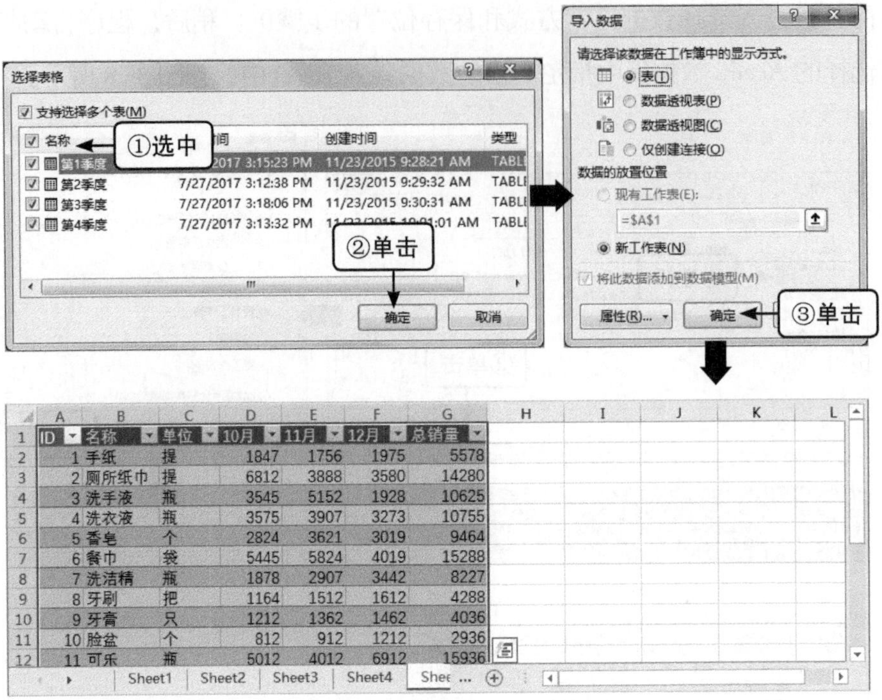

图 3-9

3.1.3 导入 SQL Server 数据

SQL Server 是一个功能强大的数据库管理系统，很多企业的内部数据都存储在 SQL Server 数据库中。将 SQL Server 数据库的数据直接导入 Excel 工作表中进行处理是很多企业都可能会面临的问题。在 Excel 2016 中获取 SQL Server 数据可按如下步骤进行。

在“数据”选项卡“获取外部数据”功能组中单击“自其他来源”下拉按钮，在弹出的下拉菜单中选择“来自 SQL Server”选项，打开“数据连接向导”对话框，输入连接的 SQL 数据库的服务器名称，选中“使用下列用户名和密码”单选按钮，在激活的文本框中输入访问的 SQL 服务器的用户名和对应的密码，单击“下一步”按钮，如图 3-10 所示。

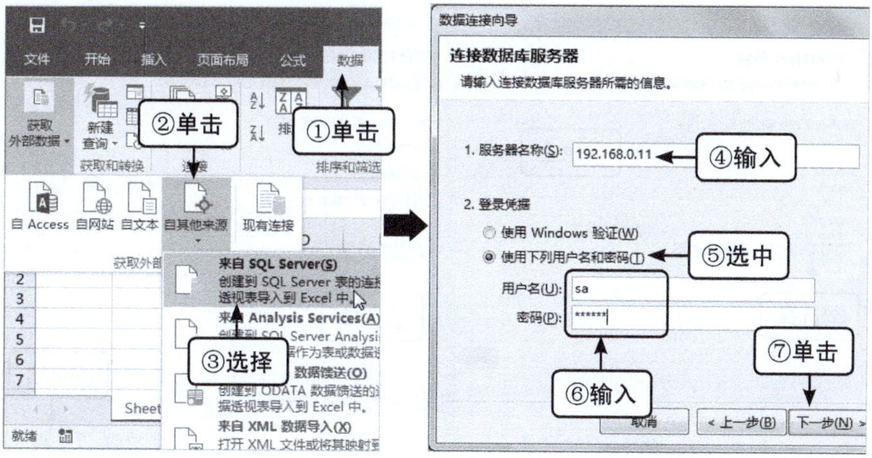

图 3-10

职场小贴士

服务器名称文本框中可以使用 SQL Server 服务器运行的计算机的域名或 IP 地址。如果 SQL Server 服务器运行在本地计算机上，可在文本框中输入“.”或“127.0.0.1”表示服务器名称。

如果 SQL Server 服务器运行在本地计算机上，在“登录凭据”选项组中可选中“使用 Windows 验证”单选按钮；如果服务器运行在网络上的其他计算机上，则需选中“使用下列用户名和密码”单选按钮，并输入正确的用户名和密码。默认情况下，在 SQL Sever 2008 之前的版本，可使用“sa”用户名加空密码连接，在此之后的版本都要求输入正确的用户名和密码。

设置完服务器名称和登录凭据后，程序会自动连接 SQL 服务器，当连接成功后，将打开“选择数据库和表”对话框，单击下拉列表框右侧的下拉按钮，在弹出的下拉列表中即可选择要访问的数据库，这里选择“启典文化”选项。程序自动显示该数据库中的所有表，选择要访问的数据表，这里选择“客户信息表”数据表，单击“下一步”按钮，如图 3-11 所示。

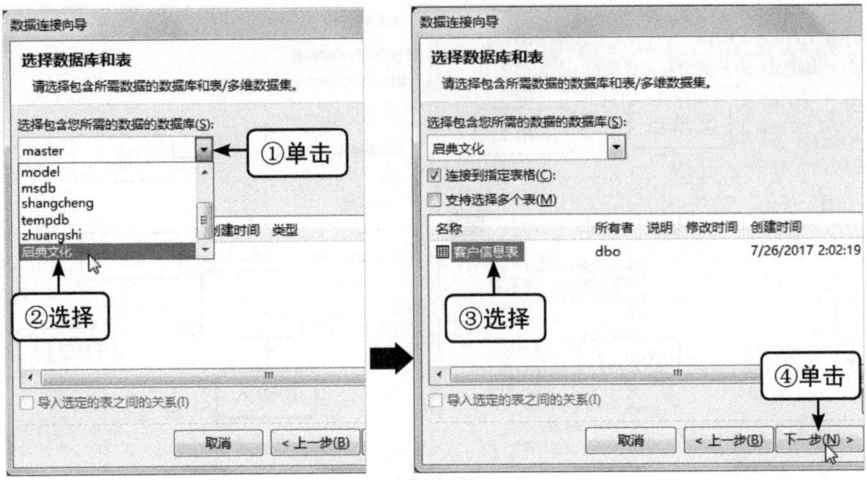

图 3-11

在打开的“保存数据连接文件并完成”对话框中保持默认的参数设置，直接单击“完成”按钮，在打开的“导入数据”对话框中保持默认的参数设置，直接单击“确定”按钮确认导入数据，如图 3−12 所示。

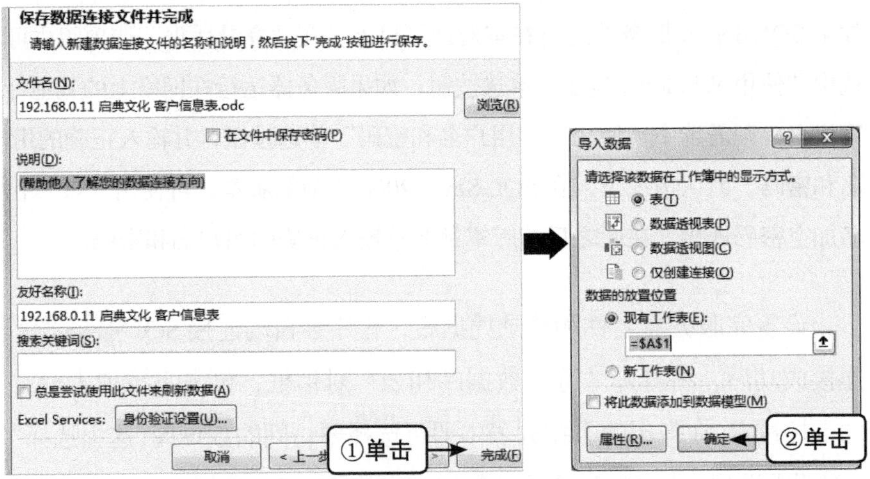

图 3-12

稍后，程序自动将 SQL 服务器上的“启典文化”数据库中的“客户信息表”数据表中的数据全部导入 Excel 中，完成 SQL 数据的导入操作。

3.1.4 导入网站数据

素材	无
效果	从网站获取的数据 .xlsx

在第 2 章我们已经知道，数据分析的数据源也可以从网络中获取，对于网络中以表格形式存在的数据，通过 Excel 的数据导入功能，可以根据当前页面的框架结构自动确定数据导入工作表中的排列方式。

在导入网页数据到 Excel 电子表格中之前，需要先在网络中浏览到目标网页，然后将网站地址复制下来。

在 Excel 工作界面的“数据”选项卡的“获取外部数据”功能组中单击“自网站”按钮，打开“新建 Web 查询”对话框，在“地址”组合框中输入要引用的页面的网址，单击“转到”按钮，在打开的页面中，所有右上角有标记的都表示表格数据，将鼠标光标移动到该标记上即可查阅到该标记对应的表格数据，如图 3-13 所示。

图 3-13

单击该标记选择要导入的数据位置，此时标记变成了标记，然后单击“导入”按钮，在打开的“导入数据”对话框中保持默认的数据存储位置设置（若表格中已存在数据，为了防止表格结构被破坏，建议用“新工作表”的方式进行导入），单击“确定”按钮，如图 3–14 所示。

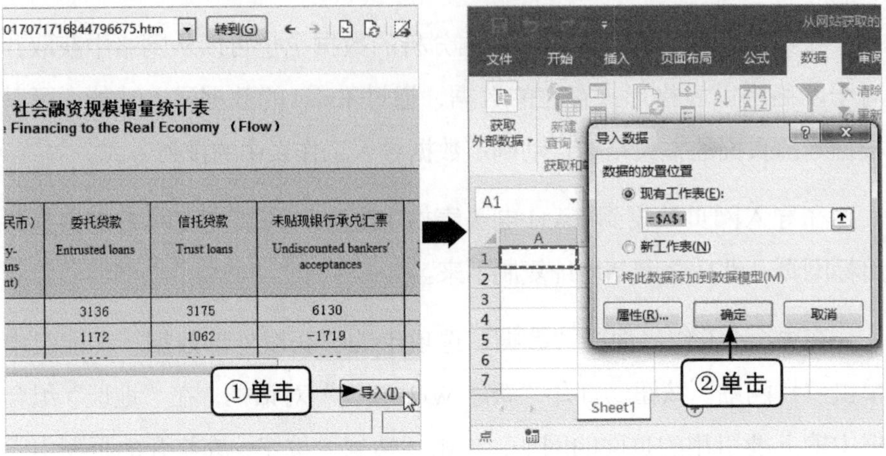

图 3-14

稍后，程序自动获取网站中的数据，并将其以 A1 单元格为起始位置保存在表格中。将网站数据导入 Excel 后，网页数据和 Excel 表格中导入的数据之间存在链接关系，如果要查询网页的最新数据情况，直接在 Excel 中右击，在弹出的快捷菜单中选择“刷新”命令即可，如图 3–15 所示。

图 3-15

其实在导入网页数据时，用户可以通过设置导入属性让 Excel 文件每次被打开时就自动刷新数据，从而确保每次打开的数据都是最新的。具体的操作方法是：在“导入数据”对话框中单击“属性”按钮，在打开的“外部数据区域属性”对话框中选中“打开文件时刷新数据”复选框即可，如图 3–16 所示。

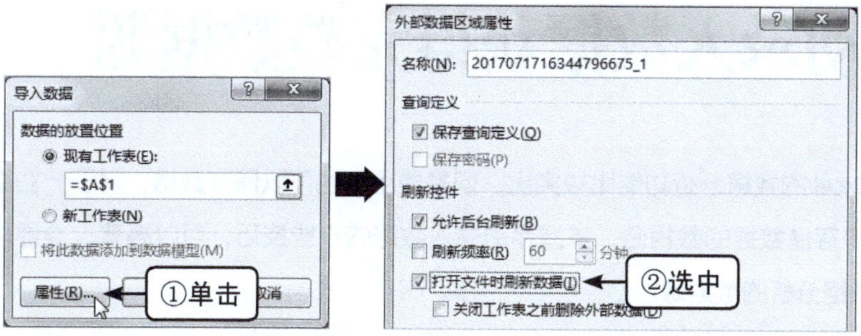

图 3-16

职场小贴士

在某些数据统计网站，为了方便用户使用数据，网站还专门提供不同文件格式的数据，如国家统计数据网站中提供的中国人民银行的相关数据，网站提供了 3 种格式，如图 3–17 所示。其中，“htm”格式表示在网页中查看数据，“xls”格式表示用 Excel 软件查看，“pdf”格式表示用 PDF 阅读器查阅。第一种查阅方式是单击“htm”超链接后在打开的网页中查看，后面两种查阅方式是单击对应的超链接后即会执行下载操作。

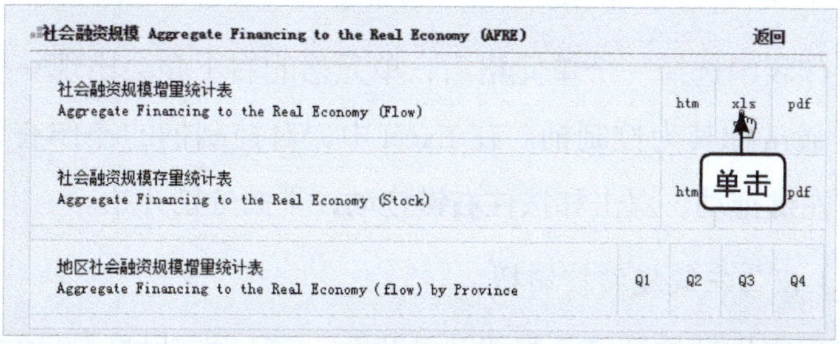

图 3-17

3.2

手动录入数据获得完整数据源

虽然 Excel 的数据分析功能比较突出，但是使用它也可以保存数据，对于一些直接用 Excel 来存储数据的数据源，掌握手动录入数据的一些技巧，可以高效、准确地整理商业数据分析的数据源。

3.2.1 快速录入表格数据的技巧

在数据分析的表格中，经常会存在一些重复数据和有规律的数据，为了简化录入的操作，可以通过技巧快速填充重复数据或者有规律的数据。在 Excel 中，常用的数据填充方法有利用控制柄填充和通过“序列”对话框填充两种，下面分别进行介绍。

1. 利用控制柄填充数据

在工作表中选择一个单元格后，单元格的右下角会出现一个黑色的小方块，通常称其为控制柄。在 Excel 中，对控制柄的操作有 3 种，分别是按住左键拖动、双击和按住右键拖动，下面分别介绍。

（1）按住左键拖动控制柄

按住左键拖动控制柄是最常见的操作，通过拖动控制柄填充的数据有如下 3 种情况。

①如果需要填充的数据是字符串数据，如 1 月，拖动控制柄填充的数据类似于数值数据中的序列数据，1 月、2 月、3 月……如图 3-18 所示。②如果需要填充的数据是文本数据，如销售部，拖动控制柄填充的数据为相同数据。③如果需要填充的数据是数值数据，如 2017001，拖动控制柄填充的数据可以是相同数据，也可以是序列数据。

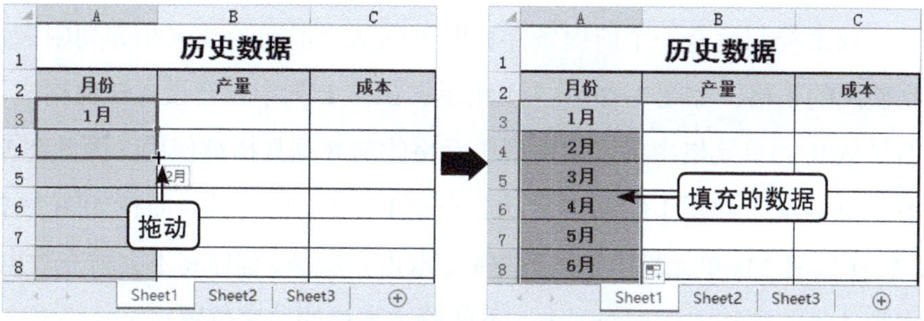

图 3-18

默认情况下，在利用控制柄填充相同数据的过程中，如果源数据单元格中被设置了单元格格式，则在填充的过程中，系统自动将其对应的单元格格式复制到其他单元格中，并且在填充完数据后，将出现一个“自动填充选项”标记，通过该标记弹出的下拉列表可以对数据进行更多的数据填充操作，如图 3-19 所示。

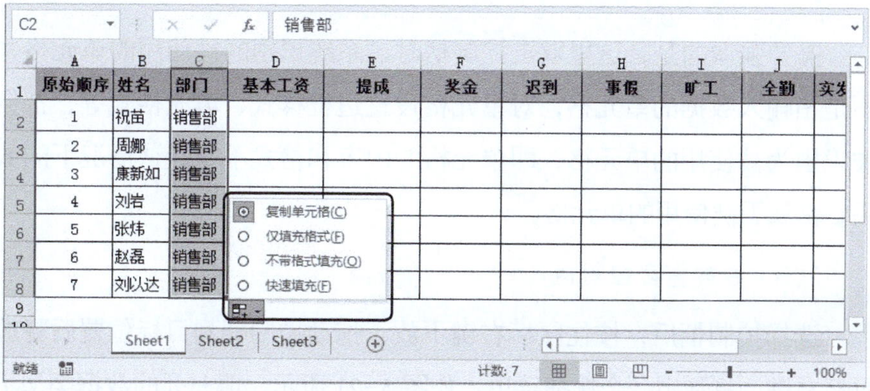

图 3-19

（2）双击控制柄操作

当用鼠标双击控制柄时，程序自动填充到使用过的表格的末尾，如图 3–19 中，当前的 Sheet1 工作表中使用的表格的结束位置是第 8 行，则在 C2 单元格中输入“销售部”数据后，双击 C2 单元格的控制柄，程序自动填充到 C8 单元格。

双击控制柄有一个前提条件，即可以从当前前列或者相邻列中识别到使用的表格，如图 3–20（左）所示，虽然 L 列中没有设置任何格式，但是从 K 列单元格中可以识别到单元格的前 8 列数据被使用，因此在 L1 单元格中输入数据 1 后能够自动填充到 L8 单元格区域；而在如图 3–20（右）中，在 M1 单元格中输入数据后，双击控制柄，程序将不会填充数据，因为从当前列和前后相邻列中，不能确定表格的结束位置。

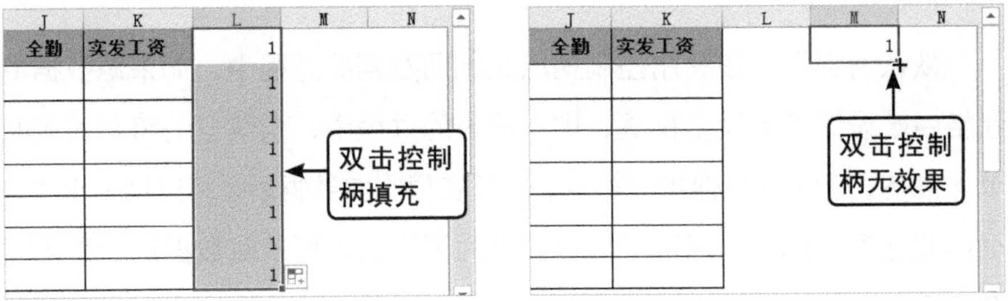

图 3-20

需要强调的是，这里双击控制柄时，系统识别的被使用的单元格并不是指输入数据的单元格，对单元格设置边框样式、填充格式等，都会被识别为被使用的单元格，即单元格的内容和格式不是默认情况下的效果，都属于被使用的单元格。

（3）右键拖动控制柄

选择控制柄后，按住鼠标右键不放，拖动控制柄到目标位置后释放鼠标右键，将弹出一个快捷菜单，如图 3–21 所示，填充列的数据类型不同，可以选择不同的填充选项。

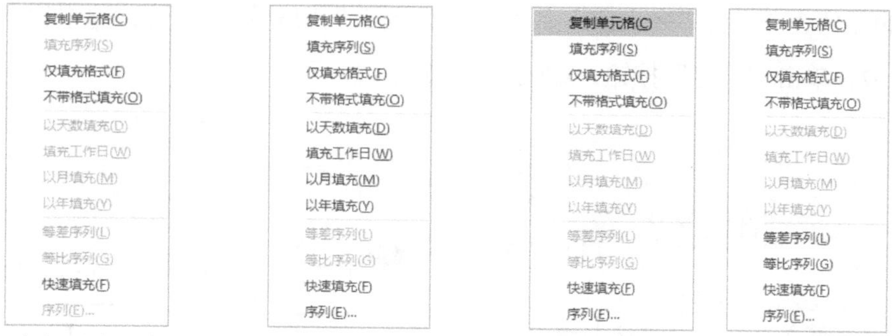

▲数据源为文本　▲数据源为日期　▲数据源为数字

图 3-21

数据源为数字的情况，如果只在一个单元格中输入数据，右键拖动带数据单元格的控制柄，则弹出图 3-21 中的第三个图片效果；如果在两个相邻的单元格中输入数据，同时选择这两个单元格后，右键拖动带数据单元格的控制柄，则弹出图 3-21 中的第四个图片效果。

2. 使用对话框填充序列数据

素材	销售业绩统计表 .xlsx
效果	销售业绩统计表 .xlsx

在 Excel 2016 中，除了使用控制柄的方式来填充相同或有规律的数据，通过“序列”对话框也可快速填充等差序列、等比序列和日期等有规律的数据。

例如，在“销售业绩统计表”工作表中，已经对公司 137 名员工的各季度的销售业绩进行统计，并计算年度的销售总业绩，现在需要添加一列序号列。此时，可以先在第一个员工的序号列输入“1”（通过“序列”对话框还可以对小数数据进行等差序列和等比序列填充）。在“开始”选项卡的“编辑”功能组中单击“填充”下拉按钮，在弹出的下拉菜单中选择“序列”选项，打开“序列”对话框，如图 3-22（左）所示。

由于需要填充的数据是在表格的列中，因此在“序列产生在”选项组中选中“列”单选按钮，保持默认的步长值 1，表示填充的等差序列的差值为 1，在“终止值”数值框中输入数据填充的终止值，这里输入 137，单击“确定”按钮，如图 3–22（右）所示。

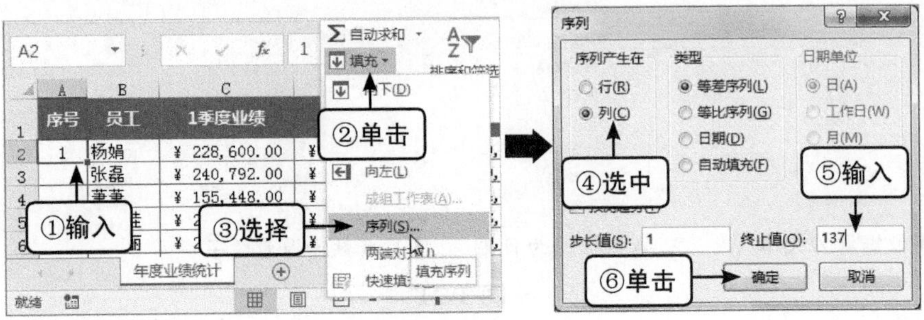

图 3-22

程序将自动以 A2 单元格的值作为起始值，按列的方向向下填充差值为 1 的数据，当填充到值为 137 时，停止继续填充，如图 3–23 所示。

图 3-23

在本例中，已知填充序列的终止值，因此在“序列”对话框中可以很准确地设置填充的终止值。如果在不确定填充终止值的情况下，可以在输入起始值后，选择包括起始值和待填充的序列单元格在内的单元格区域，打开“序列”对话框，只需设置填充方向、填充类型和步长值，不需要设置终止值，单击“确定”按钮后，程序自动从起始位置开始填充，直到填充到选择的单元格区域的最后一个单元格后即终止填充，如图 3–24 所示。

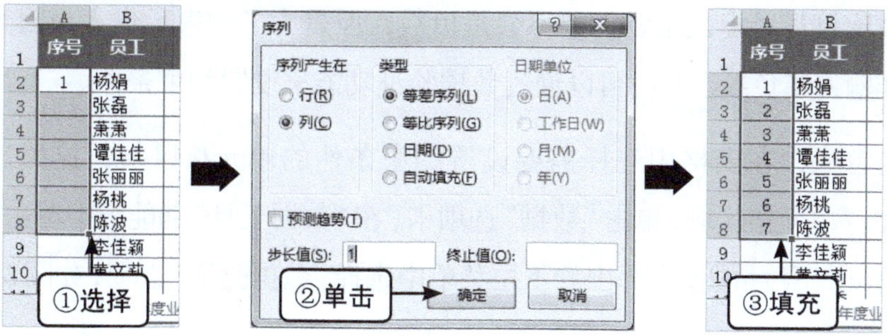

图 3-24

职场小贴士

在数据处理过程中，还可以通过快捷键在连续的和不连续的单元格中快速填充相同的数据，其具体操作是：选择需要填充相同数据的单元格区域后，可以将文本插入点定位到编辑栏中，或者直接切换到熟悉的输入法后，输入需要填充的相同数据，按【Ctrl+Enter】组合键后即可完成相同数据的填充。

3.2.2 数据来源的有效性设置

在 Excel 2016 中，使用系统提供的数据验证功能可以在指定单元格或单元格区域中限定输入的数据类型，通过这一功能保证数据输入的正确性的同时，还可以提高数据输入的速度。从数据来源的有效性设置看，使用该功能可以进行允许范围内的数据有效性设定和设定序列的有效性两大方面的操作。

1. 允许范围内的有效性设定

素材	销售员提成统计.xlsx
效果	销售员提成统计.xlsx

允许范围内的有效性是指设置有数据有效性的单元格区域只允许接收某一特定范围内的数据，当输入的数据不在此范围内时，数据将不被接受，并会打开错误提示对话框。

例如，在“销售员提成统计”工作表中，无论是销售金额、利润额、提成比例还是提成工资，都不会是负数，但是为了约束工作人员因为误操作输入了负数，此时可以通过数据验证功能来设置约束条件。

首先，在表格中选择需要设置约束条件的单元格区域，这里选择C3:F17单元格区域，单击“数据”选项卡，在“数据工具”功能组中单击“数据验证”下拉按钮，在弹出的下拉菜单中选择“数据验证”选项，如图3-25所示。

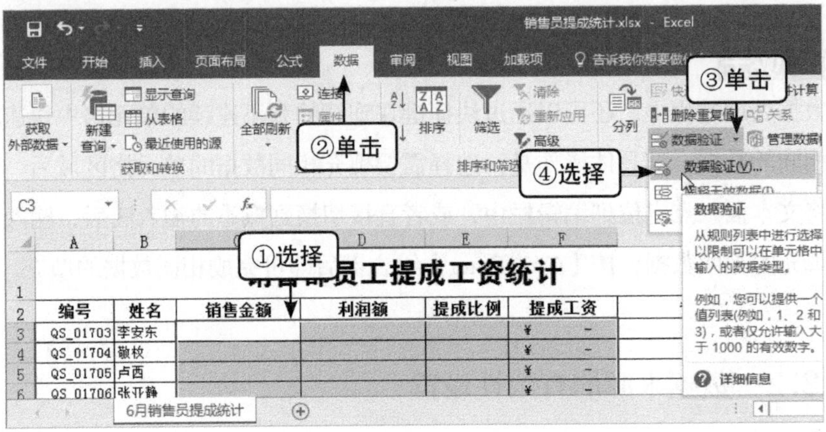

图 3-25

打开“数据验证”对话框，在该对话框的“设置”选项卡中即可设置数据的验证条件，若要将数据约束在正数，而数据金额存在小数的情况，这里在“允许”下拉列表框中选择“小数”选项，在激活的“数据”下拉列表框中选择“大于”选项，程序自动显示“最小值”参数框，在其中输入“0”，单击“确定”按钮，如图3-26所示。

职场小贴士

在“数据验证”对话框的“允许”下拉列表框右侧有一个“忽略空值”复选框，选中该复选框表示当设置数据验证的单元格中输入的是空值时，该单元格不受数据验证限制；只有当单元格输入的是非空值时，才检测单元格的数据验证。

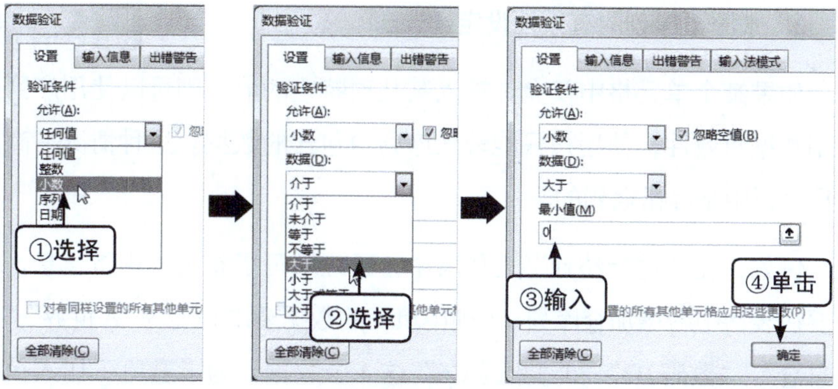

图 3-26

在返回的单元格中，在单元格中输入不大于 0 的数据，如在 C3 单元格中输入 −56849，按【Enter】键确认输入时，将打开一个警告提示对话框，在其中显示输入的数据与数据验证限制不匹配，如图 3−27 所示。单击“重试”按钮后，将选择输入的错误数据，要求用户重新输入正确的数据；如果单击“取消”按钮，则清除先前输入的错误数据，并选择 C3 单元格。

图 3-27

除了这里介绍的将数据限制在某个小数范围内，Excel还可限制数据范围的数据类型，包括整数、日期、时间和文本长度等。要限制单元格内容允许的范围，除了使用大于关系外，还可使用介于、未介于、不等于、小于、大于或等于及小于或等于等关系，其所有的设置方法相似。

2. 来源于序列的有效性设定

素材 进货统计.xlsx
效果 进货统计.xlsx

如果某个单元格中仅允许输入某几项特定的值，则可以使用序列来限制数据有效性，使用户只能输入序列中包含的数据。这种情况在商业数据分析中是经常遇到的。

例如，在“进货统计”工作表中，已经填写了相关的进货信息，现在要在表格中新增加仓库列，该列中填写的数据要求只能为“A 世界”“公司总仓”“数码 B3”和“数码 C6”这 4 个数据，为了避免工作人员在录入仓库数据时误录入其他数据，从而导致后期的数据统计分析出错，这里可对仓库列的数据录入单元格进行序列来源的有效性设定。由于本例中的数据记录很多，不方便整列数据填写单元格的选择，可先为 D2 单元格设置数据验证条件，然后通过填充方式快速复制设置的验证条件。

选择 D2 单元格，打开“数据验证”对话框，在“允许”下拉列表框中选择“序列”选项，在“来源”参数框中输入“A 世界 , 公司总仓 , 数码 B3, 数码 C6”列表，如图 3−28 所示。

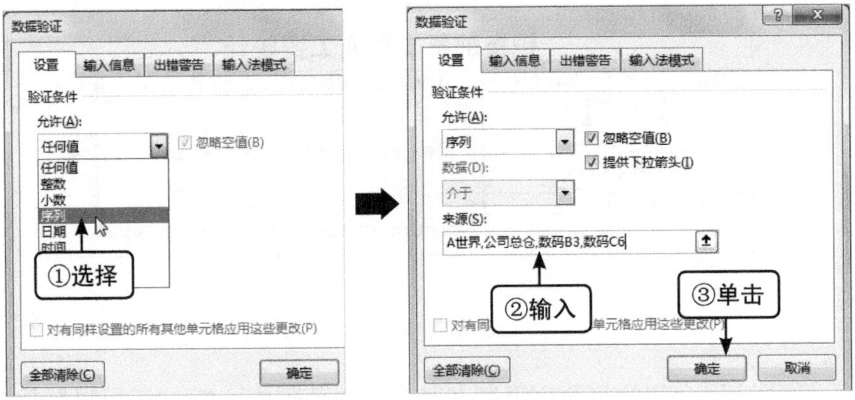

图 3-28

在设置序列来源时需要注意如下两个问题。

第一，各数据源之间必须使用英文状态下输入的逗号分隔，如果在中文状态下输入逗号，则程序会认为这 4 个数据来源是一个选项，而不是 4 个选项。

第二，默认情况下，为单元格设置来源于序列的有效性后，选择相应的单元格，将在单元格右侧出现一个下拉按钮，单击该按钮可显示出允许在单元格中输入的数据，并可以选择其中的选项来快速输入数据。如果在设置数据验证时取消选中“提供下拉箭头”复选框，单元格右侧将不会出现该按钮。

本例保持了默认设置，因此在返回的工作表中可查看到 D2 单元格的右侧有个下拉按钮，单击该按钮后将弹出设置的数据来源列表，选择“A 世界”选项，即可在 D2 单元格中输入该数据，如图 3-29（左）所示。

双击 D2 单元格的控制柄，程序自动在该列中填充“A 世界”数据的同时将该单元格的数据验证条件也一并进行填充，如图 3-29（右）所示。这里必须先选择一个数据，如果 D2 单元格中没有任何数据，直接双击其控制柄，则程序不会将该单元格的数据验证条件填充到其他单元格。

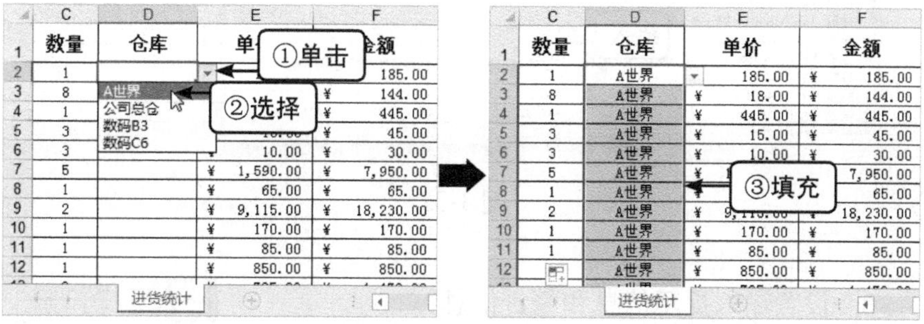

图 3-29

选择 D 列数据，按【Delete】键删除该列中的数据，重新在 D1 单元格中输入“仓库”表头，在该列除表头的任意位置选择单元格，都将会出现一个下拉按钮，单击该按钮，弹出一个数据输入的选择列表，表明这些单元格中已经被填充了相应的数据验证条件，如图 3-30 所示。

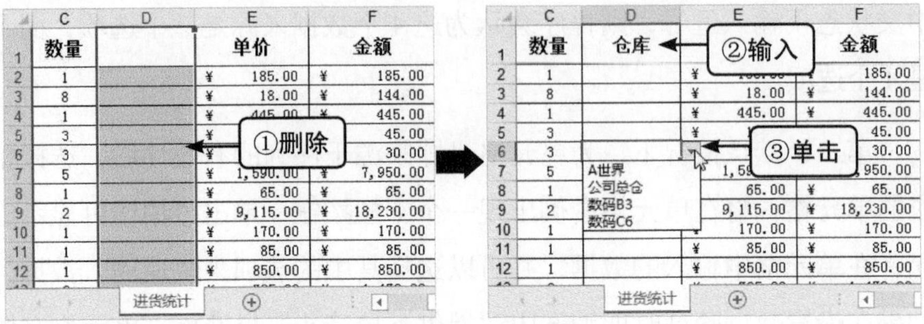

图 3-30

在设置数据验证条件的单元格中，用户除了可以通过下拉列表选择选项来填入数据，也可以手动输入数据，但是必须严格按照约束的数据来输入，例如这里输入“a 世界”，虽然只是将约束的“A 世界”写成了“a 世界”，但是当按【Enter】键后，会打开一个警告提示对话框，提示输入了与数据验证限制不匹配的值，如图 3-31 所示。

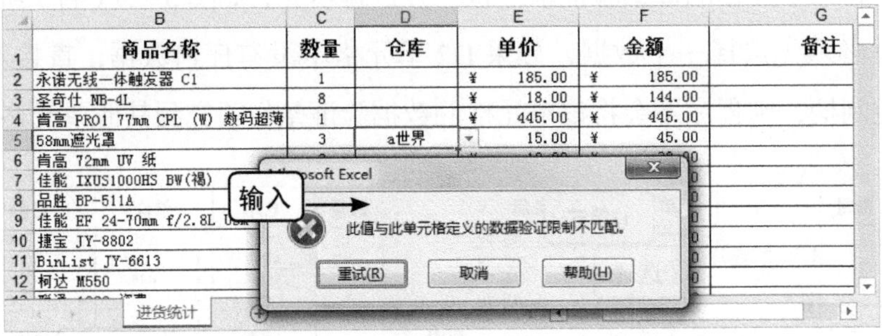

图 3-31

3. 设置输入提示信息和警告信息

素材 销售员提成统计 1.xlsx
效果 销售员提成统计 1.xlsx

从前面的（1）和（2）点内容中可以看到，如果仅仅设置了约束条件，当我们在这些单元格中输入数据时，并没有任何的提示让我们明确应该输入什么样的信息，并且当输入不匹配的值后，打开的警告对话框和提示信息也是一样的，即使输入了非法值，我们也不确定到底为什么错。若在输入数据前有提示信息，或输入不匹配的其他值后，都有明确的信息提示我们应该输入什么数据才正确，那么在输入数据时就会明确很多。

其实，在“数据验证”对话框的“输入信息”和“出错警告”对话框中就可以设置这些信息。例如，在销售员工提成统计工作表中，当员工选择单元格准备输入数据时，弹出一个提示框提示只能输入非零的正数数据，或者当确实不小心输入了负数或零值时，在打开的警告对话框中也可以明确地提示为什么输入的数据是错误的，这样也方便工作人员及时改正。下面以给“销售员工提成统计 1”工作表中设置数据验证条件的单元格添加输入提示信息和设置警告信息为例讲解相关的操作。

选择 C3:F17 单元格区域，打开“数据验证”对话框，单击“输入信息”选项卡，在“输入信息”列表框中输入“请输入大于 0 的数据。”文本，如图 3–32（左）所示；单击“出错警告”选项卡，在“样式”下拉列表框中提供了 3 种出错警告样式，分别是停止、警告和信息，其作用都相似，只是打开的对话框中显示的按钮不同，默认情况下是“警告”样式，这里选择“信息”样式选项，然后输入对应的标题和错误信息内容，单击“确定”按钮完成设置，如图 3–32（右）所示。

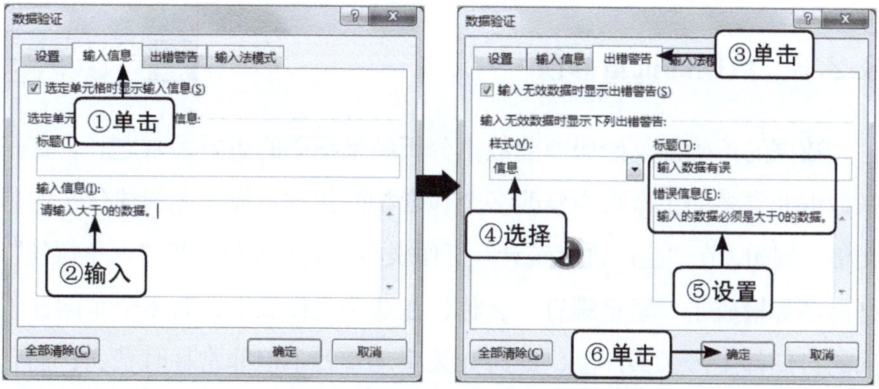

图 3-32

返回工作表中，在选择 C3 单元格后，在单元格下方弹出一个黄色的提示框，在其中显示了对应的提示信息，方便工作人员在录入数据时有所参照。即使工作人员还是不小心输入了数据范围外的其他数据，此时在打开的对话框中也会根据提示信息明确自己错误的原因，如图 3–33 所示。

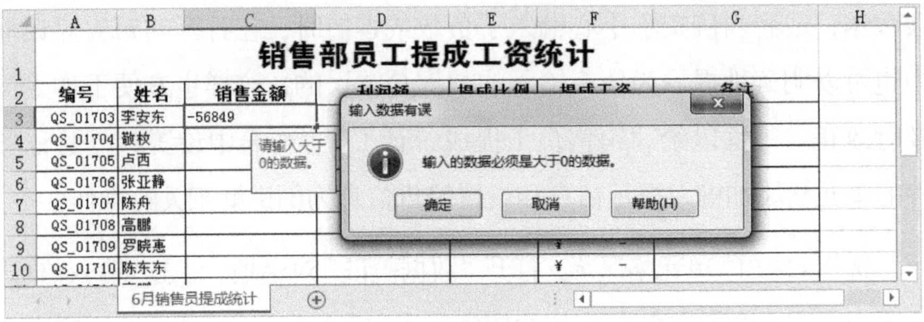

图 3-33

职场小贴士

设置数据验证后又想取消设置，只需选择要清除数据验证的单元格后，打开“数据验证”对话框，单击底部的“全部清除”按钮，即可清除其数据验证的所有设置。如果只想清除某一方面的设置，则需进入相应的选项卡更改设置。

3.2.3　数据的批量修改

素材　生产进度统计.xlsx
效果　生产进度统计.xlsx

数据的正确性是确保商业数据分析结果正确的重要因素之一，在一张数据非常多的工作表中修改多个包含相同数据，但又无规律分布的单元格。例如，在“生产进度统计”工作表中，工作人员误将“六角螺丝”产品名称输成了“紧定螺钉”名称，在这个工作表中，有多个车间在不同的日期都生产了该产品，此时如果手动查找不但非常耗时费力，而且容易漏掉一些数据。这时就可以利用 Excel 程序的查找和替换功能快速查找并修改错误数据。

首先，在工作表中按【Ctrl+H】组合键，或在“开始”选项卡“编辑”

功能组中单击“查找和选择”下拉按钮，在弹出的下拉菜单中选择“替换”选项，打开“查找和替换”对话框，在其中分别设置查找内容为“紧定螺钉”，替换内容为“六角螺丝”，单击“查找下一个”按钮，如图 3-34 所示。

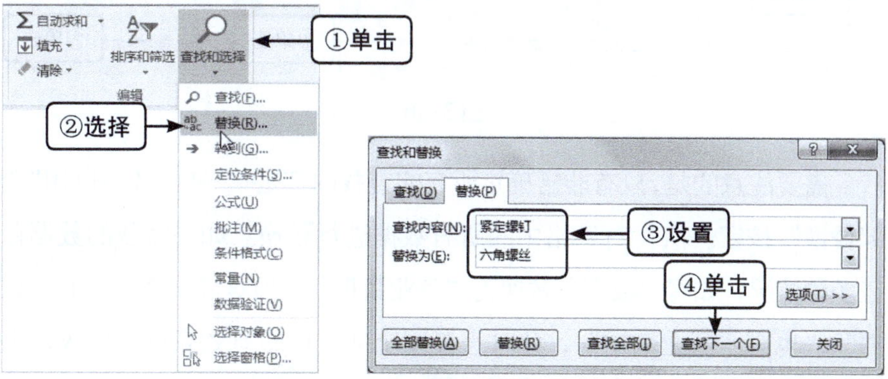

图 3-34

由于默认打开的工作表选择的是 A1 单元格，因此程序自动从第一行开始查找第一个“紧定螺钉”位置，并选择该单元格，单击“替换”按钮，程序自动将第一个位置的“紧定螺钉”替换为“六角螺丝”，并选择下一个“紧定螺钉”位置，如图 3-35 所示。

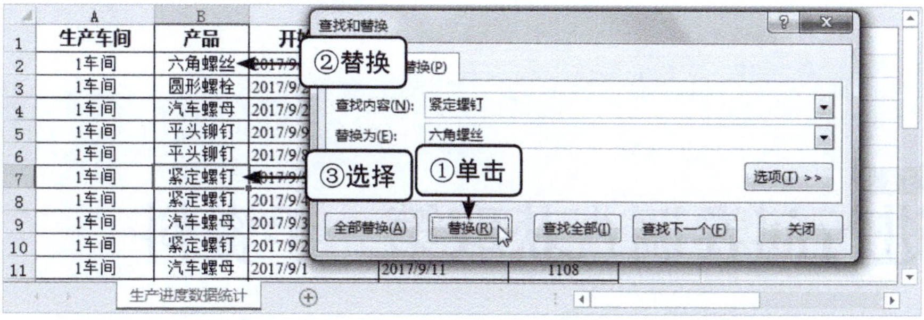

图 3-35

如果单击“全部替换”按钮，程序将打开一个提示对话框，提示当前完成的替换操作数量，如图 3-36 所示，在返回的“查找和替换”对话框中单击“关闭”按钮完成整个操作。

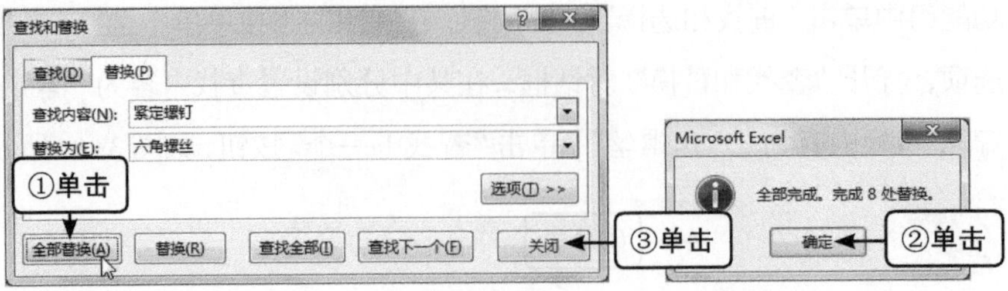

图 3-36

需要注意的是，只有非常确定所有的查找内容是唯一的，才可以用“全部替换”按钮一次性对表格中的所有数据进行替换。如果查找的数据存在多种情况，如将“数据”替换为“商业数据”，但是源文件中既有“数据”，也有“商业数据”，此时直接用全部替换的方式来批量修改，则单独以“数据”形式存在的位置被替换为“商业数据”，而以“商业数据”形式存在的位置将被替换为“商业商业数据”。

遇到这种情况，只有单击“查找下一个”按钮，确认替换位置的内容是否真的需要替换后，再单击“替换”按钮将其替换，如此反复操作。虽然看起来比较烦琐，但是也比手动逐行查找再修改要准确和快速。

3.3

进行问卷调查获取第一手资料

在第 1 章我们已经了解，问卷调查是商业数据分析获取第一手资料的重要手段，公司要获得这类数据，可以委托专业的调查公司来进行，也可以自行设立市场研究部门，专项负责此项工作。如果公司内部要做问卷调查，则应该如何进行呢？

3.3.1 问卷调查怎么做

在日常生活中，我们也会经常接触到一些调查问卷，表面看上去很简单，就是拿一张问卷调查单子，做一些选择题和简述题，然后填写个人信息。

事实上在商业数据分析工作中，要做好问卷调查工作也不是那么容易的。它需要经历如图 3-37 所示的 6 个环节。

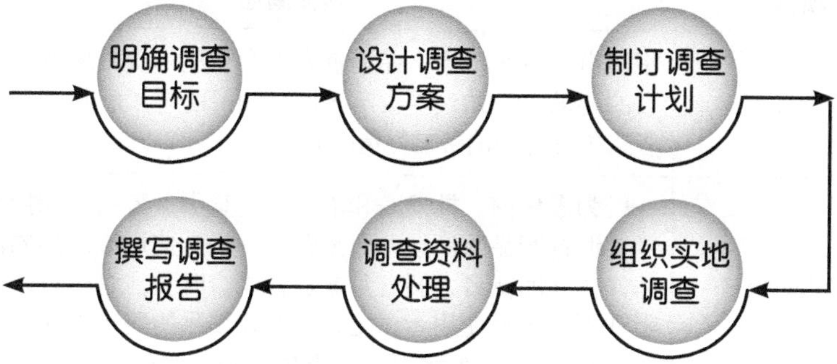

图 3-37

在上面的6个环节中，前4个环节是获取第一手资料必须经历的过程，而后面两个环节则是对获得的数据进行数据处理和分析。下面针对获取第一手资料的前 4 个环节进行具体说明。

第一，明确调查目标

问卷调查的第一步就是明确调查目标是什么，公司的需求不同，市场调查的目标就不同。例如，公司的需求是制定经营战略，则问卷调查的重点就要着眼于宏观市场环境的发展变化；再如，公司的需求是制定市场营销策略，则问卷调查的重点就是市场的需求状况、竞争状况、消费者购买能力和群体等。

因此，数据分析师在进行问卷调查之前，一定要与调查需求方进行充分沟通，了解清楚调查目标与方向后进行的问卷调查才具有意义和针对性。

第二，设计调查方案

问卷调查方案是指在正式调查之前，根据问卷调查的目标和要求，对调查的各个方面和各个阶段所做的通盘考虑和安排。问卷调查总体方案是否科学与可行，是决定整个问卷调查工作成败的关键。一个完善的问卷调查方案一般包括如表 3-1 所示的几方面内容。

表 3-1　问卷调查方案的内容

项目	具体阐述
调查目的	根据市场调查目标，在调查方案中列出本次市场调查的具体目的要求。例如，本次市场调查的目的是了解某产品的消费者购买行为和消费偏好情况等
调查对象	一般为零售商、批发商和消费者，其中，零售商和批发商为经销调查产品的商家。而消费者一般为使用该产品的消费群体，在以消费者为调查对象进行调查时要注意一点，即购买者并不一定是使用者，比如，婴儿用品的购买者通常是孩子的妈妈，因此调查对象为婴儿的妈妈，而不是婴儿
调查内容	是根据调查目的和要求来具体确定的，不同的调查目的，调查的内容是完全不同的，例如，要调查消费者的购买行为，则调查内容包括消费者的购买力、使用情况及购买后的评价等。无论调查内容是什么，都要全面、具体、条例清晰，尤其要注意针对性强，切忌将与调查目标无关的内容一并做调查，这不仅会增加调查工作量，而且后期的数据处理也会不准确
调查表格	是问卷调查的基本工具，其设计得好坏将直接影响调查的质量，有关调查表格的设计和创建将在本章后面小节详细介绍
调查范围	调查范围应与公司的目标市场范围一致，当在某个城市做市场调查时，调查范围应该是整个城市，由于调查样本的局限性，因此范围不可能覆盖到城市的每个地方，此时需要根据城市人口的分布情况来划定几个调查区域，这样可相对缩小调查范围，减少实地访问工作量，提高调查工作效率，减少费用。但是，这些调查区域的综合情况应该与城市的总体发展情况保持一致，否则调查的结果就不具有参考性

续表

项目	具体阐述
样本抽取	由于调查对象的分布范围比较广，因此才要制定一个合理的抽样方案，以保证抽取的样本能反映总体的情况。对于样本抽取的数量，一般是数量越多，调查的准确度就越高，但是所投入的费用就越高。因此，一般情况下，可选择 200 ～ 1 000 个样本，样本的抽取可采用统计学中的抽样方法，并且调查问卷的样本要按比例分配到各个调查范围
资料的收集方法	市场调查中，常用的资料收集方法有调查法、观察法和实验法，一般来说，调查法适用于描述性研究，观察法和实验法适用于探测性研究。企业做市场调查时，采用调查法较为普遍，调查法又可分为面谈法、电话调查法、邮寄法、留置法等
资料的整理方法	对得到的问卷调查资料的处理，要选择简便有效的方法来具体处理和分析

第三，制订调查计划

设计完调查方案后，就要制订相应的调查计划，让调查工作顺利地开展起来。在制订调查计划时，需要注意以下几个方面。

确定人员配备。在进行市场调查工作时，组织领导及人员配备有哪些必须要落实。通常可由公司的市场部或者企划部来主要负责项目的组织和领导工作，并针对调查项目成立市场调查小组，主要负责项目的具体组织实施工作。

访问员的招聘。访问人员可以是公司内部的市场部人员，也可以从高校中招聘在职大学生兼职做访问，对于访问员的人数确定，需要根据调查项目中完成全部问卷实地访问的时间来确定每个访问员 1 天可完成的问卷数量，从而最终确定需要招聘的访问员人数。

访问员的培训。招聘的访问员必须经过严格的培训才能使用，通常培训的内容主要包括：访问调查的基本方法和技巧；产品的基本情况；

实地调查的工作计划；调查的要求及要注意的事项等。

工作进度。工作进度的控制是项目调查过程中的重要环节，可以针对此次调查项目整个进行过程安排一个时间表，明确各个阶段的工作内容和时间，并进行进度监督。

费用预算。市场调查过程中涉及的费用繁多，如调查表的设计印刷费、访问员的培训费和临时工资及赠送给调查对象的礼品费用等。清楚地核算市场调查过程中的各项费用支出，合理确定市场调查的费用预算总额。

第四，组织实地调查

市场调查的各项准备工作完成后，开始进行问卷的实地调查工作，组织实地调查要做好两方面工作。

◆ 做好实地调查的组织领导工作

①按照事先划定的调查区域确定每个区域调查样本数和访问员人数。

②确定每位访问员应访问样本的数量及访问路线。

③明确每位访问员的工作任务和职责。

④每个调查区域安排一名督导人员，确保调查工作有效开展。

◆ 做好实地调查的协调、控制工作

①项目调查组的负责人要及时掌握调查工作的进度，协调各个访问员之间的工作度安排。

②关心访问员在访问过程中遇到的问题，帮助访问员解决问题，对于共性问题提出统一的解决办法。

③让访问员每天对自己访问的问卷进行自查，然后交由督导员进行复查，找出存在的问题，总结经验，方便后期改进。

职场小贴士

实地调查工作结束后将获得大量的调查问卷，这些问卷并不都完全符合数据分析的要求，这就需要相应的调查员对获得的问卷进行逐份检查，将其中不合格的问卷剔除，合格的问卷则进行统一编号，方便后期的数据统计。对于获得的资料，调查员一般都会整理到 Excel 电子表格中，然后用 Excel 提供的各种数据处理和统计工具对此次调查数据进行全面的处理和统计分析，最后将处理和分析的结果撰写成对应的市场调查报告，完成整个市场调查工作。

3.3.2 调查问卷的设计技巧

通过问卷调查的方式来获取数据分析的资料，其目的也是想获取更真实的信息，而调查问卷的设计就是收集这种真实资料过程中的关键，问卷设计得好与坏，将直接影响调查资料的真实性和数据的实用性，因此，问卷的设计也是整个问卷调查过程中的难点。下面将列举几个调查问卷设计的技巧，可供相关调查工作人员学习参考。

1. 问卷设计出发点不能单一的是调查者

很多人在设计问卷调查时，更多考虑的是问卷中应该包含什么问题，这是不妥的。整个问卷调查的过程可以简单表示为：调查者→问卷→被调查者。其中，“调查者→问卷”这一环节，是指调查者按照研究的目的和意图设计出问卷。在“问卷→被调查者”这一环节中，问卷则会对众多被调查者产生影响。

因此，在设计问卷时，不能只把注意力放在编制什么问题上，也要从调查过程中的被调查者的角度考虑，涉及的问卷题型要方便被调查者回答，尽量减少被调查者在做调查时的困难和麻烦。如何站在被调查者的角度设计问卷呢？此时，我们就有必要了解被调查者会给调查工作带来的两种障碍，只有规避这些障碍问题，才能便于调查工作的开展。

- **主观障碍：** 即被调查者因在心理上和思想上对问卷产生的各种不良反应所形成的障碍。例如，问卷中出现的问题需要花时间思考，计算问题太多时，被调查者就容易产生畏难情绪；再如，问卷中的问题涉及个人隐私等敏感问题时，被调查者也容易产生种种顾虑，这些都是影响调查工作顺利进行的因素。
- **客观障碍：** 即由被调查者自身的能力、条件等方面的限制所形成的障碍，比如，被调查者的阅读能力、理解能力和计算能力等限制。当问卷中出现难度太大或计算太复杂的问题，一些被调查者很可能会因为自身的客观条件限制而放弃答卷，最终导致问卷的回收率下降，影响调查的质量。

2. 问卷提问要注意措辞和方式

在对问卷问题进行设置时，需要用词准确和语言表达清楚，否则容易让被调查者看不懂问题。具体有如下一些措辞。

问题的语言要尽量简单。问题和答案都要尽可能地多使用日常用语，简单通俗的语言才能确保每个被调查者都能看得懂问题，会做答卷。

问题的陈述要尽可能简短。问题陈述不能太长了，题目越长，越不容易描述清楚问题，越容易产生歧义。而简短的问题针对性更明确，产生歧义的可能性会小一些，得到准确答案的可能性就越高。

问题要尽可能的单一。设计问题时不要在一个问题中询问多件事情，例如，“您的父母和孩子喜欢这款产品吗”就是一个带有多重含义的问题，同时询问了父亲、母亲和孩子是否喜欢这款产品。一题多问就会使那些只有父母没有孩子或只有孩子没有父母的被调查者无法回答问题。

问题不能带有暗示性。提问要中立，不能用诱导性或暗示性的语言引导被调查者，避免影响被调查者的思考。比如，“您觉得网上购物比实体店购物更方便，是吗？”，这个问题就带有暗示性，调查者希望被调查者回答“是的，网上购物更方便”，可以将其替换为“您觉得网上购物与实体店购物，哪种方式更方便呢？”，这种提问方式得到的答案就是完全出自被调查者的自我思考。

3. 设计问卷答案的注意事项

调查者在设计问卷时，不仅要设计问题，还要设计问题的答案，而答案的设计会影响调查结果的准确性，所以需要注意下列一些事项。

答案不能出现重叠和包含。一般问卷都是选择题，因此在设计答案时要尽可能地避免选项重叠和包含，否则被调查者可能不知道如何做答。

答案要包含所有的可能性。对于提供的答案要尽可能的全面，这样才更方便被调查者准确回答题目，数据分析师得到的数据分析结果也会更加准确，如在“您希望合租对象是：”问题中，全面的答案选项是“男”、“女”和“均可”，如果没有“均可”选项，那么被调查者就只能在“男”选项和“女”选项之间选择一个。

巧妙使用“其他”选项。问卷调查中有一个万能的“其他_____”选项，因为我们在设计问卷时，不可能完全包含所有的可能性，此时善用“其他”选项，可以让问题的答案将所有的可能性都覆盖到。

4. 问题的数量与顺序要得当

问卷调查在设计时，不仅要考虑语言措辞，还要考虑问题的数量和顺序，保证问卷调查的高质量。

（1）问题的数量

调查问卷中到底设置多少个问题，没有固定的标准，它主要由调查的内容、样本的性质、分析的方法、拥有的人力、财力和时间等因素决定。一般来说，问卷的问题不能设置过多，答题量要控制在被调查者在 20 ~ 30 分钟内完成。因为过多的答题量容易引起被调查者心理上的厌倦情绪，影响其答题的质量和回收率。

（2）问题的顺序

问卷中的问题看似都是一些并列选项，但其前后顺序安排得当可提高问卷调查的回收率，那么如何安排问卷中问题的次序呢？常用的顺序安排规则有如下几点。

①把简单易答和被调查者觉得熟悉的问题放在前面，把复杂难答和被调查者感觉生疏的问题放在后面。

②把能引起被调查者兴趣的问题放在前面，把容易引起他们紧张或产生顾虑的问题放在后面。

③一般先问行为方面的问题，再问态度、意见和看法方面的问题。封闭式问题放在前面，开放式问题放在最后。

④个人背景资料一般放在结尾，但有时也可以放在开头。即只要调查的内容不涉及比较敏感的问题，并在封面中做出较好的说明和解释，这一部分问题也可放在问卷的开头。

职场小贴士

封闭式问题一般指单选题、多选题和排序题等，这类题目通常都有一组可供选择的答案和固定的回答格式，通过对答案进行编码设置，可方便地使用 Excel 或其他数据分析工具来分析调查数据。而开放式问题相对灵活，它给被调查者更多自由发挥的空间，一般用于收集被调查者的个人观点，这类问题的答案一般是陈述性的文字内容，因此不方便用 Excel 或者其他数据分析工具来分析，因此对于大规模的抽样调查，开放式提问的意义并不大，但是这种问题方式对于探索性的调查却非常有意义。

3.3.3 问卷调查数据编码处理录入方法

前面提到了，要使用 Excel 来分析问卷调查的数据，就需要对答案进行编码设置，再将其录入 Excel 中处理。所谓的编码设置后录入，是指把问卷的答案量化成 Excel 中容易处理的语言，如 1、2、3、4、5 等。对于不同类型的题型，处理方式是不同的，由于开放性的题目在 Excel 中不方便处理，所以这里主要介绍单选题、多选题和排序题的编码处理。

（1）单选题

单选题是问卷调查中最简单的一种题型，其答案只有一个选择，因此，在单选题进行编码时只需定义一个变量，即给该题留一列进行数据的输入。录入时可采用 1、2、3、4 等分别代表 A、B、C、D 等选项，其具体的编码处理如图 3-38 所示的示意图。

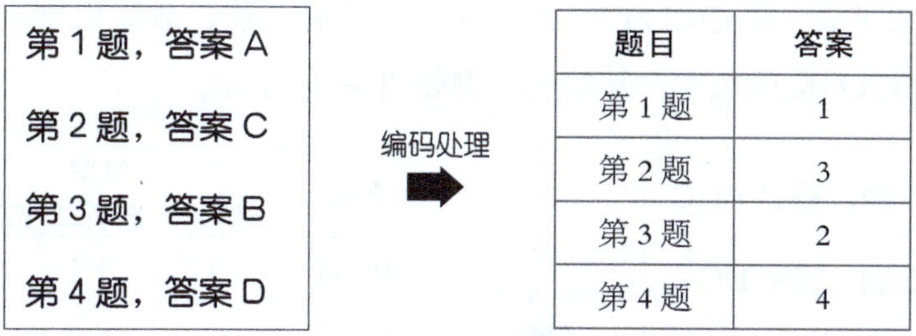

图 3-38

（2）多选题

多选题相对来说是一种比较复杂的题型，其答案的个数大于 1，因此在编码处理时相对复杂一些。通常情况下，多选题的录入方式主要分为 01 值处理法和多重分类法两类。

01 值处理法。在计算机语言中，“0”代表假，“1”代表真。对于多选题中，可以将每个选项都设置为一个变量，这些选项都只有两种状态，要么选中，用“1”表示，要么不选中，用“0”表示，其具体的编码示例如图 3-39 所示。

第 5 题，答案 ABC

第 6 题，答案 BC

第 7 题，答案 AD

第 8 题，答案 BCD

编码处理 ➡

题目	答案			
	A	B	C	D
第 5 题	1	1	1	0
第 6 题	0	1	1	0
第 7 题	1	0	0	1
第 8 题	0	1	1	1

图 3-39

多重分类法。01 值处理法虽然简单，但是当选项比较多时，逐个选项都要判断是否被选中，这容易出错，此时可以采用多重分类法，其主要针对选项个数而言，其具体的处理方法是：先对每个选项定义对应的数值，如 1、2、3、4 分别代表选项 A、B、C、D，根据限选数确定变量个数，如果最大限选项为 3，则定义 3 个变量选项，最后根据答案，在选项中填入对应的数字，其编码示例如图 3-40 所示。

第 5 题，答案 ABC

第 6 题，答案 BC

第 7 题，答案 AD

第 8 题，答案 BCD

编码处理 ➡

题目	答案		
	选项一	选项二	选项三
第 5 题	1	2	3
第 6 题	2	3	
第 7 题	1	4	
第 8 题	2	3	4

图 3-40

（3）排序题

排序题主要是对若干选项按照一定的标准依次排列，其处理方法与多重分类法相似，也是先定义数值，如 1、2、3、4、5 分别代表 A、B、C、D、E，然后按照被调查者填写的顺序录入选项，如果被调查者的排序为“BACDE”，那么可以按顺序录入“21345”。

第4章

数据源的清洗与加工处理

对于获取的数据源，在进行数据分析之前，还需要对其进行清洗与加工处理，提高数据分析结果的正确性。数据的清洗与加工处理，主要是对重复项的清理、数据完整性的检查、数据的抽取与二次加工等操作。

4.1

清洗数据源中的重复数据

无论是从外部导入的数据，还是手动录入的数据，都可能由于人为因素造成数据的重复录入，这会直接影响后期的商业数据分析结果的正确性。因此，在进行数据分析之前，有必要对数据的重复项进行检查，将存在的重复数据从数据源中清洗掉，确保数据源中数据的唯一性。

4.1.1 使用删除功能清除重复项

素材	销售业绩表.xlsx
效果	销售业绩表.xlsx

对于重复项的清除，Excel 中提供了删除重复项功能，通过该功能可以指定检测的列，从而对表格中的指定部分进行重复项的检测并清除。

例如，在“销售业绩表”工作表中，为了快速了解数据记录的总数，有时候会在首列填充序号数据，这个数据由于是通过填充的方式填写的，因此不会出现重复项。但是除此之外的其他数据，都是手动填写的，因此存在重复项的可能，利用 Excel 的删除功能可以忽略序号列的数据进行重复项的检测，其操作如下。

在目标工作表中单击“数据”选项卡，在“数据工具”功能组中单击“删除重复值”按钮，在打开的“删除重复值”对话框中选择需要对表格中的哪些列进行重复值检查，如这里仅忽略序号列的数据检查重复值，取消选中“序号”复选框，单击“确定”按钮，如图 4-1 所示。

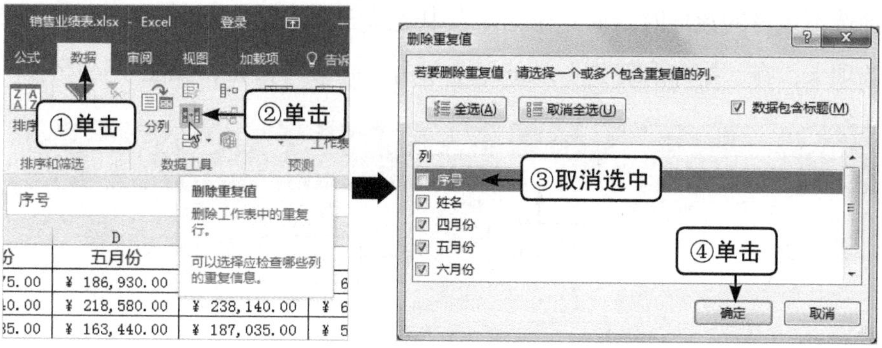

图 4-1

在打开的提示对话框中提示发现了重复值，并且已经将其删除，同时也显示了保留的唯一值的数量，如图 4-2 所示，单击“确定”按钮完成重复值的删除。

但是在本例中，由于删除了重复值后，序号数据变得不连续了，因此为了表格的完整性，还应对序号数据进行重新填充，直接选择 A2:A3 单元格区域，双击控制柄即可，如图 4-3 所示。

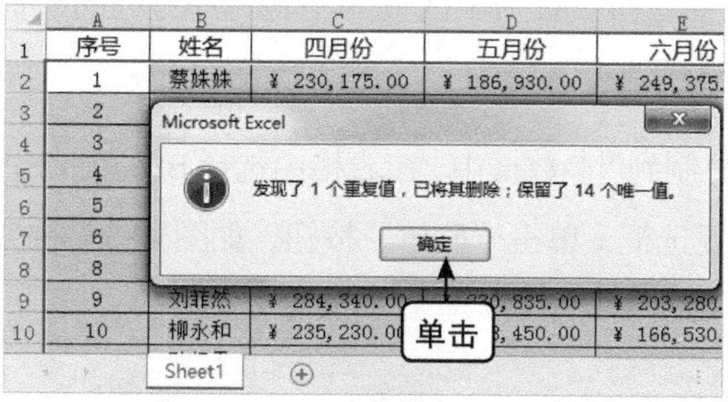

图 4-2

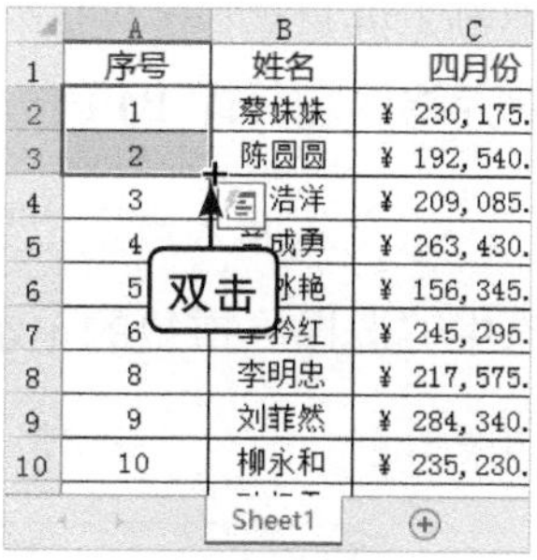

图 4-3

4.1.2 筛选出不重复的数据

素材	销售业绩表 1.xlsx
效果	销售业绩表 1.xlsx

除了直接在数据源中删除重复数据以外，还可以利用筛选功能的方法提取不重复的数据。例如，在“销售业绩表 1”工作表中，利用筛选功能

筛选不重复的数据时，首先在工作表中选择任意数据单元格，单击“数据”选项卡，在“排序和筛选”功能组中单击“高级”按钮，如图 4–4 所示。

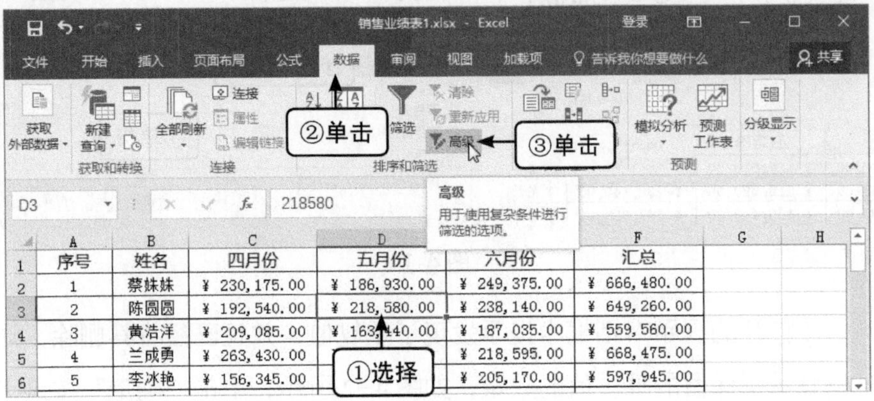

图 4-4

在打开的“高级筛选”对话框中选中“将筛选结果复制到其他位置”单选按钮，由于程序自动将列表区域设置为整个数据表格，但是在本例中，序号列不存在重复数据。如果将列表区域设置为整个数据表格，则重复项就不能被剔除，因此这里要重新设置列表区域为不包含序号列的其他单元格区域，即 B1:F16 单元格区域，如图 4–5（左）所示。

将文本插入点定位到“复制到”参数框中，在表格中选择 B18 单元格，选中“选择不重复的记录”复选框，单击“确定”按钮，如图 4–5（右）所示。

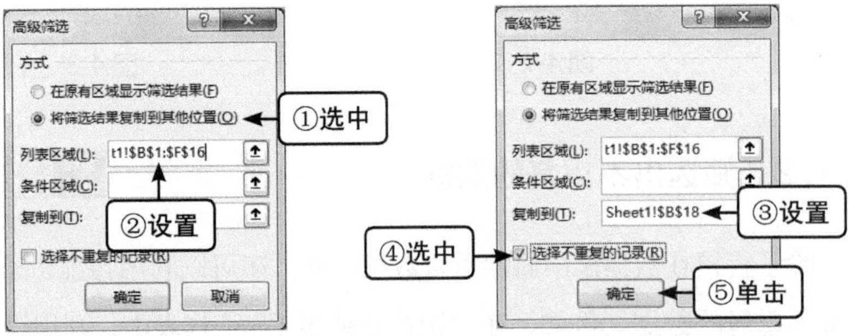

图 4-5

程序自动在 B1:F16 单元格区域中剔除重复记录，将不重复的记录筛选出来，并将其保存到以 B18 单元格为起始单元格的位置，利用这种方法剔除重复数据后，数据源并没有被修改，如图 4-6 所示。

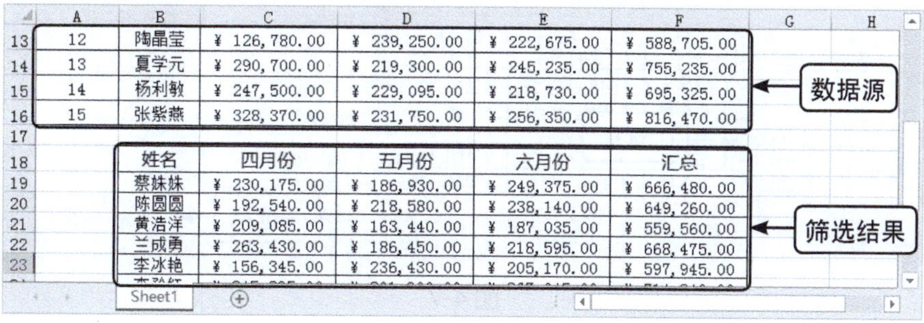

	A	B	C	D	E	F
13	12	陶晶莹	¥ 126,780.00	¥ 239,250.00	¥ 222,675.00	¥ 588,705.00
14	13	夏学元	¥ 290,700.00	¥ 219,300.00	¥ 245,235.00	¥ 755,235.00
15	14	杨利敏	¥ 247,500.00	¥ 229,095.00	¥ 218,730.00	¥ 695,325.00
16	15	张紫燕	¥ 328,370.00	¥ 231,750.00	¥ 256,350.00	¥ 816,470.00
17						
18		姓名	四月份	五月份	六月份	汇总
19		蔡姝姝	¥ 230,175.00	¥ 186,930.00	¥ 249,375.00	¥ 666,480.00
20		陈圆圆	¥ 192,540.00	¥ 218,580.00	¥ 238,140.00	¥ 649,260.00
21		黄浩洋	¥ 209,085.00	¥ 163,440.00	¥ 187,035.00	¥ 559,560.00
22		兰成勇	¥ 263,430.00	¥ 186,450.00	¥ 218,595.00	¥ 668,475.00
23		李冰艳	¥ 156,345.00	¥ 236,430.00	¥ 205,170.00	¥ 597,945.00

图 4-6

4.1.3 将重复项突出显示再清除

素材 销售业绩表 2.xlsx
效果 销售业绩表 2.xlsx

对于前面介绍的两种删除重复项的操作，用户都无法直观地查看到哪些数据是重复项，都是 Excel 自动进行判断并剔除的。如果用户希望在清除重复项之前，看看哪些记录或者数据是重复项，此时可以使用条件格式中的突出显示重复项功能来实现。

例如，在“销售业绩表 2”工作表中，除了序号数据以外，其他的数据都可能存在相同数据，但是各月份的业绩出现相同数据或者汇总的业绩总额数据出现相同数据都是正常的，姓名出现相同数据的情况一般没有，但是也存在同名同姓的员工，即便如此，员工编号是不会重复的，因此需要判断员工编号是否存在重复数据，并将其突出显示出来。

首先选择整个员工编号列的数据，在“开始”选项卡“样式”功能组中单击“条件格式”下拉按钮，在弹出的下拉菜单中选择“突出显示单元格规则 / 重复值”选项，如图 4-7 所示。

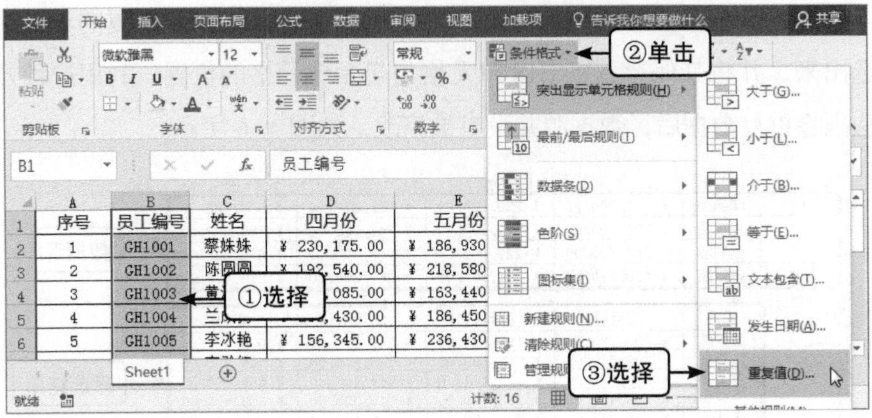

图 4-7

在打开的“重复值”对话框的左侧下拉列表框中自动选择“重复”选项，其实该下拉列表框中还有一个“唯一”选项，其作用与“重复”选项的作用相反。如果选择“重复”选项，则对表格中的重复数据进行判断；如果选择“唯一”选项，则对表格中的唯一数据进行判断，这里选择“重复”选项，如图 4-8（左）所示。

在“设置为”下拉列表中，程序内置了一些突出显示的规则，直接选择即可快速应用这些规则格式，如果这些格式选项不符合需求，用户还可以选择“自定义格式”选项进行自定义设置，如图 4-8（右）所示。

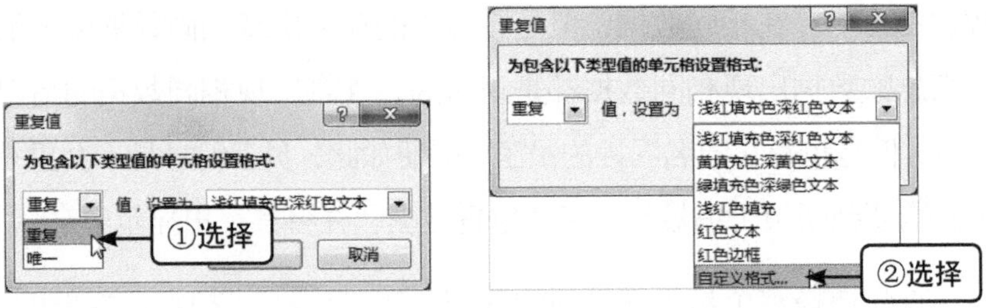

图 4-8

在打开的“设置单元格格式”对话框中可以对数字、字体、边框和填充格式进行设置，这里单击“填充”选项卡，在其中选择“黄色”颜色，单击“确定”按钮，返回“重复值”对话框，单击“确定”按钮确认设置的格式，如图 4–9 所示。

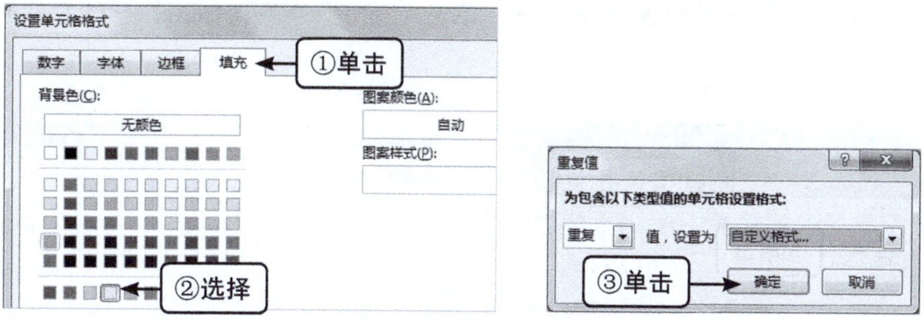

图 4-9

在返回的工作表中即可查看到重复的员工编号的单元格用黄色颜色进行了填充，选择这两条记录，对比查看，除了序号数据不同以外，其他数据都是相同的，如图 4–10 所示。

	A	B	C	D	E	F	G	H
1	序号	员工编号	姓名	四月份	五月份	六月份	汇总	
2	1	GH1001	蔡姝姝	¥ 230,175.00	¥ 186,930.00	¥ 249,375.00	¥ 666,480.00	
3	2	GH1002	陈圆圆	¥ 192,540.00	¥ 218,580.00	¥ 238,140.00	¥ 649,260.00	
4	3	GH1003	黄浩洋	¥ 209,085.00	¥ 163,440.00	¥ 187,035.00	¥ 559,560.00	
5	4	GH1004	兰成勇	¥ 263,430.00	¥ 186,450.00	¥ 218,595.00	¥ 668,475.00	
6	5	GH1005	李冰艳	¥ 156,345.00	¥ 236,430.00	¥ 205,170.00	¥ 597,945.00	
7	6	GH1006	李矜红	¥ 245,295.00	¥ 201,900.00	¥ 267,045.00	¥ 714,240.00	
8	7	GH1006	李矜红	¥ 245,295.00	¥ 201,900.00	¥ 267,045.00	¥ 714,240.00	
9	8	GH1007	李明忠	¥ 217,575.00	¥ 144,300.00	¥ 232,920.00	¥ 594,795.00	
10	9	GH1008	刘菲然	¥ 284,340.00	¥ 230,835.00	¥ 203,280.00	¥ 718,455.00	

图 4-10

4.1.4 查看重复项的位置及其出现的次数

素材 销售业绩表 3.xlsx
效果 销售业绩表 3.xlsx

对于重复项的处理，还有更精细的处理方法，即通过数据透视表，不仅能找到重复项的位置，还可以统计出这个重复值重复的次数，对于这种处理，又应该怎样来操作呢？

同样对销售业绩数据进行处理，首先打开“销售业绩表 3”工作表，选择任意数据单元格，单击“插入”选项卡，在“表格”功能组中单击“数据透视表”按钮，如图 4–11（左）所示；在打开的“创建数据透视表”对话框中选中“现有工作表”单选按钮，在“位置”参数框中设置透视表的保存起始位置为 A19 单元格，单击“确定”按钮，如图 4–11（右）所示。

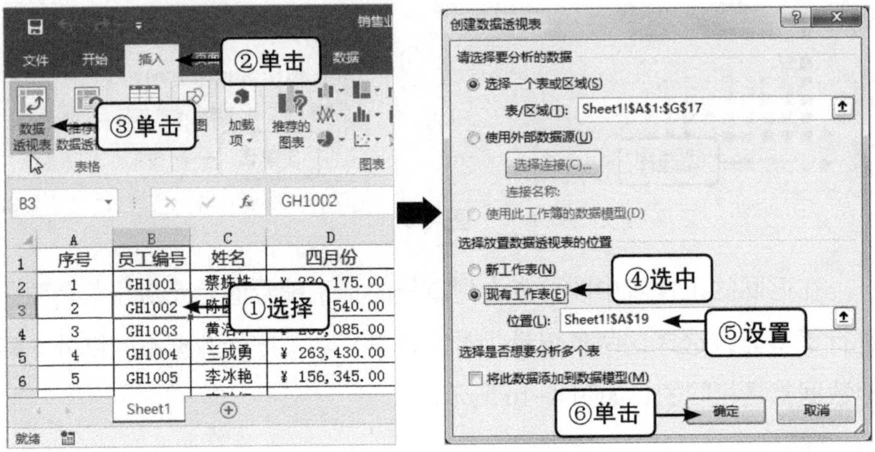

图 4-11

程序自动创建一个空白数据透视表，并打开“数据透视表字段”任务窗格，在其中将“员工编号”字段分别拖动到“行”区域和“值”区域，如图 4–12 所示。

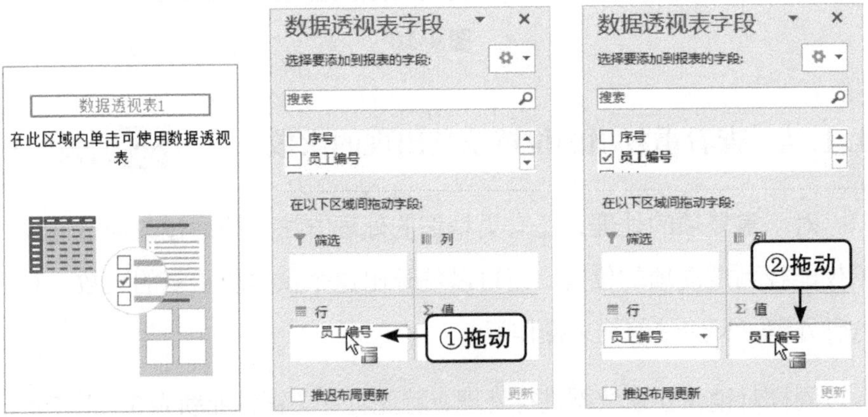

图 4-12

此时，程序自动在空白的数据透视表中显示对应的数据内容，从图 4–13 中可以看到，对于员工编号数据，程序自动对其出现次数进行了计数运算，其中 GH1006 和 GH1009 对应的计数数据都为 2，表示在数据源中员工编号为 GH1006 和 GH1009 的分别都出现了两次，即出现的重复值。

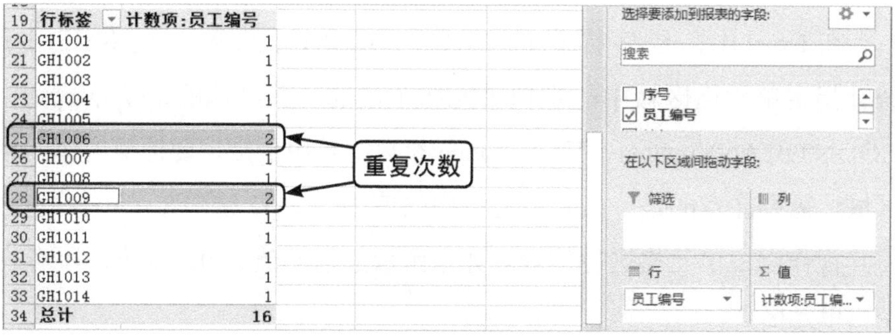

图 4-13

在前面介绍的各种重复项的清除和判断方法中，筛选功能、条件格式功能和数据透视表功能还有更强大的作用，这些内容都将在本书的后面章节进行对应的介绍。

4.2 检查数据源的缺失性

数据源的缺失性是指表格中是否全部输入了数据，如果数据源存在缺失，则最终得到的商业数据分析结果就会存在偏差。一般我们检查数据源是否存在缺失，主要判断表格中是否存在空白单元格，下面通过函数和定位条件功能介绍如何判断表格中是否存在空白单元格并定位处理空白单元格。

4.2.1 判断数据源是否存在空白单元格

对于数据源中是否存在空白单元格，我们可以通过函数和编写 VBA 代码来进行判断。

1. 用 COUNTBLANK() 函数统计空白单元格

素材	近几年利润统计 .xlsx
效果	近几年利润统计 .xlsx

在 Excel 中，程序提供的 COUNTBLANK() 函数就是专门用于统计指定单元格区域中的空白单元格个数的，其具体的语法格式为：COUNTBLANK(range)，其中，range 参数主要用于指定要检测的单元格区域。需要注意的是，如果单元格中的值为空文本（""），该函数也会将其视作空白单元格进行统计。如果函数的返回值为 0，则表示不存在空白单元格。

例如，有一份 2012 ~ 2016 年的利润数据，现在要检测这份表格数据中是否存在空白单元格，在数据源右侧的 H2 单元格中输入公式“=IF(COUNTBLANK(A2:F61)=0," 没有空白单元格 "," 存在 "&COUNTBLANK(A2:F61)&" 个空白单元格 ")”，按【Ctrl+Enter】组合键即可确认是否存在空白单元格，如图 4-14 所示。

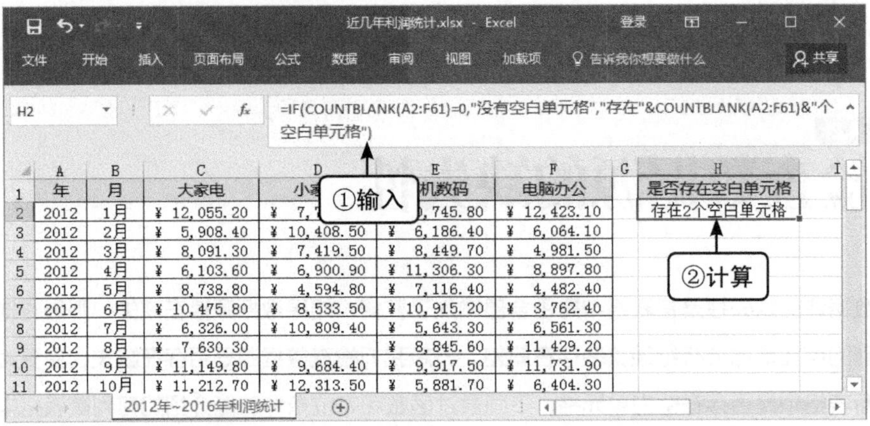

图 4-14

在此处，其实直接使用 COUNTBLANK() 函数即可完成空白单元格的判断，但是为了使输出结果更加清晰，用了 IF() 函数进行结果判断，该函数的语法结构为：IF(logical_test,value_if_true,value_if_false)。

从语法结构中可以看出，IF() 函数包含 3 个参数，各参数的具体含义分别如下。

- ◆ **logical_test**：表示计算结果为 TRUE 或 FALSE 的任意值或表达式，即判断条件。
- ◆ **value_if_true**：用于指定当设置的 logical_test 条件成立返回 TRUE 值时要返回的值。
- ◆ **value_if_false**：用于指定当设置的 logical_test 条件不成立返回 FALSE 值时要返回的值。

在本例中，IF() 函数的 logical_test 参数是"COUNTBLANK(A2:F61)=0"，如果 COUNTBLANK() 函数返回值为 0，则执行 IF() 函数条件为真的显示结果，即显示"没有空白单元格"；如果 COUNTBLANK() 函数返回值不为 0，则执行 IF() 函数条件为假的显示结果，即显示具体的空白单元格个数。

2. 用 VBA 代码实现智能判断

素材	近几年利润统计.xlsm
效果	近几年利润统计.xlsm

在上例中，公式只能针对一种情况起作用，即检查使用过的 A2:F61 单元格区域，如果只需使用 2012 年的利润数据，此时只检查 2012 年的利润数据中是否存在空白单元格即可，用公式的方法就需要重新修改计算公式。

要实现这种灵活的选择并判断空白单元格的个数，其实可以使用编写 VBA 代码的方式来实现，直接在表格中添加一个按钮控件，通过为控件编写控制代码即可实现，下面具体介绍详细的设置操作过程。

首先打开启用宏的工作簿，即扩展名为“.xlsm”格式的文件，对于添加了 VBA 代码的 Excel 工作簿，要想将编写的 VBA 代码保存下来，必须用这种格式来保存，不能使用默认情况下的“.xlsx”格式。

单击“开发工具”选项卡，在“控件”功能组中单击“插入”下拉按钮，在弹出的下拉列表中可以看到有“表单控件”栏和“ActiveX 控件”栏，这两个栏中提供的控件选项的作用大部分都相同。不同的是，表单控件只能在工作表中使用，其功能可以通过录制宏来指定，也可以编写 VBA 代码来指定；而 ActiveX 控件既可以在表单中使用，也可以在创建的用户窗体中使用，并且具备了众多的属性和事件，提供了更多的使用方式。在本例中，这里选择“表单控件”栏中的“按钮（窗体控件）”选项，如图 4-15 所示。

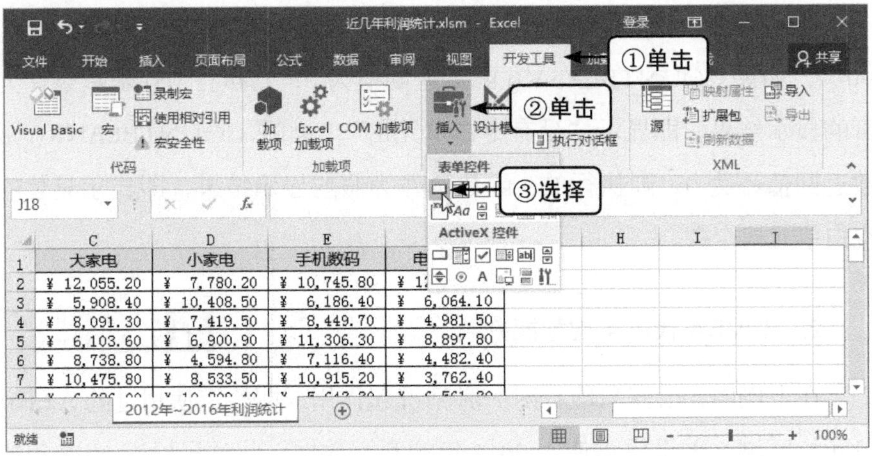

图 4-15

职场小贴士

默认情况下，“开发工具”选项卡没有在功能区中显示，如果要使用该选项卡，需要在“Excel 选项”对话框的“自定义功能区”选项卡中选中“开发工具”选项卡对应的复选框，单击“确定”按钮即可手动完成添加，如图 4-16 所示。

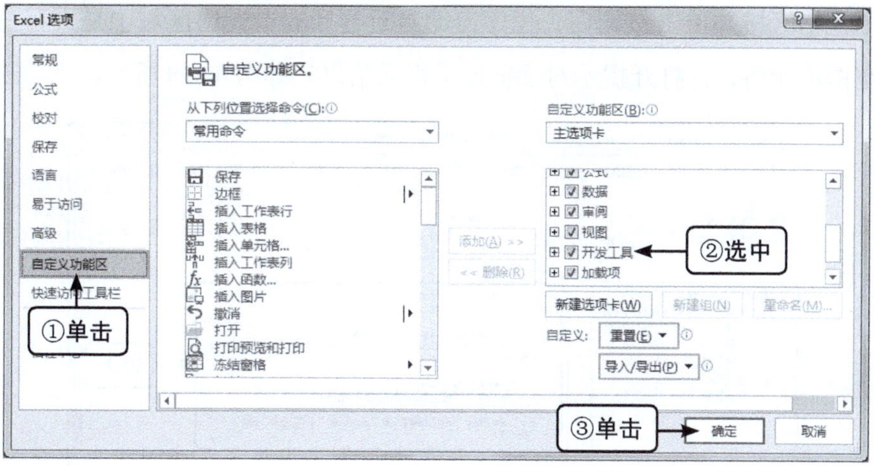

图 4-16

此时，鼠标光标变为十字星，按下鼠标左键不放，在工作表中拖动鼠标光标绘制一个控件，释放鼠标左键后，打开“指定宏”对话框，单击“新建”按钮，如图 4-17 所示。

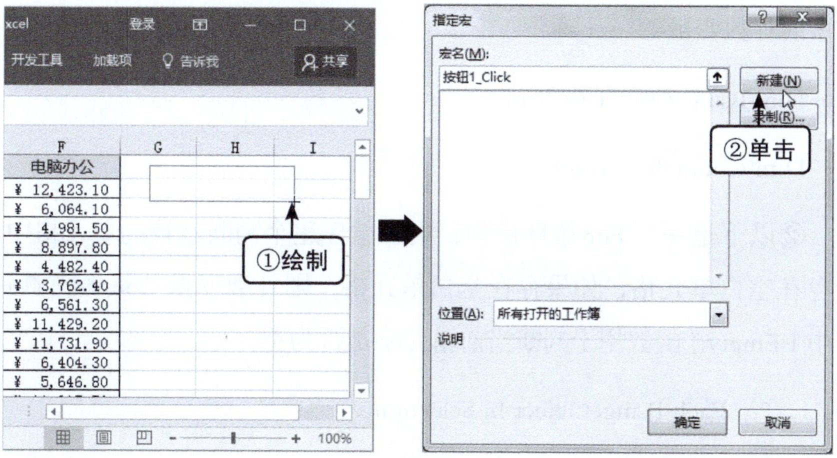

图 4-17

打开 VBE 编辑器窗口，所有 VBA 代码的编写都在该窗口中完成，这里为按钮控件添加一个单击事件（按钮 1_Click），当用户选择指定的单元格区域并单击按钮后，程序自动判断选择的单元格区域中是否存在空白单元格，并打开提示对话框提示判断结果，如图 4-18 所示。

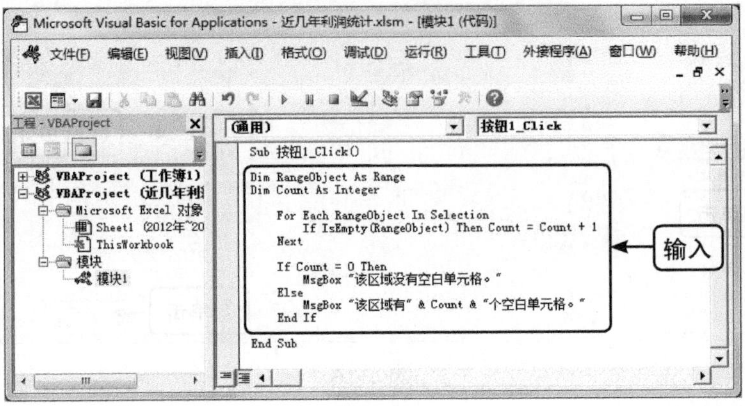

图 4-18

下面先来简单了解一下编写的代码中的关键代码，具体如下。

①以下两句代码主要是定义一个单元格对象的变量 RangeObject 和整型的计数变量 Count。

```
Dim RangeObject As Range
Dim Count As Integer
```

②以下是一个 For 循环语句，用于循环逐个判断选择的单元格中是否存在空白单元格，如果存在空白单元格，则计数变量 Count 就加 1，其中 IsEmpty() 函数用于判断当前单元格是否为空。

```
For Each RangeObject In Selection
    If IsEmpty(RangeObject) Then Count = Count + 1
Next
```

③这里用一个 IF 条件判断结构来对是否存在空白单元格的结果进行

判断，如果 Count 为 0，则表示没有空白单元格，否则就表示存在单元格。对于判断结果，则用 MsgBox() 函数来将结果信息显示在对话框中。

```
If Count = 0 Then
    MsgBox " 该区域没有空白单元格。"
Else
    MsgBox " 该区域有 " & Count & " 个空白单元格。"
End If
```

完成代码的编写后执行保存操作并关闭该窗口，在返回的工作表中可以查看到控件的四周都有圆形的控制点，表明该控件为可编辑状态，用鼠标左键将文本插入点定位到其中，删除默认的文本信息，输入“检查空白单元格”，选择工作表中的任意单元格退出控件的可编辑状态，如图 4-19 所示。

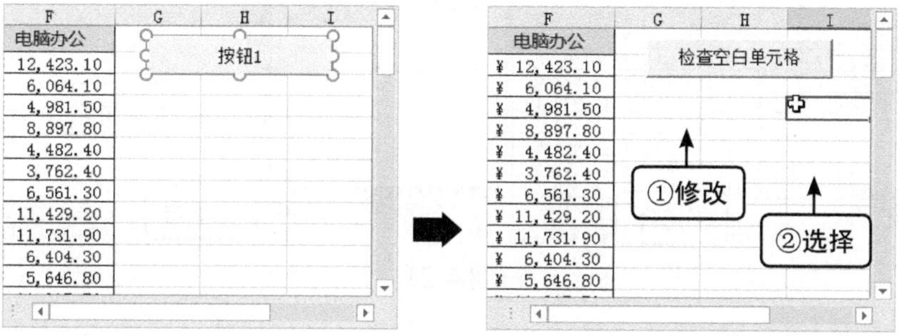

图 4-19

选择所有 2012 年的利润数据单元格区域，单击“检查空白单元格”按钮，程序自动在后台运行该控件的 VBA 代码，在选择的单元格区域中查找是否存在空白单元格，最后在打开的提示对话框中显示查找到的空白单元格的个数，如图 4-20 所示，单击“确定”按钮，结束 VBA 代码的运行。

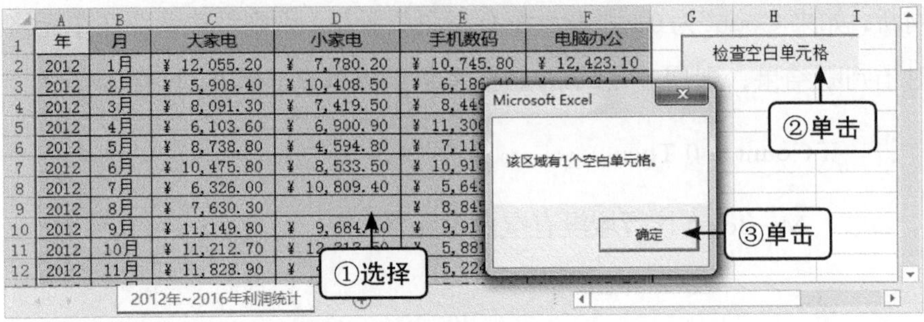

图 4-20

重新选择 2012 年 1 ～ 6 月统计的利润数据，再次单击“检查空白单元格”按钮，程序再次运行该控件按钮的 VBA 代码，并在当前选择的单元格区域中查找是否存在空白单元格。由于此时选择的单元格区域中没有空白单元格，因此在打开的提示对话框中提示“该区域没有空白单元格”的提示信息，如图 4–21 所示，单击“确定”按钮，结束 VBA 代码的运行。

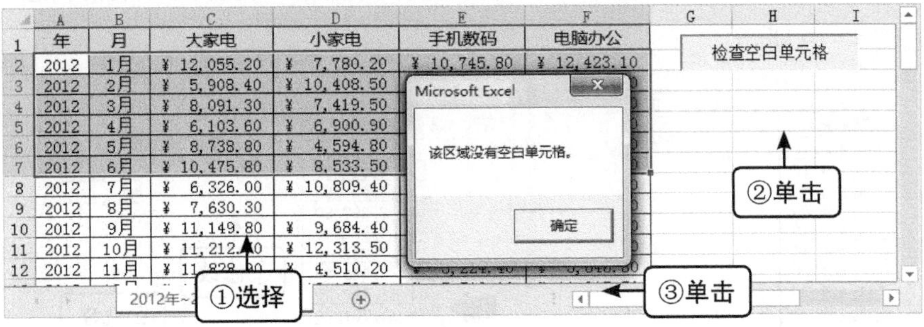

图 4-21

4.2.2 如何定位到空白单元格位置

前面的方法只能检测出当前工作表中的数据源是否存在缺失，但是具体的缺失位置在哪里却不知道。对于空白位置存在两种情况，一种是工作人员忘记录入数据，另一种情况是本身那个位置没有数据。对于这两种情况，都可以通过如下两种方法来定位空白位置，然后进行缺失数据的处理。

1. 利用查找和替换功能处理空白位置

素材	近几年利润统计 1.xlsx
效果	近几年利润统计 1.xlsx

如果数据源中的数据是工作人员不小心漏输入了数据，而每个漏输入的数据都是不同的数据，此时可以通过查找和替换的方法来逐个查找空白位置，然后在其中输入对应的数据。

例如，已知在近几年的利润统计数据源中存在漏输入的数据，此时要将漏输入的数据补上，可以先打开数据源工作表，选择表格数据所在的列。打开“近几年利润统计 1”工作表，选择 A ~ F 列，按【Ctrl+F】组合键，打开“查找和替换”对话框，在“查找”选项卡中单击“查找下一个”按钮，在 A~F 列中查找到第一个出现空白单元格的位置，如图 4–22 所示。

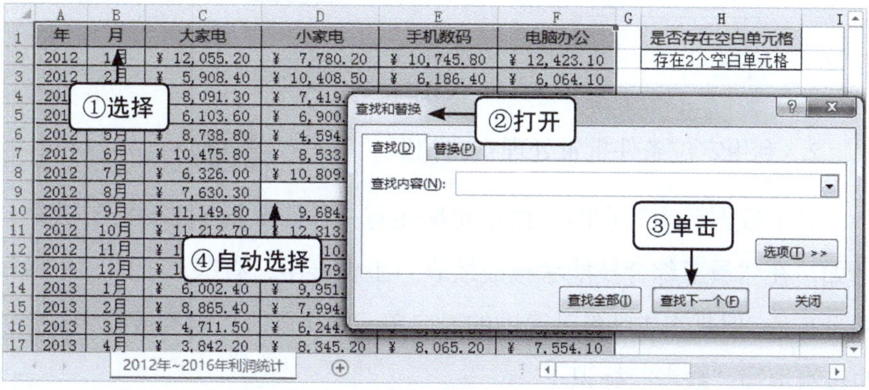

图 4-22

直接选择该单元格，在其中补录 2012 连 8 月小家电的利润数据“9875.3”，按【Ctrl+Enter】组合键确认输入，此时在表格右侧的统计空白单元格位置中自动显示还存在一个空白单元格。

保持“查找和替换”对话框的打开状态，重新选择 A ~ F 列，在该对话框中单击“查找下一个”按钮，程序自动定位到第二个空白单元格，在其中补录 2013 年 5 月手机数码的利润数据“8975.9”，按【Ctrl+Enter】组合键确认输入，此时在表格右侧的统计空白单元格位置中自动显示没有空白单元格的信息，如图 4-23 所示，单击“关闭”按钮，关闭对话框完成操作。

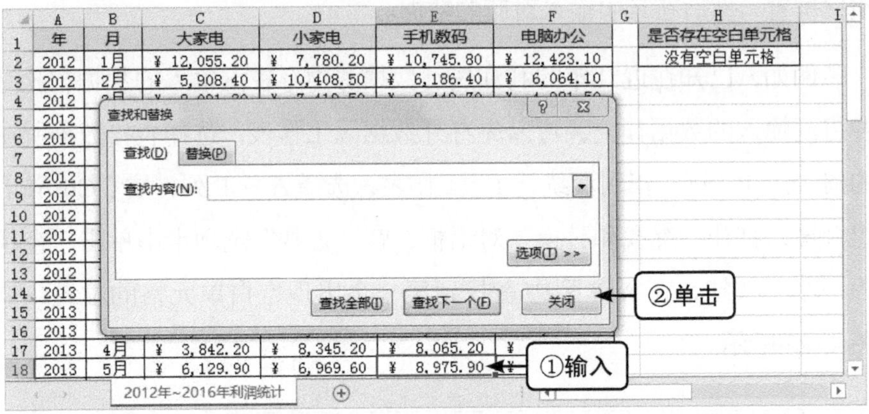

图 4-23

2. 利用定位条件批量处理空白位置

素材 员工综合技能考核成绩表.xlsx
效果 员工综合技能考核成绩表.xlsx

对于数据源中存在的空白单元格还有一种情况就是本身没有数据，例如，在“员工综合技能考核成绩表”工作表中，有些员工的某个考核项没有考，但是在成绩统计表中的对应单元格中既没有填写成绩为 0 分，也没有填写“缺考”标识。

为了方便数据的分析，可以快速为这些空白单元格填入指定规则的数据，例如，在这里将缺考的项目直接用“缺考”文本进行标识，此时可以使用定位条件功能先定位表格中所有存在的空白单元格，再进行批量填充，其具体操作如下。

选择 A1:F21 单元格区域，在“开始”选项卡的“编辑”功能组中单击“查找和选择”下拉按钮，在弹出的下拉菜单中选择“定位条件”选项，在打开的“定位条件”对话框中选中“空值”单选按钮，单击“确定”按钮，如图 4–24 所示。

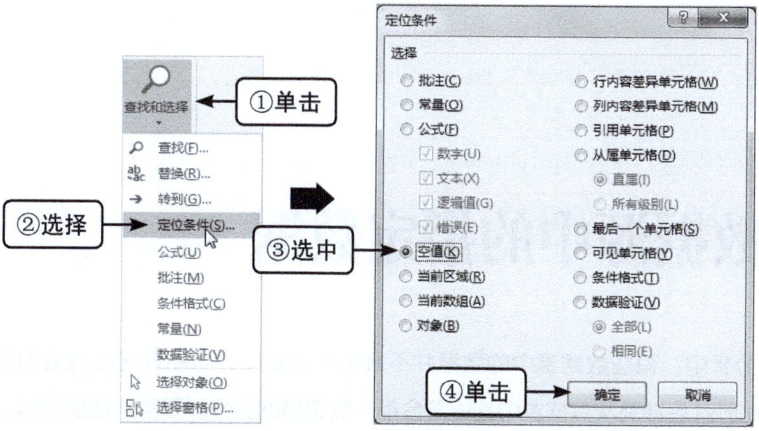

图 4-24

在返回的工作表中，程序自动将该成绩表中所有的空白单元格选中，直接切换到熟悉的输入法，输入“缺考”文本（或者将文本插入点定位到编辑栏中输入），按【Ctrl+Enter】组合键后，程序自动在选择的所有空白单元格中输入“缺考”文本，如图 4–25 所示。

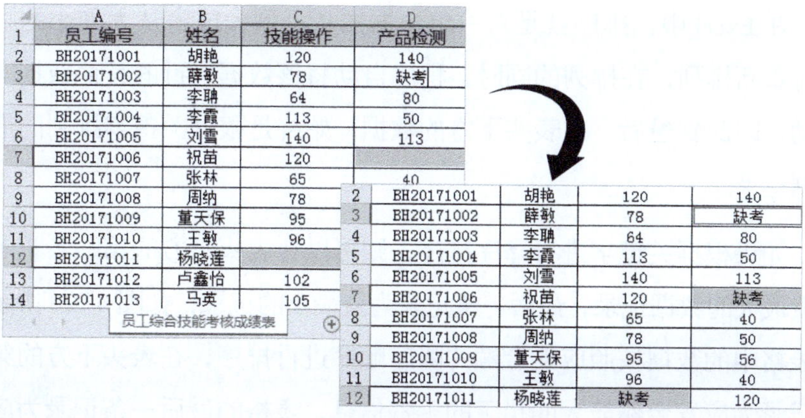

图 4-25

在进行批量处理时，输入完数据后，如果按【Ctrl】键确认输入，程序只能在当前选择的第一个空白单元格输入“缺考”文本，并且程序选择下一个空白单元格位置，这相当于逐个在处理空白单元格，效率并不高。

4.3

抽取数据源中的指定数据

在商业数据分析中，有些数据源中的数据并不会全部被使用，可能只是用到其中的某些数据，此时就会涉及从数据源中抽取符合条件的数据的操作。要得到这些数据，最常见的方法就是利用排序、筛选和函数来完成某条记录、多条记录或者某些字段中的部分数据的抽取。

4.3.1 抽取最值数据

素材	员工工资统计.xlsx
效果	员工工资统计.xlsx

在 Excel 中，排序就是对一组数据按从小到大或者从大到小的顺序进行重新排列，在排列的同时，程序自动将该数据同行的其他数据同步移动，因此到最后，在表头下方的数据，始终是根据关键字排列的最值数据记录。

如果根据关键字进行降序排序，则可以在表头下方的第一条记录得到值最大的数据记录，最后一条记录为值最小的记录，如图 4-26 所示，对表格中的数据按照应发金额的降序顺序进行排序，在表头下方的第一条记录为应发金额最大的员工的工资信息，表格的最后一条记录为应发金额最小的员工的工资信息。

	A	B	C	D	E	F	G	H	I	J
1	员工编号	员工姓名	部门	基本工资	奖金	住房补助	车费补助	保险金	出勤扣款	应发金额
2	1003	刘小明	销售部	￥4,500	￥360	￥100	￥0	￥200	￥0	￥5,160
3	1007	杨娟	客服部	￥3,800	￥300	￥100	￥120	￥200	￥20	￥4,500
4	1001	李丹	销售部	￥3,000	￥300	￥100	￥120	￥200	￥20	￥3,700
5	1008	马英	客服部	￥3,000	￥340	￥100	￥120	￥200	￥60	￥3,700
6	1005	张炜	销售部	￥3,000	￥340	￥100	￥0	￥200	￥60	￥3,580
7	1009	周晓红	客服部	￥2,500	￥250	￥100	￥120	￥200	￥0	￥3,170
8	1002	杨陶	销售部	￥2,000	￥340	￥100	￥120	￥200	￥70	￥2,690
9	1011	祝苗	客服部	￥2,000	￥360	￥100	￥0	￥200	￥0	￥2,660
10	1004	张嘉	销售部	￥2,000	￥360	￥100	￥120	￥200	￥130	￥2,650
11	1006	李聃	销售部	￥2,000	￥300	￥100	￥120	￥200	￥110	￥2,610
12	1010	薛敏	客服部	￥1,500	￥450	￥100	￥120	￥200	￥0	￥2,370

图 4-26

反之，如果根据关键字进行升序排序，则可以在表头下方的第一条记录得到值最小的数据记录，最后一条记录为值最大的记录。

对表格中的数据按照某行数据的降序或升序顺序排序的方法很简单，在表格中选择该列的任意数据单元格，单击“数据”选项卡“排序和筛选”功能组的“升序”或“降序”按钮，如图 4–27（左）所示；也可以单击“开始”选项卡“编辑”功能组中的“排序和筛选”按钮，选择“升序”或“降序”选项，如图 4–27（右）所示。

图 4-27

在进行最值记录抽取过程中，还有抽取结果存在重复的情况，例如，在图 4-26 的排序结果中可以发现，员工编号为 1001 和 1008 员工的应发金额都为 3700，对于这种排序结果存在重复值的情况，可以继续通过其他列的数据的某种顺序来确定重复数据记录的先后顺序。

例如，这里对于发生的重复应发金额数据，需要判断其奖金金额的大小，如果奖金金额大，则重复记录排在前面，如果奖金金额小，重复记录则相对排在后面。要实现这种操作，可以在工作表中选择任意数据单元格，单击"数据"选项卡"排序和筛选"功能组中的"排序"按钮，打开"排序"对话框。

可以发现，在该对话框中已经存在一个主关键字的排序条件（该条件是前面通过单击"降序"按钮或者选择"降序"选项进行排序得到的一个排序条件），此时单击"添加条件"按钮添加一个次要关键字条件栏，在次要关键字的"列"下拉列表框中选择"奖金"选项，由于奖金金额大的数据记录排在前面，因此需要将奖金列的次序设置为"降序"，单击"确定"按钮，完成排序条件的设置，如图 4-28 所示。

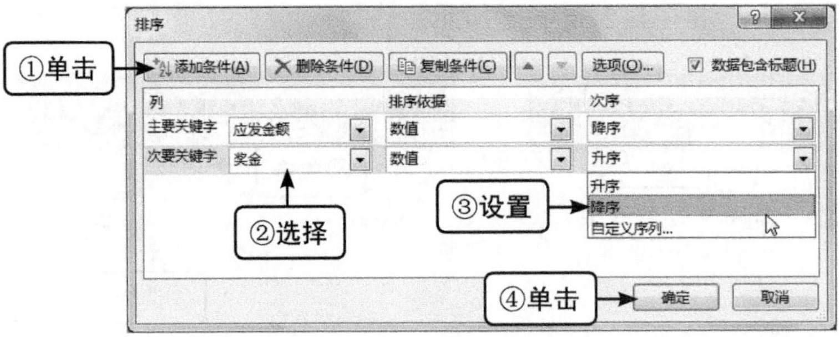

图 4-28

此时，程序自动在根据应发金额数据降序排序的结果上继续对存在重复记录的应发金额对应的奖金数据进行比较，并按降序顺序进行排序，即在主要关键字约束的前提下，需要根据次要关键字进行排序的记录只有员工编号为 1001 和 1008 数据记录，由于员工编号为 1008 的奖金数据大于员工编号为 1001 的奖金数据，因此员工编号为 1008 的数据记录最终排列在员工编号为 1001 的数据记录的前面，如图 4–29 所示。

	A	B	C	D	E	F	G	H	I	J
1	员工编号	员工姓名	部门	基本工资	奖金	住房补助	车费补助	保险金	出勤扣款	应发金额
2	1003	刘小明	销售部	￥4,500	￥360	￥100	￥0	￥200	￥0	￥5,160
3	1007	杨娟	客服部	￥3,800	￥300	￥100	￥120	￥200	￥20	￥4,500
4	1008	马英	客服部	￥3,000	￥340	￥100	￥120	￥200	￥60	￥3,700
5	1001	李丹	销售部	￥3,000	￥300	￥100	￥120	￥200	￥20	￥3,700
6	1005	张炜	销售部	￥3,000	￥340	￥100	￥0	￥200	￥60	￥3,580
7	1009	周晓红	客服部	￥2,500	￥250	￥100	￥120	￥200	￥0	￥3,170
8	1002	杨陶	销售部	￥2,000	￥340	￥100	￥120	￥200	￥70	￥2,690
9	1011	祝苗	客服部	￥2,000	￥360	￥100	￥0	￥200	￥0	￥2,660
10	1004	张嘉	销售部	￥2,000	￥360	￥100	￥120	￥200	￥130	￥2,650
11	1006	李聃	销售部	￥2,000	￥300	￥100	￥120	￥200	￥110	￥2,610
12	1010	薛敏	客服部	￥1,500	￥450	￥100	￥120	￥200	￥0	￥2,370

图 4-29

在本例中，不能直接在打开的“排序”对话框中将按“应发金额”排序的主要关键字排序条件更改为“奖金”的降序排序。如果更改，则表示忽略表格中已经按应发金额进行升序排序的结果，而将整个表格仅按奖金的降序顺序排序，但这并不是我们的目的。

职场小贴士

在数据处理过程中，有时候会进行一些特殊的排序，如星期、月份等数据排序，这些数据不是按照文本拼音字母的升降序顺序来排列，如星期数据需要按星期日、星期一、星期二、星期三、星期四、星期五、星期六的顺序排列，这些特殊的顺序在程序中自带有对应的顺序。

但是有些顺序是程序中没有的，如按照“优、良、中、合格、不合格”的顺序对表格数据进行排序，此时只能通过自定义顺序来完成，在“排序”对话框的“次序”下拉列表框中选择“自定义序列”选项，在打开的“自定义序列”对话框中输入新的序列后（用英文状态下的逗号隔开），单击“添加”按钮后，单击“确定”按钮，返回“排序”对话框，在“次序”下拉列表框中即可查看到自定义的序列，选择需要的顺序后单击“确定”按钮即可，如图 4–30 所示。

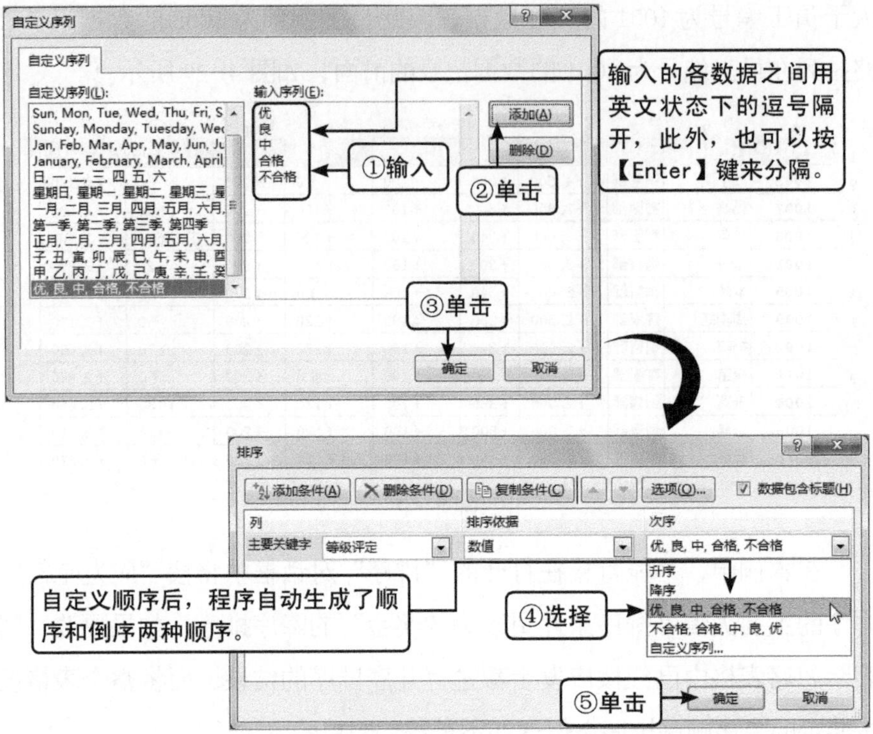

图 4-30

4.3.2 抽取符合条件的数据

在数据源中，可将某些符合要求的数据单独显示出来，而不符合条件的数据暂时隐藏，这样更方便对某种条件下的数据进行分析。

1. 使用筛选器快速筛选

素材 新进员工档案管理.xlsx
效果 新进员工档案管理.xlsx

在 Excel 中，通常情况下，进行数据筛选都要先进入表格的筛选状态，其标志就是表头的每个字段所在单元格右侧均会出现一个下拉按钮。要进入筛选状态，可以先选择任意数据单元格后，执行以下任意一种方法即可。

◆ 在“开始”选项卡的“编辑”功能组中单击“排序和筛选”按钮，在打开的列表中选择“筛选”选项。

◆ 在“数据”选项卡的“排序和筛选”功能组中单击“筛选”按钮。

◆ 按【Ctrl+Shift+L】组合键。

进入表格的筛选状态后，单击单元格右侧的下拉按钮，都会弹出对应的筛选器。根据数据源筛选数据的类型不同，筛选器中显示的内容也不同，对于数字数据和货币类型的数据，其对应的筛选器都显示“数字筛选”命令，如图 4–31（左）所示；对于文本类型的数据，其对应的筛选器显示“文本筛选”选项，如图 4–31（中）所示；对于日期类型的数据，其对应的筛选器显示“日期筛选”选项，如图 4–31（右）所示。

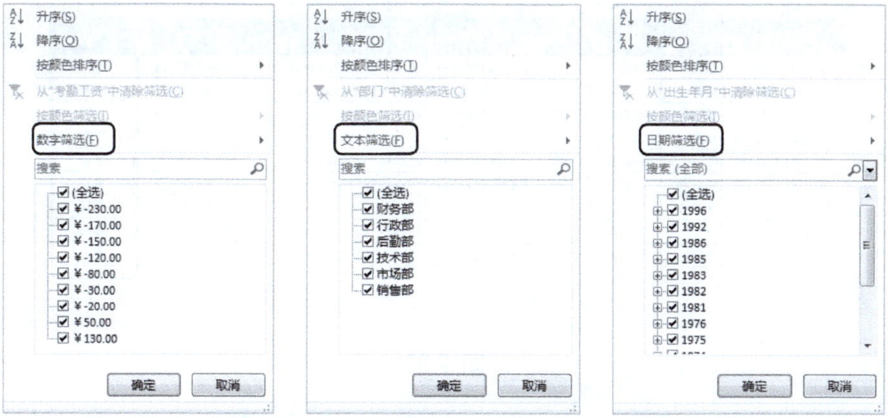

图 4-31

通过筛选器可以快速完成某一个条件的数据筛选，例如，某单位整个 10 月都为各个部门补充人力，按照报到日期对每位新进的员工建立了档案信息，现在要查看公司此次招聘的新人中，学历为本科的新员工的信息，直接选择任意数据单元格并进入表格的筛选状态，单击“学历”表头右侧的下拉按钮，弹出筛选器，在其中取消选中“全选”复选框，然后仅选中“本科”复选框，单击“确定”按钮，如图 4–32 所示。

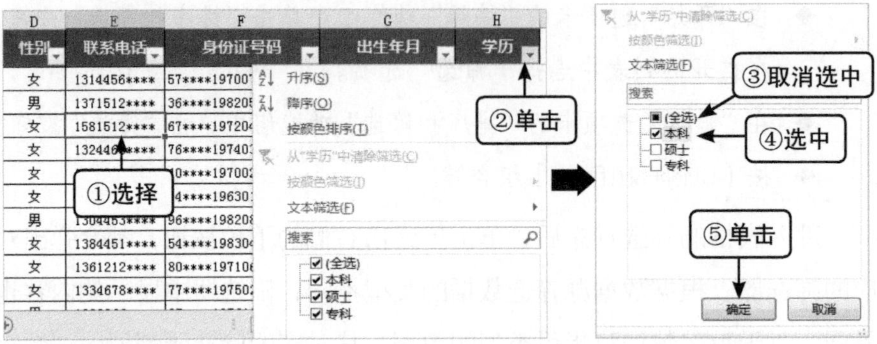

图 4-32

在返回的工作表中即可查看到学历所在的列中只有本科数据，整个表格中其他学历的新进员工的档案信息都被隐藏了，如图 4-33 所示。

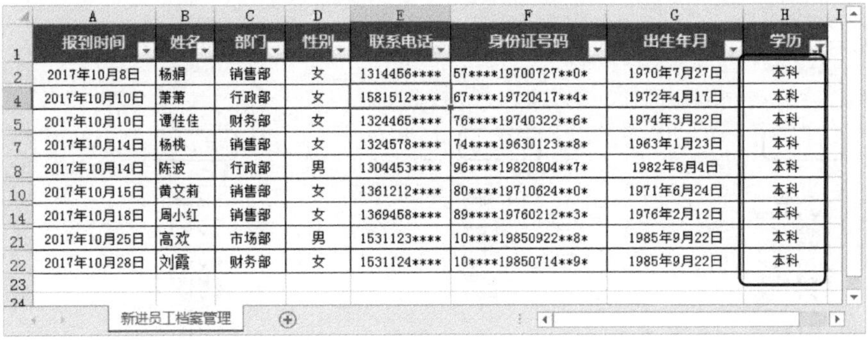

	报到时间	姓名	部门	性别	联系电话	身份证号码	出生年月	学历
2	2017年10月8日	杨娟	销售部	女	1314456****	57****19700727**0*	1970年7月27日	本科
4	2017年10月10日	萧萧	行政部	女	1581512****	67****19720417**4*	1972年4月17日	本科
5	2017年10月10日	谭佳佳	财务部	女	1324465****	76****19740322**6*	1974年3月22日	本科
7	2017年10月14日	杨桃	销售部	女	1324578****	74****19630123**8*	1963年1月23日	本科
8	2017年10月14日	陈波	行政部	男	1304453****	96****19820804**7*	1982年8月4日	本科
10	2017年10月15日	黄文莉	销售部	女	1361212****	80****19710624**0*	1971年6月24日	本科
14	2017年10月18日	周小红	销售部	女	1369458****	89****19760212**3*	1976年2月12日	本科
21	2017年10月25日	高欢	市场部	男	1531123****	10****19850922**8*	1985年9月22日	本科
22	2017年10月28日	刘霞	财务部	女	1531124****	10****19850714**9*	1985年9月22日	本科

图 4-33

需要说明的是，这里的筛选结果只是将符合筛选条件的数据暂时存放到一个筛选容器中。当不需要筛选结果时，再次执行进入筛选状态的操作即可退出筛选容器，此时表格中的数据源又可以返回原始状态，在这个过程中，原始数据并不会被修改，即确保了原始数据的完整性。

此外，还需要补充一点，在筛选器中选择“数字筛选”“文本筛选”或者“日期筛选”选项后，在弹出的子菜单中选择相应的选项，或者直接选择“自定义筛选”选项，都会打开“自定义自动筛选方式”对话框，在该对话框中可以对当前字段进行一个或者两个筛选条件的自定义，例如要筛选出本科和硕士学历的员工信息，在“自定义自动筛选方式”对话框中按图 4-34 中的筛选条件进行设置即可。

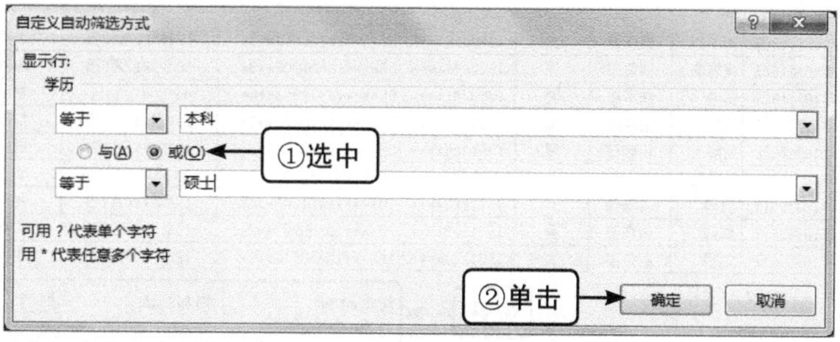

图 4-34

在这里只能选中“或”单选按钮，表示任意筛选出学历等于本科，或者学历等于硕士的员工信息。如果选中“与”单选按钮，表示两个条件必须同时满足，即学历等于本科且学历等于硕士的员工信息，此时的筛选条件是不成立的。

2. 将筛选结果保存到其他位置

素材 新进员工档案管理 1.xlsx
效果 新进员工档案管理 1.xlsx

在 4.1.2 节中我们已经知道，利用高级筛选功能直接对数据源进行筛选可以将数据源中的数据的唯一项筛选到其他的位置。其实在这个过程中，还可以加入筛选条件，从而将数据源中符合指定条件的数据筛选到其他位置。例如，在“新进员工档案管理 1”工作表中，需要从所有的员工档案信息中将 10 月下旬进入市场部的员工的信息整理出来移交给市场部，这个问题不再是单独地对某列数据设置条件，其设置的条件有两个。

- ◆ 部门等于市场部。
- ◆ 报到时间为 10 月下旬，即报到时间大于等于 10 月 15 日，且小于等于 10 月 31 日。

要实现这个目的，可以在工作表中设置筛选的条件区域，如图 4-35 所示。

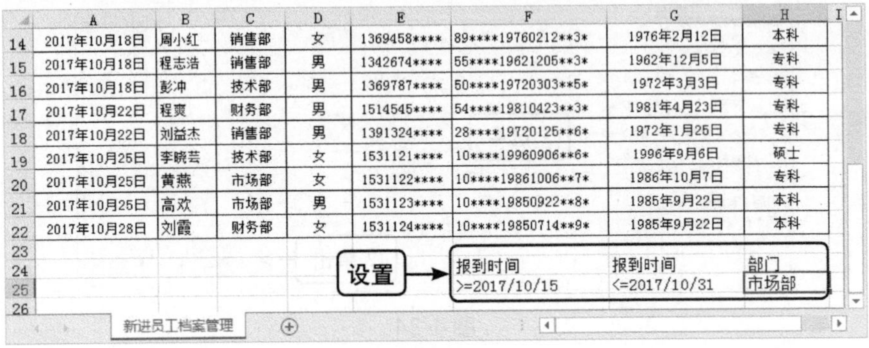

	A	B	C	D	E	F	G	H
14	2017年10月18日	周小红	销售部	女	1369458****	89****19760212**3*	1976年2月12日	本科
15	2017年10月18日	程志浩	销售部	男	1342674****	55****19621205**3*	1962年12月5日	专科
16	2017年10月18日	彭冲	技术部	男	1369787****	50****19720303**5*	1972年3月3日	专科
17	2017年10月22日	程爽	财务部	男	1514545****	54****19810423**3*	1981年4月23日	专科
18	2017年10月22日	刘益杰	销售部	男	1391324****	28****19720125**6*	1972年1月25日	专科
19	2017年10月25日	李晓芸	技术部	女	1531121****	10****19960906**6*	1996年9月6日	硕士
20	2017年10月25日	黄燕	市场部	女	1531122****	10****19861006**7*	1986年10月7日	专科
21	2017年10月25日	高欢	市场部	男	1531123****	10****19850922**8*	1985年9月22日	本科
22	2017年10月28日	刘霞	财务部	女	1531124****	10****19850714**9*	1985年9月22日	本科
23								
24						报到时间	报到时间	部门
25						>=2017/10/15	<=2017/10/31	市场部
26								

图 4-35

为了确保正确地筛选出最终的数据结果，在设置筛选条件时还应遵循如下规则。

- ◆ 作为条件区域的第一行为条件的列标签，其数据必须与欲排序区域相应字段的各列标相同，其下至少有一行用来定义筛选条件，如图 4-35 中 24 行是条件的列标签行，25 行是定义筛选条件的位置。
- ◆ 如果需要筛选的字段具有两个以上条件，则可在条件区域中对应的列标签行的单元格中依次输入各个条件，各条件之间的逻辑关系为“或”，如图 4-35 中的“报到时间”字段有两个条件，则该字段在 24 行中依次连续出现两次。
- ◆ 条件区域中同一行的多个条件之间的逻辑关系为“与”，即设置的筛选条件必须同时满足，才被筛选出来。

输入完高级筛选操作的条件后，打开“高级筛选”对话框，在“列表区域”和“条件区域”文本框中分别设置筛选数据的数据源单元格区域和自定义的高级筛选条件区域，如图 4-36（左）所示。

选中“将筛选结果复制到其他位置”单选按钮，在“复制到”文本框中设置筛选结果需要保存的单元格区域的起始位置，单击“确定”按钮，如图 4-36（右）所示。

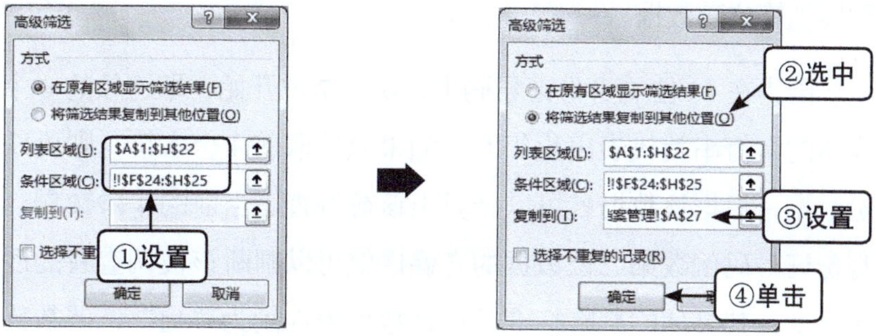

图 4-36

在返回的工作表中即可查看到 10 月下旬进入市场部的员工的信息在筛选条件的下方单独显示，如图 4-37 所示。利用这种方法筛选的数据，不需要进入筛选状态，因此无论数据源怎么变化，筛选结果始终都保存在指定位置。

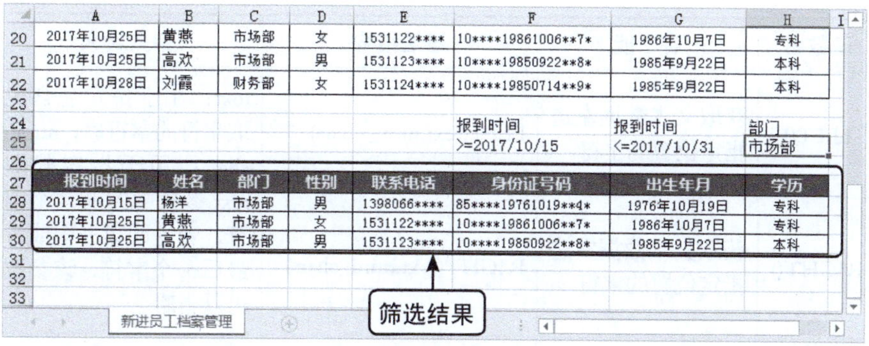

	A	B	C	D	E	F	G	H
20	2017年10月25日	黄燕	市场部	女	1531122****	10****19861006**7*	1986年10月7日	专科
21	2017年10月25日	高欢	市场部	男	1531123****	10****19850922**8*	1985年9月22日	本科
22	2017年10月28日	刘霞	财务部	女	1531124****	10****19850714**9*	1985年9月22日	本科
23								
24						报到时间	报到时间	部门
25						>=2017/10/15	<=2017/10/31	市场部
26								
27	报到时间	姓名	部门	性别	联系电话	身份证号码	出生年月	学历
28	2017年10月15日	杨洋	市场部	男	1398066****	85****19761019**4*	1976年10月19日	专科
29	2017年10月25日	黄燕	市场部	女	1531122****	10****19861006**7*	1986年10月7日	专科
30	2017年10月25日	高欢	市场部	男	1531123****	10****19850922**8*	1985年9月22日	本科

图 4-37

4.3.3 利用函数抽取字段的指定部分

素材 被调查者信息整理.xlsx
效果 被调查者信息整理.xlsx

无论是排序功能还是筛选功能，其最终抽取的数据结果都是整条数据记录，而在数据分析过程中，有些数据结果需要从某些字段中获取。例如，如果只登记了被调查对象的身份证号码，对于其年龄性别等信息在调查时忘记登记了，此时可以通过身份证号码来得到该被调查者年龄和性别等信息数据。

因为在 18 位的身份证号码中，从第 7 位开始，取连续的 8 个字符形成新的字符串就代表出生年月，如果只抽取前 4 个字符，则可以获得年份数据，根据该数据就可以计算出该被调查者当前的年龄数据；而根据身份证号码倒数第二位数据的奇偶性就可以判断该被调查者的性别是男还是女，其具体的判断标准是：奇数代表性别为“男”，偶数代表性别为“女”。

在 Excel 中，要灵活地在字段中抽取数据，可以使用程序提供的 LEFT()、RIGHT() 和 MID() 函数获取文本数据某个方向指定位置的字符，这 3 个函数的具体作用和相关说明如表 4-1 所示。

表 4-1　LEFT()、RIGHT() 和 MID() 函数介绍

函数名	功　能	语法结构	参数含义
LEFT()	获取文本数据左边指定位置的字符	LEFT(text,num_chars)	text：用于指定包含提取字符的字符串；num_chars：用于指定截取 text 参数中的前几个字符，若返回第一个或者最后一个字符，该参数可以省略
RIGHT()	获取文本数据右边指定位置的字符	RIGHT(text,num_chars)	
MID()	获取文本数据中间指定位置的字符	MID(text,start_num,num_chars)	text：用于指定包含提取字符的字符串；start_num：表示要从文本中提取的第 1 个字符的位置；num_clars：表示要返回的字符的个数

下面具体介绍如何应用这些函数来抽取数据，得到想要的结果。

首先，在“被调查者信息整理”工作表中选择 F2 单元格，输入公式“=YEAR(TODAY())−MID(E2,7,4)&" 岁 "”，按【Ctrl+Enter】组合键得到当前被调查者的年龄数据，双击该结果单元格的控制柄得到其他被调查者的年龄数据，如图 4−38 所示。

调查时间	姓名	学历	联系电话	身份证号码	年龄	性别
2017年10月15日	杨娟	本科	1314456****	57****19700727**0*	47岁	
2017年10月15日	张磊	专科	1371512****	36****19820520**1*	35岁	
2017年10月15日	萧萧	本科	1581512****	67****19720417**4*	45岁	
2017年10月15日	谭佳佳	本科	1324465****	76****19740322**6*	43岁	
2017年10月15日	张丽丽	专科	1591212****	40****19700209**8*	47岁	
2017年10月15日	杨桃	本科	1324578****	74****19630123**8*	54岁	
2017年10月15日	陈波	本科	1304453****	96****19820804**7*	35岁	
2017年10月15日	李佳颖	专科	1384451****	54****19830427**5*	34岁	
2017年10月15日	黄文莉	本科	1361212****	80****19710624**0*	46岁	
2017年10月15日	李伦香	专科	1334678****	77****19750202**7*	42岁	
2017年10月15日	杨洋	专科	1398066****	85****19761019**4*	41岁	

图 4-38

在如上公式中，先使用 MID() 函数从 E 列对应单元格的第 7 位开始，取连续的 4 个字符形成新的字符串得到年份数据，用 TODAY() 函数获取系统当前的日期，将得到的日期数据作为 YEAR() 函数的参数，从而最终只得到当前系统的年份，最后用当前系统的年份与利用 MID() 函数从身份证号码中抽取的年份数据做差值运算，从而得到年龄数据。这里为了让数据结果更直观，用“&”连接运算符将年龄数据与“岁”文本进行连接。

其次，在工作表中选择 G2 单元格，输入公式“=IF(MOD(LEFT(RIGHT(E2,2),1),2)=0," 女 "," 男 ")”，按【Ctrl+Enter】组合键得到当前被调查者的性别数据，双击该结果单元格的控制柄得到其他被调查者的性别数据，如图 4−39 所示。

调查时间	姓名	学历	联系电话	身份证号码	年龄	性别
2017年10月15日	杨娟	本科	1314456****	57****19700727**0*	47岁	女
2017年10月15日	张磊	专科	1371512****	36****19820520**1*	35岁	男
2017年10月15日	萧萧	本科	1581512****	67****19720417**4*	45岁	女
2017年10月15日	谭佳佳	本科	1324465****	76****19740322**6*	43岁	女
2017年10月15日	张丽丽	专科	1591212****	40****19700209**8*	47岁	女
2017年10月15日	杨桃	本科	1324578****	74****19630123**8*	54岁	女
2017年10月15日	陈波	本科	1304453****	96****19820804**7*	35岁	男
2017年10月15日	李佳颖	专科	1384451****	54****19830427**5*	34岁	男
2017年10月15日	黄文莉	本科	1361212****	80****19710624**0*	46岁	女
2017年10月15日	李伦香	专科	1334678****	77****19750202**7*	42岁	男
2017年10月15日	杨洋	专科	1398066****	85****19761019**4*	41岁	女

图 4-39

使用了 IF() 函数、MOD() 函数、LEFT() 函数与 RIGHT() 函数的嵌套来输出最终的结果。其中，“(RIGHT(E2,2)”部分表示从 E2 单元格中字符串的最后两位形成新的字符串，再利用 LEFT() 函数取得该新字符串左侧的第 1 位（整个身份证号码的倒数第 2 位），再利用 MOD() 函数判断此数字是否为偶数，并将判断结果作为 IF() 函数的 logical_text 参数，从而输出所需的结果。

总的来说，本例中的公式先后进行了两次取数、一次取模和一次判断来输出结果，以 G2 单元格输出结果为例，其计算过程如图 4−40 所示。

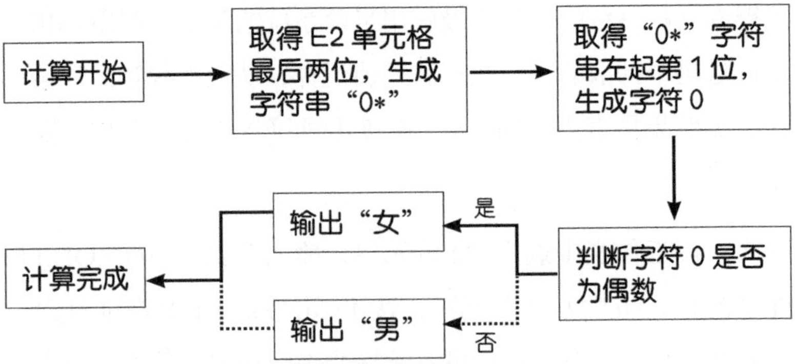

图 4-40

4.4

数据源的分类汇总

分类汇总是商业数据分析中的惯用处理方式，因为将同类的数据归类整理，可以对这类数据产生的影响或者其他方面进行专项分析，从而让零散的数据具有实际的分析意义。而且，通过归类整理数据，还可以得到更多的分析结果。数据分析工作人员在拿到一份数据资料，不知道从何下手，或者对数据之间的关系还不明确时，可以尝试将数据归类处理，或许可以从中挖掘出更多有用的信息。

4.4.1 对数据进行分类汇总的前提

将数据归类即根据某个关键字，将具有相同值的数据记录整理到一起，从而方便对某一类数据进行汇总分析。在进行分类汇总时，必须满足以下 3 个前提。

①数据表中至少有一列的数据存在多个相同数据，如果每列数据的数据都是唯一值，则分类汇总就会对每行数据记录进行汇总，这样的汇总分析是没有任何意义的。

②要对表格数据进行分类汇总操作，首先要看当前数据表格的结构是否支持分类汇总，对于数据源包含合并单元格的复杂表头，或者表头包含空白单元格的普通二维表格，这类表格结构是不能使用分类汇总对数据进行汇总分析的。

③在进行分类汇总之前，还需要确认欲汇总的表格是否按照分类字段进行排序，因为通过排序可以将具有相同数据的多条记录排列在一起，在这种情况下进行的归类处理才完整，否则分类汇总只对类别相同的相邻记录进行汇总统计，从而达不到真正分类汇总的目的，如图 4-41 所示，图中许多相同公司的付款金额在多处汇总。

	A	B	C	D	E	F	G	H	I	J
10	DD17061005	G公司	马涛	2017/6/5	PPQA0-3687	28盒/箱	¥ 458	50	100%	¥ 22,900.00
11		G公司 汇总								¥ 22,900.00
12	DD17061006	H公司	刘涛	2017/6/8	PPQA0-0148	10盒/箱	¥ 210	150	95%	¥ 29,925.00
13		H公司 汇总								¥ 29,925.00
14	DD17061007	E公司	张炜	2017/6/8	PPQA0-1025TS	16盒/箱	¥ 350	120	95%	¥ 39,900.00
15		E公司 汇总								¥ 39,900.00
16	DD17061008	F公司	马英	2017/6/10	PPQA0-1025TS	16盒/箱	¥ 350	150	95%	¥ 49,875.00
17		F公司 汇总								¥ 49,875.00
18	DD17061009	C公司	谢晋	2017/6/11	PPQA0-7986	32盒/箱	¥ 800	200	85%	¥ 136,000.00
19		C公司 汇总								¥ 136,000.00
20	DD17061010	F公司	马英	2017/6/11	PPQA0-2368	12盒/箱	¥ 300	100	95%	¥ 28,500.00
21		F公司 汇总								¥ 28,500.00
22	DD17061011	E公司	张炜	2017/6/13	PPQA0-4587	20盒/箱	¥ 650	95	100%	¥ 61,750.00
23		E公司 汇总								¥ 61,750.00
24	DD17061012	A公司	杨娟	2017/6/13	PPQA0-2368	12盒/箱	¥ 300	300	80%	¥ 72,000.00
25		A公司 汇总								¥ 72,000.00

Sheet1

图 4-41

4.4.2 创建单个分类汇总的方法

素材 产品订单表.xlsx
效果 产品订单表.xlsx

整理好数据源表格后，就可以直接利用分类汇总功能，根据指定的关键字将数据表中的数据归类整理。例如，在“产品订单表”工作表中，虽然订货记录有很多，但是订货单位就只有几家，现在要查看各订货单位本月订货的总付款金额是多少，根据订货单位将付款金额进行汇总即可。

首先选择任意数据单元格，在“数据”选项卡中单击“分级显示”功能组中的“分类汇总”按钮，如图 4-42（左）所示。在打开的“分类汇总”对话框中分别设置分类字段为订货单位、汇总方式为求和及选定汇总项为付款金额，然后单击“确定”按钮，如图 4-42（右）所示。

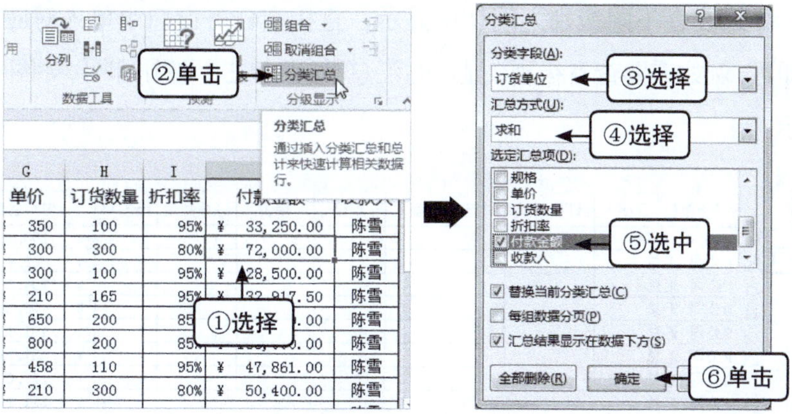

图 4-42

在返回的工作表中即可查看到程序自动以订货单位为分类字段，将相同订货单位的所有付款金额数据进行求和运算，如图 4-43 所示。

	A	B	C	D	E	F	G	H	I	J
1	订单编号	订货单位	订货人	订货日期	产品编号	规格	单价	订货数量	折扣率	付款金额
2	DD17061001	A公司	杨娟	2017/6/4	PPQA0-1025TS	16盒/箱	¥ 350	100	95%	¥ 33,250.00
3	DD17061012	A公司	杨娟	2017/6/13	PPQA0-2368	12盒/箱	¥ 300	300	80%	¥ 72,000.00
4		A公司 汇总								¥ 105,250.00
5	DD17061002	B公司	李聃	2017/6/4	PPQA0-2368	12盒/箱	¥ 300	100	95%	¥ 28,500.00
6	DD17061013	B公司	李聃	2017/6/17	PPQA0-0148	10盒/箱	¥ 210	165	95%	¥ 32,917.50
7		B公司 汇总								¥ 61,417.50
8	DD17061003	C公司	谢晋	2017/6/4	PPQA0-4587	20盒/箱	¥ 650	200	85%	¥ 110,500.00
9	DD17061009	C公司	谢晋	2017/6/11	PPQA0-7986	32盒/箱	¥ 800	200	85%	¥ 136,000.00
10	DD17061015	C公司	谢晋	2017/6/20	PPQA0-3687	28盒/箱	¥ 458	110	95%	¥ 47,861.00
11		C公司 汇总								¥ 294,361.00
12	DD17061004	D公司	阳阳	2017/6/5	PPQA0-0148	10盒/箱	¥ 210	300	80%	¥ 50,400.00
13	DD17061020	D公司	阳阳	2017/6/26	PPQA0-0148	10盒/箱	¥ 210	115	95%	¥ 22,942.50

图 4-43

从图 4-43 中可以看到，对表格进行分类汇总后根据显示数据的详细情况将汇总分为 3 个级别的汇总。对于不同的汇总级别，其显示的数据内容不同。

- 级别 3 显示的数据最详细。
- 级别 2 显示汇总字段的汇总数据。
- 级别 1 只显示所有汇总关键字的汇总数据。

如果要在不同级别之间切换显示，直接在任务窗口中单击对应的按钮即可，例如需要查看级别2显示的汇总数据，单击2按钮即可，如图4-44所示。

图 4-44

职场小贴士

如果要单独查看或者隐藏某一类别的3级汇总明细数据，直接单击左侧窗格中的+按钮或者-按钮。也可以选择需要隐藏数据明细的任意数据单元格，在“数据”选项卡的“分级显示”功能组中单击“隐藏明细数据”按钮，将数据隐藏；如果需要显示数据明细，直接选择汇总行的任意单元格，在“数据”选项卡的“分级显示”功能组中单击“显示明细数据”按钮，即可将隐藏的数据明细显示出来。

4.4.3 创建多个分类汇总的方法

素材 产品订单表1.xlsx
效果 产品订单表1.xlsx

其实在Excel中，程序支持在同一张工作表中创建多个分类汇总，这个功能在极大程度上方便和简化了数据的进一步分析。

例如在上例中，虽然对订货单位的付款金额进行了合计，但是要直观地查看每个订货单位当月共有几笔订单却不直观，如果程序不支持创建多个分类汇总，此时只有删除当前的分类汇总，再对订单编号进行计数汇总，显然这样操作后每次只能查看到一种汇总结果。现在可以利用创建多个分类汇总的方法，继续在已经创建了分类汇总的结果上再对订单编号进行计数汇总，其操作如下。

在创建了分类汇总的工作表（产品订单表 1）中选择任意数据单元格，单击“分类汇总”按钮，打开“分类汇总”对话框，分别设置分类字段为订货单位、汇总方式为计数、选定汇总项为订单编号，取消选中“替换当前分类汇总”复选框，单击“确定”按钮，如图 4-45 所示。

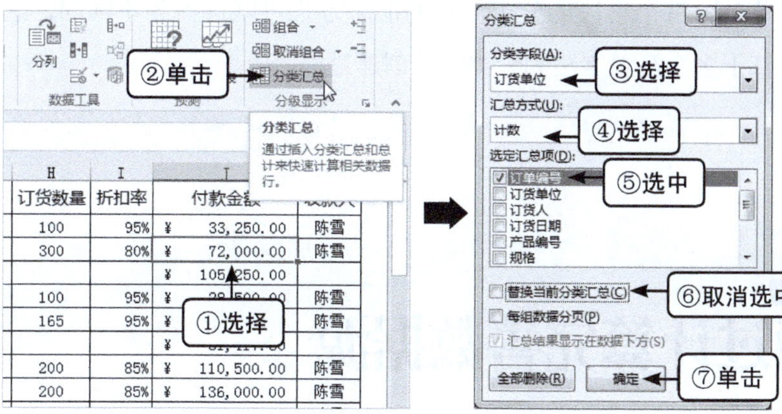

图 4-45

在返回的工作表中即可查看到程序保留了原来对付款金额数据的汇总，同时添加了订单编号的计数分类汇总，单击3按钮即可查看到这两个分类汇总的汇总记录数据，如图 4-46 所示。

图 4-46

在本例中需要注意的是，在设置分类汇总参数时，取消选中“替换当前分类汇总”复选框是创建多个汇总字段的分类汇总的关键，如果忘记取消选中该复选框，直接在第一字段的分类汇总结果上再创建第二字段的分类汇总，程序自动会用第二字段的分类汇总结果替换第一字段的分类汇总结果，最终数据表中的分类汇总只是基于某一个分类字段的汇总结果，而不是多个汇总字段的分类汇总。

此外，每个字段的分类汇总的汇总方式可以选择为不同的，这并不影响基于多个汇总字段的分类汇总创建过程。

4.5 通过计算完善数据源

在数据源表格中，输入的数据存在两种情况，一种是输入常量数据，如被调查者的姓名、工作单位、产品名称和型号等；另一种数据就需要通过计算来得到，如平均销量、业绩总量及是否需要进货等。因此，计算数据在完善数据源阶段也是 Excel 的一项重要应用。

4.5.1 利用公式和函数计算数据的方法

在 4.2.1 节和 4.3.3 节内容中，我们已经对公式函数的应用有了一个初步的体验。对于公式和函数的应用，都有其特殊的规定，要确保数据正确地计算出来，都必须遵循这些规定，下面将具体介绍利用公式和函数计算数据的相关内容。

1. 利用公式进行简单的数据计算

素材 相机配件库存.xlsx
效果 相机配件库存.xlsx

公式是以等号（=）开始，用不同的运算符将需要计算的各操作数按照一定的规则连接起来，对一系列单元格中数据进行计算的式子。例如，“=B1+C1”就是一个简单的公式，其中“=”是公式的标志，“B1”和“C1”是公式中的操作数，“+”是公式中的运算符。在公式中，操作数和运算符又是公式中的重要内容，其具体说明如下。

- **操作数：**公式中至少应包含一个操作数，它可以是文本、数字或日期等Excel支持的类型的数据，也可以是单元格引用或函数。
- **运算符：**运算符是连接各操作数的符号，如果公式仅有一个操作数，可以不包含运算符。如公式“= 一季度 !F9”单纯地引用一个单元格的数据，此公式中就不包含运算符。

简单的数据计算直接以等号开始后，通过加（+）、减（－）、乘（*）、除（/）运算符连接各个操作数即可完成计算。例如，要计算库存商品的总额数据，其计算公式为：库存总额 = 库存量 × 进价，在工作表的结果保存单元格中输入“=C5*D5”，按【Enter】键，确认输入的公式并计算出当前库存产品的库存总额数据。选择结果单元格，拖动控制柄填充公式，完成其他产品的库存总额数据计算，如图 4-47 所示。

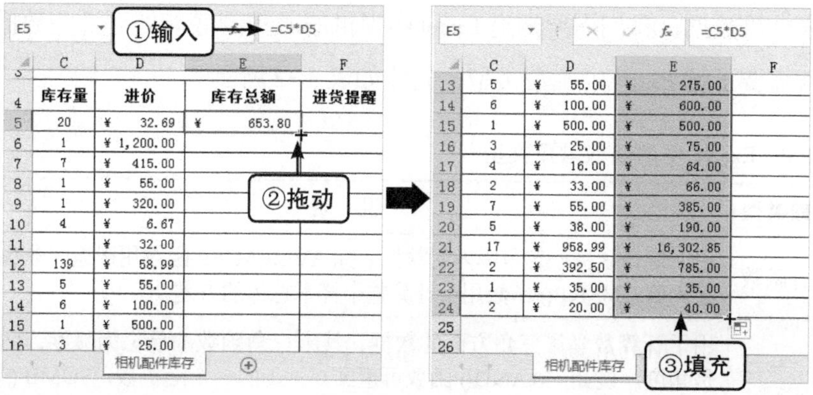

图 4-47

2. 利用函数进行复杂的数据计算

有简单的数据计算，就有复杂的数据计算，通常，相对复杂的数据计算在 Excel 中都可以通过函数来完成。

通常所说的函数其实是指 Excel 的工作表函数，它是由系统事先将参数按照某种特定顺序和结构预定好，用于完成某些特殊计算和分析的功能模块，如“SUM(C3:G3)”就是一个完整的函数表达式，其中，“SUM”是函数名，“()”是标识符，“C3:G3”是参数。各组成部分的说明如下。

- **函数名：**每个函数都有唯一的名称，此名称通常反映函数的功能，如 SUM、DAY、COUNT、IF 及 OFFSET 等。
- **标识符：**标识符是一对半角小括号，紧跟在函数名后面，函数的所有参数都必须包含在这一对小括号内。
- **参数：**参数是决定函数运算结果的因素，由函数的功能而定，有些函数可以不带参数，有些函数可带多个参数（Excel 2003 中的函数最多可带 30 个参数，Excel 2007/2010/2013/2016 的函数最多可带 255 个参数）。

要用函数计算数据，也需要添加等号（=），因此常常被人们称为特殊的公式，其计算方法和公式填充的方法都相似。要想更好地应用函数来计算数据，我们需要知道 Excel 中提供的函数到底能处理哪些数据，这就需要了解 Excel 的函数类型，具体如表 4-2 所示。

表 4-2 Excel 中的函数常见类型

函数类型	说 明
统计函数	用于统计分析一定范围内的数据，如 AVERAGE() 函数用于返回参数的平均值；VARP() 函数用于计算整个样本总体的方差
数学与三角函数	用于计算数学和三角方面的数据，其中三角函数的单位为弧度，而不是角度。例如，RAND() 函数可返回 0 ~ 1 的一个随机数；SUMIF() 函数用于按给定条件进行求和运算

续表

函数类型	说　明
日期与时间函数	用于分析或处理与日期和时间有关的数据，如 DAY() 函数可将序列号转换为月份日期；NOW() 函数可返回当前日期和时间的序列号
文本函数	用于处理公式中的文本字符串，如 LOWER() 函数可将文本转换为小写；TRIM() 函数可删除文本首尾的空格
查找与引用函数	用于查找或引用列表或表格中的指定值，如 VLOOKUP() 函数可在数组第一列中查找，然后在行之间移动以返回单元格的值；CHOOSE() 函数用于从值的列表中选择一个值
逻辑函数	用于测试是否满足某个条件，并判断逻辑值。该类函数只包含 AND()、FALSE()、IF()、IFERROR()、IFNA()、IFS()、NOT()、OR()、TRUE()、XOR() 和 SWITCH() 这 11 个函数
信息函数	用于帮助鉴定单元格中的数据所属的类型或单元格是否为空等，如 CELL() 函数可返回有关单元格格式、位置或内容的信息；ISERROR() 函数的值如果为任何错误值，则返回 TRUE
财务函数	用于计算财务相关数据，如 ISPMT() 函数用于计算在投资的特定期间内支付的利息；NPER() 函数用于返回投资的期数
工程函数	用于工程分析。这类函数中的大多数可分为 3 种类型：①对复数进行处理的函数，如 IMEXP() 函数用于返回复数的指数；②在不同的数字系统间进行数值转换的函数，如 BIN2HEX() 函数用于将二进制数转换为十六进制数；③在不同的度量系统中进行数值转换的函数，如 CONVERT() 函数

4.5.2　函数那么多，运用“帮助”快速学会

虽然函数可以处理复杂的数据计算，而且函数的类型也多，各类型下又包含许多具体的函数，但是其使用方法却是相同的，只要用户了解清楚 Excel 中的函数类型及函数的基本操作，各函数的具体用法都不需要记忆，Excel 中提供的强大帮助系统中非常详细地对每个函数的具体应用进行了详细说明，并提供了对应的示例，用户通过查看示例进行学习也很容易理解。

在 Excel 2016 中，操作界面的功能区上方新增了一个“告诉我你想要做什么”文本框，通过该文本框可以快速找到我们需要的帮助内容。例如，要进行统计操作，却不知道用哪个函数，此时可以在该文本框中输入“统计个数”关键字，程序自动进行搜索并提供相应的选项，在其中选择需要的选项，如这里选择“获取有关‘统计个数’的帮助”选项，在弹出的子菜单中还有更详细的帮助选项，选择对应的选项，程序自动打开“帮助”任务窗格，在其中显示对应的帮助信息，如图 4-48 所示。

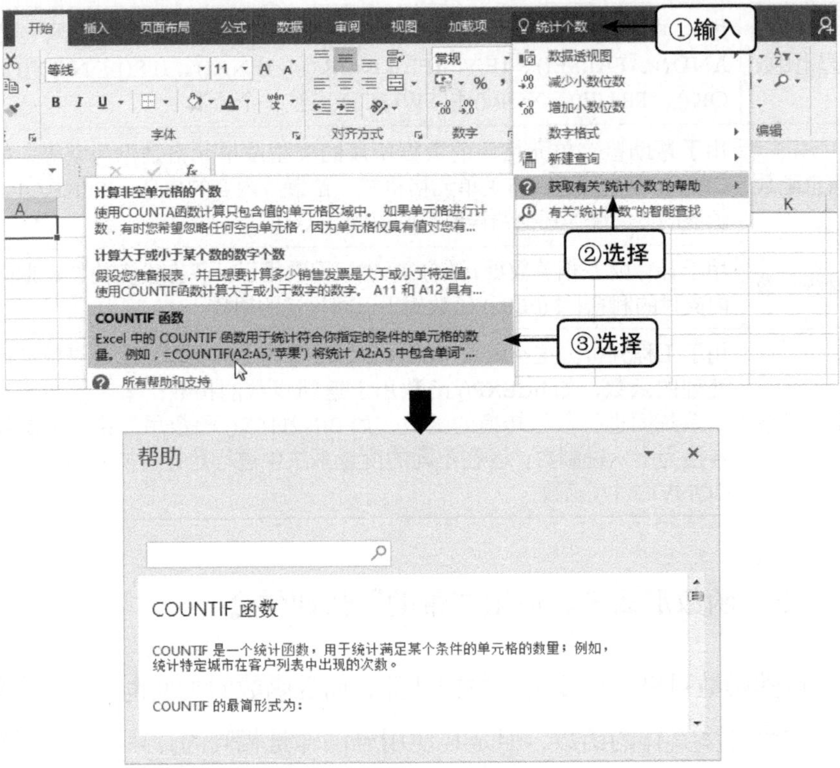

图 4-48

第5章

玩转数据透视表，数据分析更轻松

如果说源数据表是Excel的灵魂，那么数据透视表就是Excel的“肉身”。因为源数据表中含有许多数据，我们无法直接读懂其想要表达的意思，此时就需要利用数据透视表来将其转换成各种各样的具体形态。所谓的透视，即从大量看似无关的数据中寻找它们之间的联系，从而将大量数据转换为有用的信息，进而轻松对其进行分析。

5.1

数据源表结构设计

在对商业数据进行分析的过程中，能否提高工作效率，很大程度上取决于对数据源表结构的设计。虽然数据源表看似简单，但一张不合格的数据源表不仅无法利用 Excel 来减轻工作量，反而会增加工作难度。此时，我们需要了解商业数据源表在设计过程中可能遇到的问题，从而避开这些问题。

5.1.1 标题的位置要正确

为了及时掌握销售数据，也为了锻炼新员工的工作能力，销售部经理让新来的助理刘女士制作一份月度产品销售报表，于是刘女士就制作了一份月度产品销售报表，如图 5-1 所示。

	A	B	C	D	E	F
1	2017年2月电子产品销售情况					
2	日期	笔记本电脑（台）	台式机电脑（台）	数码相机（部）	智能手机（部）	
3	2月1日	34	11	9	21	
4	2月2日	30	16	16	27	
5	2月3日	24	13	13	28	
6	2月4日	28	11	15	34	
7	2月5日	33	17	11	25	
8	2月6日	36	20	11	22	
9	2月7日	34	21	14	34	
10	2月8日	24	22	15	36	
11	2月9日	20	19	18	33	

产品销售情况

图 5-1

如果将源数据表做成如图 5-1 所示的这样，许多人可能会觉得已经很规范了。但对于专业人士而言，很可能会将其纳入错误设计的范畴，因为作为一张源数据表，如果不能表现得最好，就一定存在某些问题。在 Excel 中主要有两种记录标题的方式，即命名工作簿和命名工作表。如果不在规定的地方对标题进行标注，却在其他不合适的地方进行标注，这显然是不对的。

其实，在 Excel 中存在一些默认的规则。例如，连续数据区域的首行为标题行时，空白工作表首行也就被默认为标题行，不过标题和标题行始终存在差异。标题只是为了让阅读者了解这是一张什么表，不再具备其他功能；而标题行则代表了每列数据的属性，是筛选和排序的字段依据。因此，在利用表格对商业数据进行分析时，尽量不要使标题占用工作表首行。

源数据表是一张产品销售的明细表，除了制作者本人与自己的上级，通常不会再给其他人查看。因此，为了更加直观，可以将工作簿重命名为“2017 年 2 月电子产品销售情况”。就算这个标题不能代表整个工作簿，也还能代表工作簿中的某个工作表，记录为某月产品销售情况的工作表名称就比较合理。当然，在工作表的首行添加标题，并不会对工作表中的数据产生不好的影响，只是这件事本身并没有多大的意义。

5.1.2 字段顺序要符合工作流程

陈女士因为身体不舒服到医院做检查，她首先到缴费大厅挂号，然后到相应的科室门口等待叫号。当主治医师叫到她的号时，就可以对其身体进行检查，检查完毕后会开出相应的医药单，然后让陈女士拿着医药单去缴费大厅缴费，收费人员会开出缴费单给陈女士。此时，陈女士就可以拿着缴费单去医院药房取药。

从陈女士的整个动作来看，其行动路线非常清晰，首先做什么，然后做什么，最后做什么。如果医院的挂号室在科室以外 600 米的东楼中，缴费在 1 000 米外的西楼，取药又在更远的北楼，那么一圈下来，不仅很难找到准确的位置，还会消磨掉患者大量的精力。

在设计源数据表时就经常做这样的事情，也就是在毫无察觉时就做出一张顺序混乱的表格，如图 5-2 所示，产品类别放在表格的最后。这不仅影响数据录入者与阅读者的正常思维，还会让他们在思考的过程中浪费大量时间。之所以出现这样的情况，主要是因为在设计源数据表时忽略了填表、读表流程和工作流程之间的关系。

	A	B	C	D	E	F	G	H
1	日 期	序 号	价 格（元）	产品名称	数 量	合 计	产品类别	备 注
2	8月1日	1	¥18.40	旺旺仙贝	20	¥368.00	食品	
3	8月1日	2	¥149.00	苏泊尔不粘炒锅	10	¥1,490.00	厨具	
4	8月3日	3	¥139.00	苏泊尔蒸锅	15	¥2,085.00	厨具	
5	8月4日	4	¥298.00	爱仕达炒锅	20	¥5,960.00	厨具	
6	8月4日	5	¥10.50	良品铺子麻花	50	¥525.00	食品	
7	8月6日	6	¥11.80	卫龙馋魔芋	20	¥236.00	食品	
8	8月7日	7	¥37.90	红心猕猴桃	40	¥1,516.00	生鲜	
9	8月8日	8	¥49.90	烟台优级红富士	20	¥998.00	生鲜	
10	8月8日	9	¥23.80	南非进口鲜橙	45	¥1,071.00	生鲜	
11	8月9日	10	¥49.90	精选海南芒果	35	¥1,746.50	生鲜	

八月份门店补货统计表 Sheet2 Sheet3

图 5-2

通常情况下，在 Excel 中的一些动作（如录入商业数据）必然需要与工作顺序保持一致。如图 5-2 所示，了解 8 月门店补货信息的顺序是：当前是哪月哪日？排在哪个位置？补货的产品属于哪个产品类别？补货的产品什么？需要补多少货？将这些问题转换为 Excel 字段，也就变成了日期、序号、产品类别及产品名称等。

所以只需在 Excel 中把这些字段从左到右依次排列，就能得到具有正确顺序的源数据表，如图 5-3 所示。因此，只要在设计源数据表之前，想清楚具体的工作流程，然后依次排序，就能轻松完成源数据表的正确设计。

日 期	序 号	产品类别	产品名称	价 格（元）	数 量	合 计	备 注
8月1日	1	食品	旺旺仙贝	¥18.40	20	¥368.00	
8月1日	2	厨具	苏泊尔不粘炒锅	¥149.00	10	¥1,490.00	
8月3日	3	厨具	苏泊尔蒸锅	¥139.00	15	¥2,085.00	
8月4日	4	厨具	爱仕达炒锅	¥298.00	20	¥5,960.00	
8月4日	5	食品	良品铺子麻花	¥10.50	50	¥525.00	
8月6日	6	食品	卫龙馋魔芋	¥11.80	20	¥236.00	
8月7日	7	生鲜	红心猕猴桃	¥37.90	40	¥1,516.00	
8月8日	8	生鲜	烟台优级红富士	¥49.90	20	¥998.00	
8月8日	9	生鲜	南非进口鲜橙	¥23.80	45	¥1,071.00	
8月9日	10	生鲜	精选海南芒果	¥49.90	35	¥1,746.50	

八月份门店补货统计表　Sheet2　Sheet3

图 5-3

5.1.3　字段列之间不能出现断裂

我们在购买新房时，常常会听到这样的宣传语：两房变三房、三房变四房等。那么，这个房子是怎么变的呢？这主要是因为房屋户型中的某个房间比较大，只要在其中添加一个隔断就可以把一个房间变成两个房间。对开发商而言，这样做可以达到宣传的目的，吸引更多购房者；对购房者而言，可以充分利用空间，规划更多的房间出来。特别是当前房价如此之高，房屋隔断所带来的好处不言而喻。

其实，不仅是开发商和购房者喜欢房屋隔断，某些商业人士在制作商业表格时同样喜欢利用隔断来突出显示数据，如图 5–4 所示。

日 期	序 号	产品类别	产品名称	价 格（元）	数 量	合 计	备 注
8月1日	1	食品	旺旺仙贝	¥18.40	20	¥368.00	
8月1日	2	厨具	苏泊尔不粘炒锅	¥149.00	10	¥1,490.00	
8月3日	3	厨具	苏泊尔蒸锅	¥139.00	15	¥2,085.00	
8月4日	4	厨具	爱仕达炒锅	¥298.00	20	¥5,960.00	
8月4日	5	食品	良品铺子麻花	¥10.50	50	¥525.00	
8月6日	6	食品	卫龙馋魔芋	¥11.80	20	¥236.00	
8月7日	7	生鲜	红心猕猴桃	¥37.90	40	¥1,516.00	
8月8日	8	生鲜	烟台优级红富士	¥49.90	20	¥998.00	
8月8日	9	生鲜	南非进口鲜橙	¥23.80	45	¥1,071.00	

Sheet1

图 5-4

从图 5-4 可以看出，图表制作者利用空白列，把表格划分为多个部分：左侧为日期和序列，中间为产品类别和产品名称，右侧为价格、数量及合计等信息。虽然这样可以使商业数据一目了然，但是却破坏了该数据的完整性。

在利用 Excel 对商业数据进行分析时，Excel 主要依据行和列的连续位置来识别数据之间的关联性。因此，当商业数据被强行分开后，Excel 系统就会判定它们之间已经没有任何关系，从而影响部分分析功能的正常使用。

例如，在 Excel 中先选择一个单元格，然后按【Ctrl+A】组合键就可以把所有商业数据都选择上，如果商业字段列之间出现了断裂，则只能选择断裂之间的数据区域。如图 5-5 所示为先选择 A2 单元格，然后按【Ctrl+A】组合键后就只能选择出 A 列和 B 列中的数据。

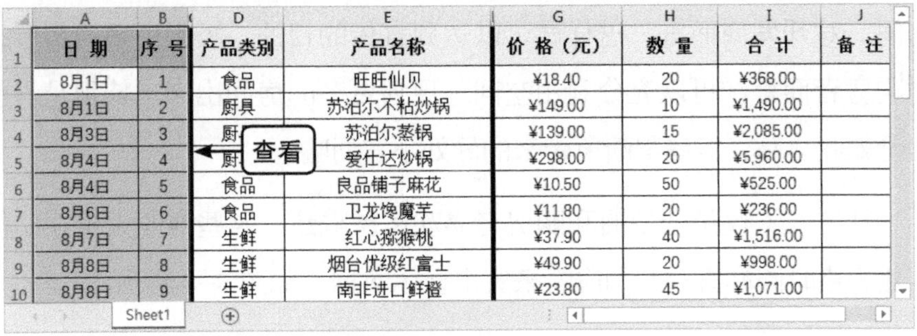

日 期	序 号	产品类别	产品名称	价 格（元）	数 量	合 计	备 注
8月1日	1	食品	旺旺仙贝	¥18.40	20	¥368.00	
8月1日	2	厨具	苏泊尔不粘炒锅	¥149.00	10	¥1,490.00	
8月3日	3	厨	苏泊尔蒸锅	¥139.00	15	¥2,085.00	
8月4日	4	厨	爱仕达炒锅	¥298.00	20	¥5,960.00	
8月4日	5	食品	良品铺子麻花	¥10.50	50	¥525.00	
8月6日	6	食品	卫龙馋魔芋	¥11.80	20	¥236.00	
8月7日	7	生鲜	红心猕猴桃	¥37.90	40	¥1,516.00	
8月8日	8	生鲜	烟台优级红富士	¥49.90	20	¥998.00	
8月8日	9	生鲜	南非进口鲜橙	¥23.80	45	¥1,071.00	

图 5-5

当然，除了选择数据这一项工作，还有其他受影响的功能，如筛选、排序及自动分类汇总等。因此，想要利用源数据表更好地分析商业数据，必须要保持数据之间的连续性，这就需要去掉表格中多余的分隔列。如果想要让商业数据更好地进行区分，可以设置单元格区域的单元格格式，然后将相应边框加粗，这样不仅可以达到相应的视觉效果，还能确保数据的完整性。

5.2

数据透视表初体验

公司需要根据 2015 ~ 2016 两年的订单记录创建季度报表，以便分析各类产品的销售情况。面对如此庞大的订单记录，我们应该从何下手呢？其实，最简单便捷的办法就是利用 Excel 创建数据透视表，以快速合并和比较这些商业数据。同时，在数据透视表中可以很清楚地看到各类汇总数据，下面我们就来对数据透视表进行一个初体验。

5.2.1 何时可以使用数据透视表分析数据

如果想要对大量的商业数据进行多条件统计，从而快速获取最有价值的信息，并且还需要从多个角度对其进行分析或计算，则可以选择使用数据透视表来实现。很多人可能只是听说过数据透视表，但是具体数据透视表是什么？有什么用处？给分析商业数据带来什么好处？估计很多人都不清楚。

所谓的数据透视表，就是用来从 Excel 数据列表、关系数据库文件或者 OLAP 多维数据集等数据源的特定字段中总结信息的分析工具，它是一种交互式报表，可以快速分类汇总量比较大的数据，并可以随时选择其中页、行和列中的不同元素，以达到快速查看数据源的不同统计结果，同时还可以随意显示和打印出用户感兴趣区域的明细数据。

简单来说，数据透视表就是对大量数据进行快速汇总和建立交叉列表的交互式动态表格，分析和组织数据，如计算平均数、标准差及建立列联表等。创建好数据透视表后，可以对数据透视表重新安排，以便从不同的角度查看数据。总而言之，合理使用数据透视表进行计算与分析，能使许多复杂的问题简单化，且极大地提高工作效率。通常情况下，以下几种情况可以选择利用数据透视表来操作。

- ◆ 对庞大的数据库进行多条件统计，而使用函数公式统计出结果的速度非常慢。
- ◆ 需要对得到的统计数据进行行列变化，把字段移动到统计数据中的不同位置上，迅速得到新的数据，满足不同的要求。
- ◆ 需要将得到的统计数据用图形的方式表现出来，并且可以筛选控制哪些值可以用图表来表示。
- ◆ 需要在得到的统一数据中找出某一字段的一系列相关数据。
- ◆ 需要将得到的统计数据与原始数据源保持实时更新。
- ◆ 需要在得到的统计数据中找出数据内部的各种关系并满足分组的要求。

如果要分析相关的汇总值，尤其是在要合计较大的数字列表并对每个数字进行多种比较时，通常使用数据透视表。

5.2.2 拖动之间“变”出汇总表

素材	近几年季度销售利润分析.xlsx
效果	近几年季度销售利润分析.xlsx

在利用Excel对商业数据进行分析的过程中，数据透视表可以说是最具代表性的功能之一，这主要存在两个原因：第一，Excel的工作目的和工作的重要意义都与分类汇总表有关，而数据透视表则可以很好地解决分类汇总表问题；第二，数据透视表是一个非常简单的工具，只需通过“拖动”就可以实现我们的数据汇总需求。

简单来说，使用数据透视表可以轻松排列和汇总复杂的商业数据，并进一步了解该商业数据背后想要表达的意思。另外，数据透视表是自动生成分类汇总表的工具，可以根据源数据表的数据内容及分类依据，按任意多层级、不同汇总方式等行为，得到不同的汇总结果。

例如，有一份源数据表“近几年季度销售利润分析 .xlsx”，记录了 2013 年一季度至 2017 年二季度公司所有产品的销售利润情况。由于源数据表的数据量庞大，各个年份的每个季度产品也比较多，如果要制作分类汇总表，需要花费大量的时间与精力。但通过数据透视表，则可以在很短的时间内“变”出汇总表。

要调用数据透视表功能，首先需要有源数据表。这里先打开“近几年季度销售利润分析”工作表，在工作表中选择任意数据单元格，单击“插入”选项卡，在“表格”功能组中单击“数据透视表”按钮。打开“创建数据透视表”对话框，对数据透视表的源数据进行设置，这里保持选中“选择一个表或区域”单选按钮状态，在“表 / 区域”文本框中设置源数据的位置，并在“选择放置数据透视表的位置”选项组中选中“新工作表”单选按钮，然后单击“确定”按钮，即可创建数据透视表，如图 5-6 所示。

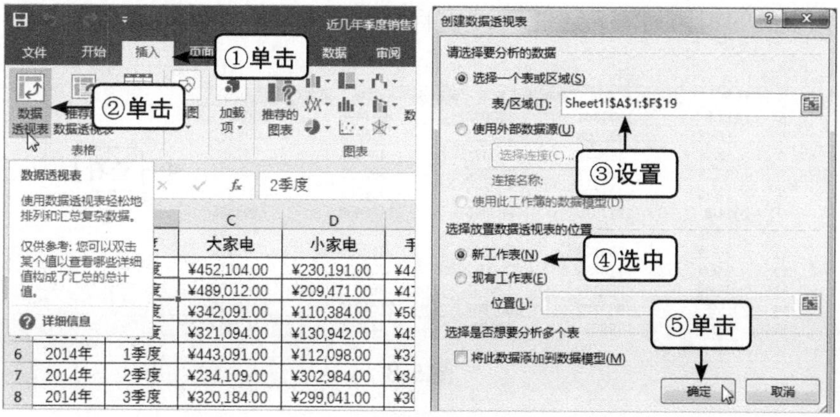

图 5-6

此时，可在新建的工作表中创建Excel默认的数据透视表版式图和“数据透视表字段”窗格。在“数据透视表字段”窗格的“选择要添加到报表的字段”区域中，将“年”字段拖动到“行”区域中。然后以相同方法将“季度”字段也拖动到“行”区域中，将“大家电”、“小家电”、“手机数码”和“电脑办公”字段拖动到“值”区域中，设置完成后单击窗格右上角的“关闭”按钮，关闭“数据透视表字段”窗格，如图 5-7 所示。

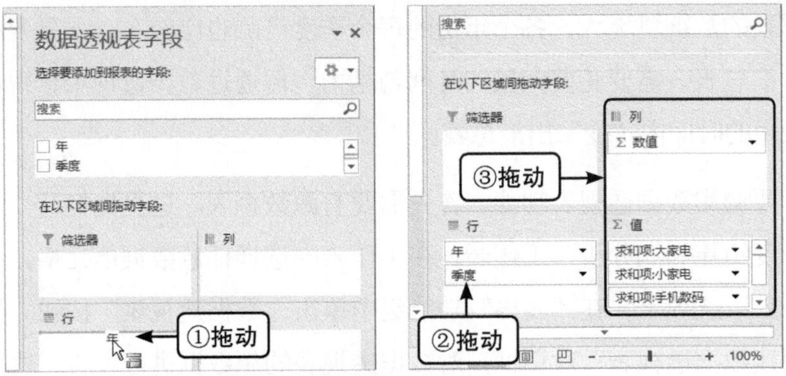

图 5-7

此时，即可通过数据透视表“变”出汇总表。由于数据透视表默认的汇总方式是求和，与我们对源数据表的汇总要求一致，所以不需要再对其进行另外的设置，如图 5-8 所示。从图中不仅可以清楚地看到每年中各季度的销售利润，还能看到每年各产品的总利润。

	A	B	C	D	E	F	G
3	行标签	求和项:大家电	求和项:小家电	求和项:手机数码	求和项:电脑办公		
4	⊟2013年	1604301	680988	1947496	2108043		
5	1季度	452104	230191	445214	439282		
6	2季度	489012	209471	478436	567392		
7	3季度	342091	110384	567123	645271	←查看	
8	4季度	321094	130942	456723	456098		
9	⊟2014年	1217578	888805	1436456	2243335		
10	1季度	443091	112098	321084	452131		
11	2季度	234109	302984	349875	342561		
12	3季度	320184	299041	309284	782311		
13	4季度	220194	174682	456213	666332		
14	⊟2015年	983202	1067888	2174819	2418945		
15	1季度	199091	201284	445209	452463		

图 5-8

职场小贴士

数据透视表有机地综合了数据排序、筛选和分类汇总等数据分析方法的优点，可以方便地调整分类汇总的方式，灵活地以多种不同方式展示数据的特征。一张“数据透视表”仅靠鼠标指针移动字段位置，即可变换出各种类型的报表，同时，应用数据透视表也是解决 Excel 函数公式速度瓶颈的重要手段之一。

5.2.3 分页显示源数据

素材	近几年季度销售利润分析 1.xlsx
效果	近几年季度销售利润分析 1.xlsx

为了让阅读者更加清晰、直观地了解表格中的数据，并且方便查询，许多人会将源数据进行分表记录。不过，此种设计方式存在一定的问题，因为将源数据分表记录会造成数据难以合并，同时还会影响对源数据整体的查找、筛选、排序及汇总。源数据少时，可能会被分为几个或十几个工作表；源数据多时，可能会被分为几十个，甚至上百个工作表。这就使数据的分析变动更加复杂，从而得不偿失。

此时，可以利用数据透视表来对数据进行分析，这样不仅可以拥有完整的源数据表，还能将数据进行分页显示，而页字段就在其中起关键性的作用，如图 5-9 所示。

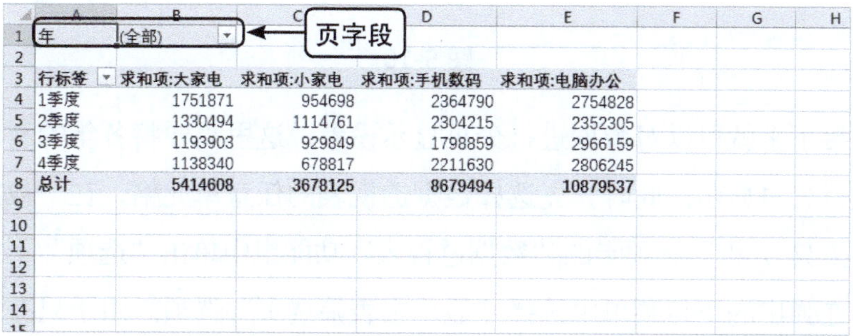

	A	B	C	D	E
1	年	(全部)			
2					
3	行标签	求和项:大家电	求和项:小家电	求和项:手机数码	求和项:电脑办公
4	1季度	1751871	954698	2364790	2754828
5	2季度	1330494	1114761	2304215	2352305
6	3季度	1193903	929849	1798859	2966159
7	4季度	1138340	678817	2211630	2806245
8	总计	5414608	3678125	8679494	10879537

图 5-9

不过，数据透视表分页显示的本质是将分类汇总表分页，而不是将源数据进行分页。这时，就需要采用一些方法，让分页显示的效果看上去像是源数据被拆分开。例如，在“近几年季度销售利润分析 1”工作表中，首先创建数据透视表，将“年”字段拖到“筛选器”区域中，即可创建出数据透视表的页字段，然后显示出报告筛选页即可实现相应操作，具体操作如下。

打开“近几年季度销售利润分析 1”工作表，并为相应数据创建数据透视表。然后利用创建的数据透视表打开“数据透视表字段”窗格，将“年”字段拖到“筛选器”区域。以相同方法将“季度”字段拖动到“行”区域中，将“大家电”、“小家电”、“手机数码”和“电脑办公”字段拖动到“值”区域中，设置完成后单击窗格右上角的“关闭”按钮，关闭“数据透视表字段”窗格，如图 5-10 所示。

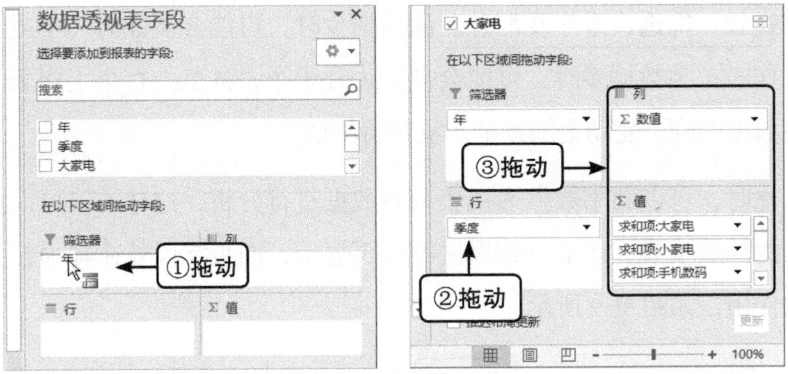

图 5-10

接下来就可以对数据进行分页显示设置，这里需要将各年的利润数据进行分页显示。此时，先选择数据透视表的任意单元格，在“数据透视表工具 分析”选项卡的“数据透视表”功能组中单击“选项”下拉按钮，在弹出的下拉菜单中选择“显示报表筛选页”选项。由于只有一个页字段，所以在打开的“显示报表筛选页”对话框中只显示一个可选字段，这里保持默认选项，单击“确定”按钮，如图 5-11 所示。

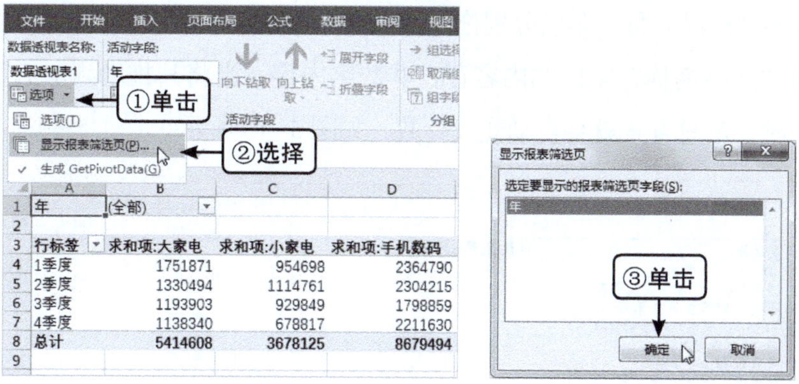

图 5-11

此时，数据就这样被 Excel 智能拆分开，从下面的工作表名称则可以看出数据按“年”进行划分，如图 5-12 所示。

图 5-12

其实，利用分页显示功能来拆分源数据并不是最常用的做法，而最常用的做法是拆分汇总表，这样可以方便我们查阅或批量打印数据。例如，在上述例子中将近几年的销售利润表拆分成 5 页，显示为每年的汇总表。

5.2.4 改变数据的汇总方式

在对产品销售数据进行分析时，希望统计每种产品销售的次数，此时就需要对产品进行计数统计。如果想要利用数据透视表来实现该目的，可以将“产品名称”字段分别拖动到“行”区域和“值”区域中。不过，由于“产品名称”字段的内容存在非数字内容，当将其拖动到“值”区域中时，汇总方式就会自动变成计数，如图 5-13 所示。

图 5-13

如果想要查看每种产品的平均单价，又该如何操作呢？此时，还是将“产品名称”字段拖动到“行”区域中，而将“单价”字段拖动到“值”区域中，由于“单价”字段的数据类型是数值型，汇总方式会自动为求和。

不过，这并不是我们想要的结果，因为我们希望计算每种产品的平均单价，那么该如何将汇总方式从求和改为平均值呢？此时，可以通过以下两种方式来进行。

◆ 在数据透视表中选择“单价”字段，切换到“数据透视表工具 分析”选项卡中，在“活动字段”功能组中单击“字段设置”按钮。打开“值字段设置”对话框，在“值汇总方式”选项卡的“计算类型”区域中选择“平均值”选项，单击“确定”按钮，即可计算出每种产品的平均单价，如图 5-14 所示。

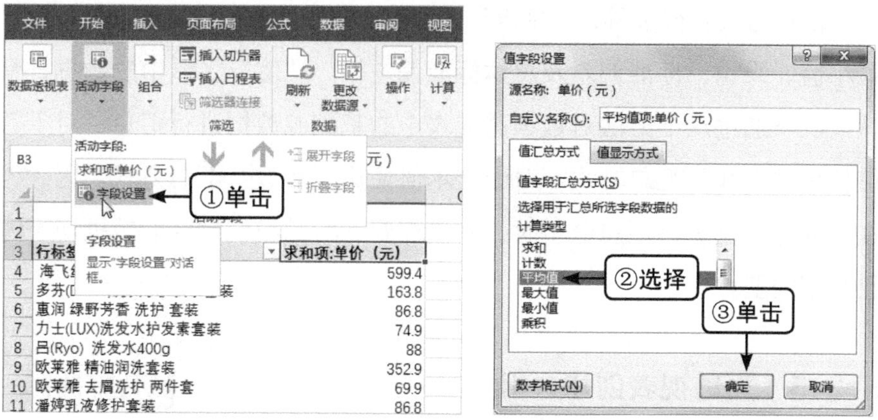

图 5-14

◆ 在数据透视表中选择“单价”字段，然后在其上右击，在弹出的快捷菜单中选择“值汇总依据”命令，在其子菜单中选择“平均值”命令，即可快速计算出每种产品的平均单价，如图 5-15 所示。

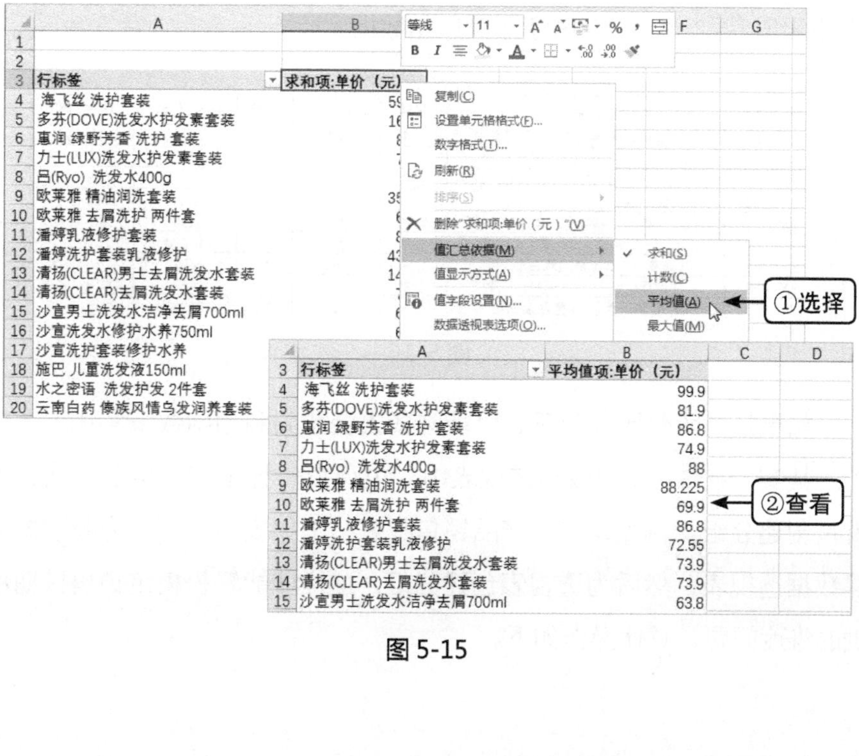

图 5-15

汇总方式有很多种，包括求和、计数、数值计数、平均值、最大值、最小值、乘积、标准偏差及总体标准偏差等。“值”区域中的数据，默认情况下通过以下方法对数据透视表中的基础源数据进行汇总：对于数值使用“求和”汇总方式，对于文本值使用“计数”汇总方式。因此，在对商业数据进行汇总分析时，首先需要弄清楚我们的商业数据属于哪种数据类型。

5.2.5 为透视表创建分组

素材 产品销售报表.xlsx
效果 产品销售报表.xlsx

某白酒代理商常常需要对一段时期内的消费数据进行分析，现在有一组消费者的消费数据，其中包含消费日期，消费日期记录的是一系列日期数据，如 2017 年 6 月 6 日、2017 年 6 月 7 日及 2017 年 6 月 8 日等。如果按照时间维度来分类，在对商业数据进行汇总分析时，想要看到按月、按季度或按年进行分组，此时，应该如何操作日期数据，从而得到以上时间的维度呢？如图 5-16 所示为原始数据。

	A	B	C	D	E	F	G
1	客户编号	商品名称	区域	单价（元）	数量	总价（元）	销售日期
2	BJ00001	洋河蓝色经典 海之蓝 52度 礼盒装	北京	329	40	13160	2015-8-1
3	BJ00002	郎酒 红花郎十（10） 陈酿 53度	北京	319	45	14355	2015-8-18
4	BJ00003	泸州老窖 窖龄60年 38度	北京	248	30	7440	2015-9-10
5	BJ00004	抚参堂42度人参酒浓香型	北京	198	50	9900	2015-9-18
6	BJ00005	牛栏山 典藏二锅头十二年陈酿 46度	北京	229	52	11908	2015-10-11
7	BJ00006	泸州老窖 特曲 52度 浓香型白酒	北京	208	53	11024	2015-11-19
8	BJ00007	五粮液 100年传奇淡雅白酒 52度	北京	369	44	16236	2015-11-30
9	BJ00008	洋河蓝色经典 梦之蓝M1 45度	北京	309	47	14523	2016-1-19
10	BJ00009	泸州老窖 泸州原浆X9 整箱装白酒 52度	北京	599	50	29950	2016-1-28

图 5-16

如果是对函数比较熟悉，可能许多人会想到利用函数来实现上述目的。其实，在 Excel 的数据透视表中，也存在一种比较简单的方法，那就是创建分组。例如，在“产品销售报表”工作表中，首先为源数据创建数据透视表，然后为透视表创建分组，这样就能轻松搞定销售日期数据的维度问题，具体操作如下。

这里先通过原始数据创建数据透视表，在“数据透视表字段”窗格中将“销售日期”拖动到“行”区域中，将“总价”拖动到“值”区域中进行汇总。关闭窗格后，在数据透视表的“销售日期”列中选择任意数据单元格，并在其上右击，在弹出的快捷菜单中选择“组合”命令，如图 5–17 所示。

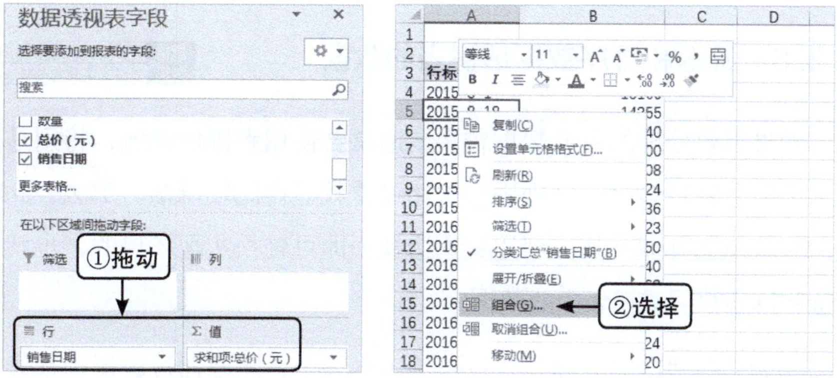

图 5-17

打开“组合”对话框，此时需要以年、季度和月进行分类，所以在“步长”列表框中选择“月”、“季度”和“年”选项，单击“确定”按钮。返回工作表中，即可查看到数据透视表中的数据进行了相应的分类，如图 5–18 所示。

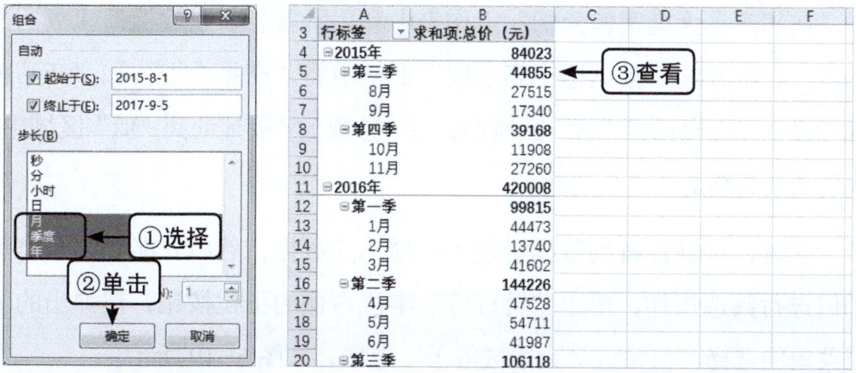

图 5-18

从上面的例子中可以看出，原本在产品销售报表中单纯的一列销售日期数据，利用数据透视表的分组功能被自动提取为按照年、月和季度的时间维度来分类。同时，利用数据透视表还实现了销售总价按年、季度和月的快速分类汇总，这样不仅使应用更加的灵活，还提高了工作效率。

5.2.6 筛选和排序数据透视表的数据

素材 产品大类销售分析.xlsx
效果 产品大类销售分析.xlsx

如果需要处理的商业数据较多，通常会使用到排序功能，特别是商业数据的类别较多时，分别进行排序设置就显得比较麻烦。那么，此时我们应该怎么办呢？其实利用数据透视表即可轻松实现该目的，也就是筛选和排序数据透视表中的数据。

例如，在“产品大类销售分析”工作表中，想要通过数据透视表来筛选每个大类中销售额大于“2 000 000”的数据项，然后对筛选出来的数据项的大类总销售额进行降序排列。此时，就需要先利用数据创建出相应的数据透视表，然后分别对“产品类别”、“产品名称”和“总额”3个字段进行添加，最后利用“值筛选”和“降序”功能完成操作，其具体操作如下。

在“产品大类销售分析”工作表中利用所有的商业数据创建数据透视表，在打开的“数据透视表字段”窗格中将“产品类别”和“产品名称”两个字段拖动到“行”区域中，将“总额”字段拖动到“值”区域中，然后关闭窗格。

此时，可以查看到数据透视表中显示的数据，然后就能对产品类别的值进行筛选操作，单击“行标签”字段右侧的下拉按钮，在弹出的下拉菜单中选择“值筛选 / 大于或等于”选项，如图 5-19 所示。

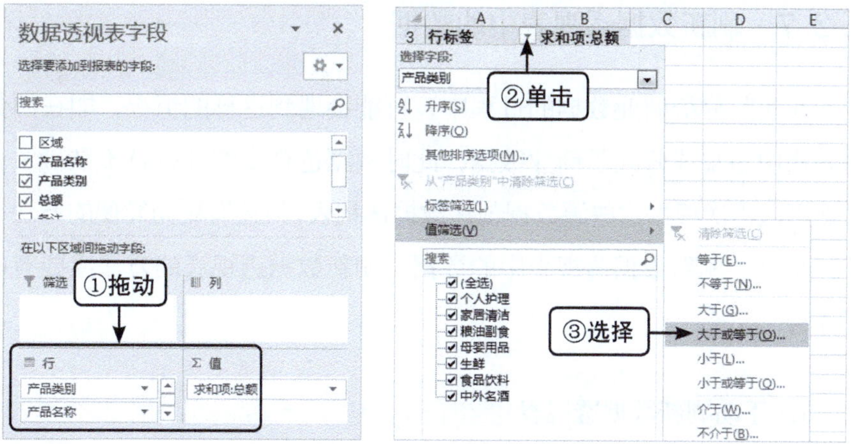

图 5-19

打开“值筛选（产品类别）”对话框，在“显示符合以下条件的项目”选项组中对“求和项 : 总额”的值进行设置，这里设置为“大于或等于 2 000 000”，单击“确定”按钮即可完成值筛选。再次单击“行标签”字段右侧的下拉按钮，在弹出的下拉菜单中选择“降序”选项，即可使产品大类的总销售额进行降序排序，如图 5–20 所示。

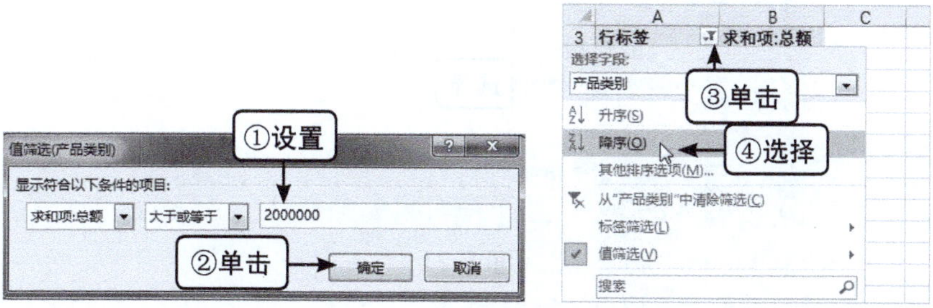

图 5-20

从上述例子中可以看出，利用数据透视表的“值筛选”和“排序”功能，可以更直观地对商业数据进行处理与分析。如果想要将数据的结果展现给他人看，也不需要为其提供数据源，只需在数据透视表中使商业数据按照某个维度的值，进行筛选与排序即可。

5.2.7 刷新数据透视表中的数据

在实际分析商业数据的过程中，可能会遇到这样的情况，即在源数据表格中添加或修改了商业数据，此时数据透视表的分析就不准确了。虽然可以再次根据这些源数据创建数据透视表，但还有更为简便的方法，那就是直接刷新数据透视表中的数据。刷新数据透视表的方法主要有以下 3 种。

1. 手动刷新数据透视表

如果数据透视表的源数据发生了变化，可以手动对数据透视表进行刷新，以使数据透视表中的数据得到及时更新。手动刷新数据透视表的方法比较简单，即在数据透视表中选择任意单元格，并在其上右击，在弹出的快捷菜单中选择“刷新”命令，即可快速对数据透视表的数据进行更新，如图 5-21 所示。

图 5-21

如果使用一个源数据制作了多个数据透视表，那么需要通过菜单项中的功能按钮来实现，即选择数据透视表中的任意单元格，在“数据透视表工具 分析”选项卡的“数据”功能组中，单击“刷新”下拉按钮，在弹出的下拉菜单中选择“全部刷新”选项，即可同时刷新多个数据透视表（选择“刷新”选项可对当前数据透视表进行刷新），如图 5-22 所示。

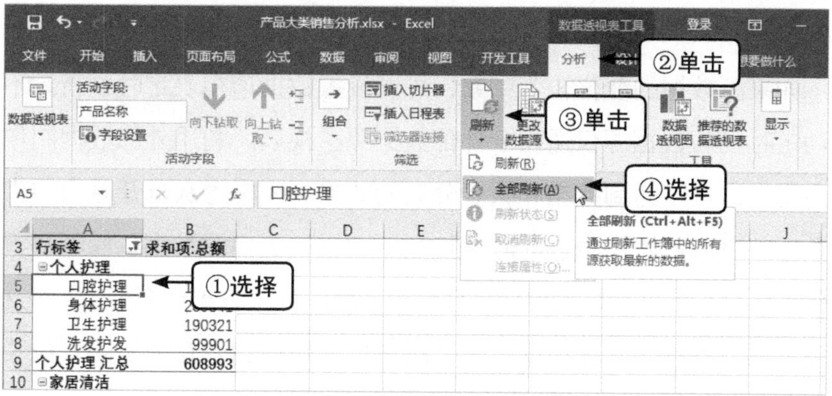

图 5-22

2. 在打开文件时自动刷新

为了确保当前数据透视表中的数据为最新状态，可以设置数据透视表在打开时自动更新数据。在数据透视表中选择任意单元格，然后在“数据透视表工具 分析”选项卡中，单击“数据透视表”功能组中的“选项”按钮，打开“数据透视表选项”对话框，在“数据”选项卡的“数据透视表数据”选项组中，选中“打开文件时刷新数据”复选框，然后单击“确定”按钮即可完成操作，如图 5-23 所示。

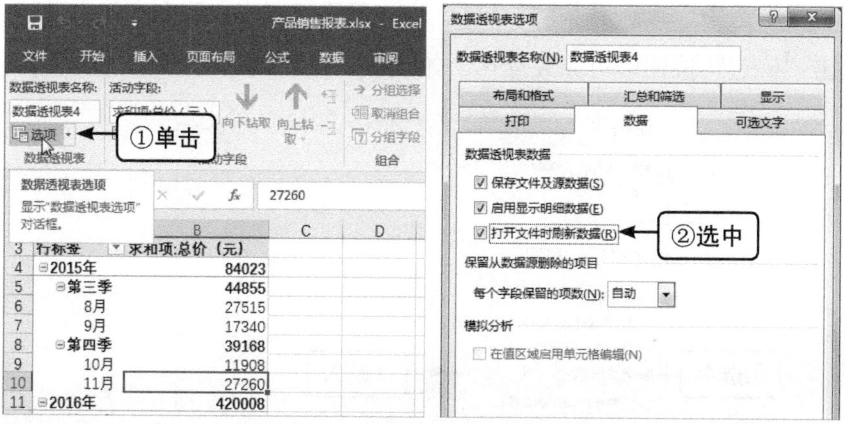

图 5-23

3. 自动定时刷新

如果源数据的变化较为频繁，可以设置数据透视表定时刷新。不过自动定时刷新数据源仅适用于外部数据源透视表。利用外部数据制作数据透视表，可以达到数据和报表分离的效果，表格每次打开时会同步一次数据，可以使汇总报告随时保持最新数据或更换源数据，而不必重新制作表格。在数据透视表中选择任意单元格，在“数据透视表工具 分析”选项卡的“数据”功能组中单击“刷新”下拉按钮，在弹出的下拉菜单中选择“连接属性”选项，如图 5-24 所示。

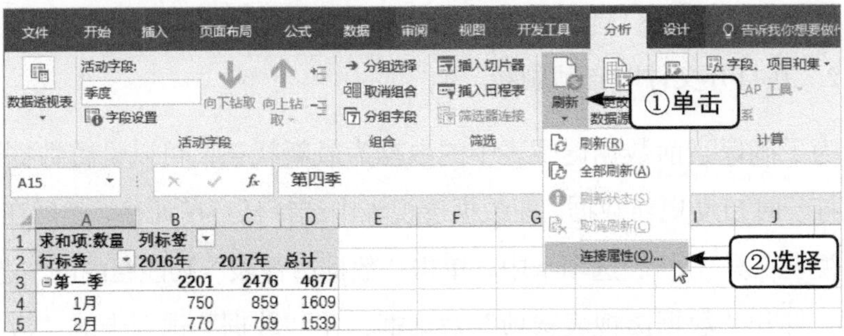

图 5-24

打开“连接属性”对话框，在“使用状况”选项卡的“刷新控件”选项组中选中“刷新频率”复选框，然后在其右侧的数值框中输入“10”，单击“确定”按钮即可完成操作，如图 5-25 所示。

图 5-25

5.3

可视化分析透视表数据

数据透视表为我们分析商业数据带来不少惊喜，但是枯燥的数据无论如何都不能给人以强烈的视觉冲击。如何才能将枯燥的数据以最直观的方式呈现出来呢？此时就需要对透视表数据进行可视化分析，即基于现有的数据透视表，轻松创建与之相关联的切片器或数据透视图，从而将普通的数字以可视化的图形进行直观展示。

5.3.1 使用切片器分析数据

素材	各地区销售数据分析.xlsx
效果	各地区销售数据分析.xlsx

在利用数据透视表对商业数据进行分析时，可以通过“值筛选”功能筛选出需要展示与分析的数据，但使用此方法筛选多个项目时就显得比较复杂。此时，可以使用切片器来筛选数据的选项。切片器是通过一次单击进行筛选的控件，它可以减少在数据透视表和数据透视图中显示的数据。

例如，可以在“各地区销售数据分析”工作表中创建一个按年份显示销售额的数据透视表，然后添加表示销售金额和销售年份的切片器，将切片器添加为数据透视表中的额外控件，这样就可以快速选择条件及立即显示更改后的效果。另外，还可以通过在行或列标题中加入字段，在报表自身中嵌入按促销列出的细分信息，但切片器不向表中添加额外的行，而只向数据提供交互式视图。

在“各地区销售数据分析”工作表中利用所有的商业数据创建数据透视表，在打开的“数据透视表字段”窗格中将“销售人员”字段拖动到“行”区域中，将“销售金额”字段拖动到“值”区域中，然后关闭窗格。返回工作表中，单击“数据透视表工具 分析”选项卡，在“筛选”功能组中单击“插入切片器”按钮，如图 5-26 所示。

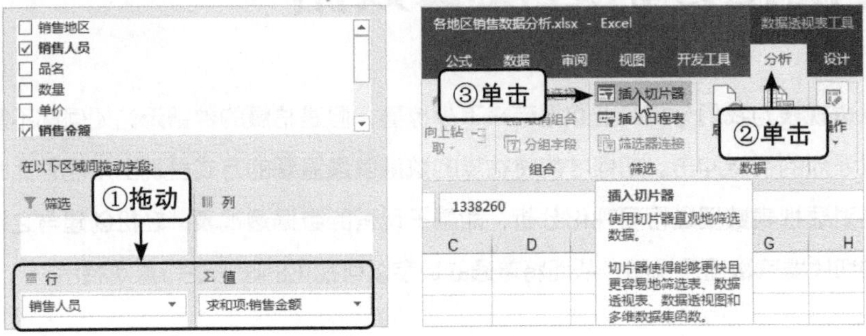

图 5-26

此时就可以添加需要显示的切片器，在打开的“插入切片器”对话框中，选中“销售金额”和“销售年份”复选框，单击“确定”按钮。返回工作表中，即可在“销售年份”和“销售金额”切片器中选择相应数据，如这里选择“2017”和“￥4400”选项，即可在数据透视表中筛选出相应的销售人员，如图 5-27 所示。

图 5-27

5.3.2 利用透视图分析数据

素材 电脑销售情况分析.xlsx
效果 电脑销售情况分析.xlsx

在对商业数据进行展示与分析时，存在这样一种说法，即“表不如图”。

此种说法不仅适用于表格与图表，还适用于数据透视表与数据透视图，因为数据透视图在展示与分析数据时，比数据透视表更简单直观。

刘女士在一家电脑销售公司上班，她手上有一份记录了 2017 年 1 月 1 日至 2017 年 9 月 30 日的电脑销售数据的原始文件。现在她需要分析出历年电脑各月份的销售趋势、该产品是否存在时节性区别等问题的结果。虽然已经创建了数据透视表，但结果不直观，此时她选择利用数据透视图来找到这些问题的答案。下面以某种电脑型号的销售分析为例介绍相关操作。

选择数据透视表中的任意单元格，在“数据透视表工具 分析”选项卡的“工具”功能组中，单击“数据透视图”按钮。打开“插入图表”对话框，在“柱形图”选项卡中选择“簇状柱形图”选项，然后单击“确定”按钮，即可根据设置出的数据创建数据透视图，如图 5-28 所示。

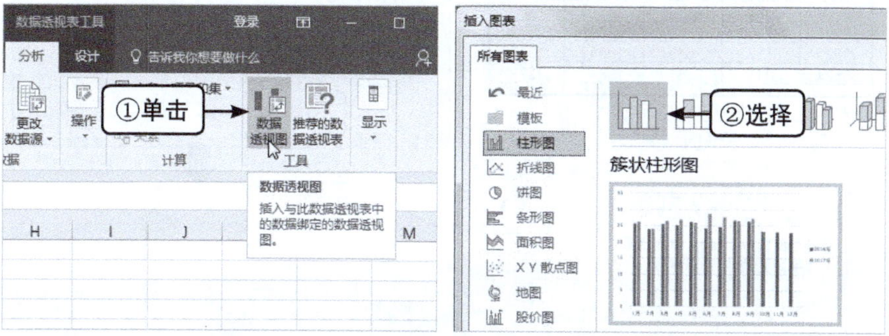

图 5-28

从创建的数据透视图中可以清楚看到，该电脑存在显著的时节性区别，旺季与冷季的销量情况比较明显。旺季集中在寒暑假，即 1 月和 6 ~ 9 月，这主要是因为寒暑假购买电脑的学生较多。因此，需要提早做好备货工作，同时对产品进行大肆宣传，以吸引消费者眼球。

上面介绍的创建数据透视图的方法是基于已经创建的数据透视表而

创建的数据透视图，在 Excel 中，创建数据透视图还可以直接选择数据源表格来创建数据透视图，其具体的操作方法与根据数据源创建普通图表的方法一致。在选择数据源区域后，单击“插入”选项卡，在“图表”功能组中单击“数据透视图”下拉按钮，在弹出的下拉菜单中选择“数据透视图”选项，打开“创建数据透视图”对话框中单击“确定”按钮，程序自动创建一个空白的数据透视表和数据透视图，如图 5-29 所示。向其中添加数据后，即可同时完成数据透视表和数据透视图的创建。

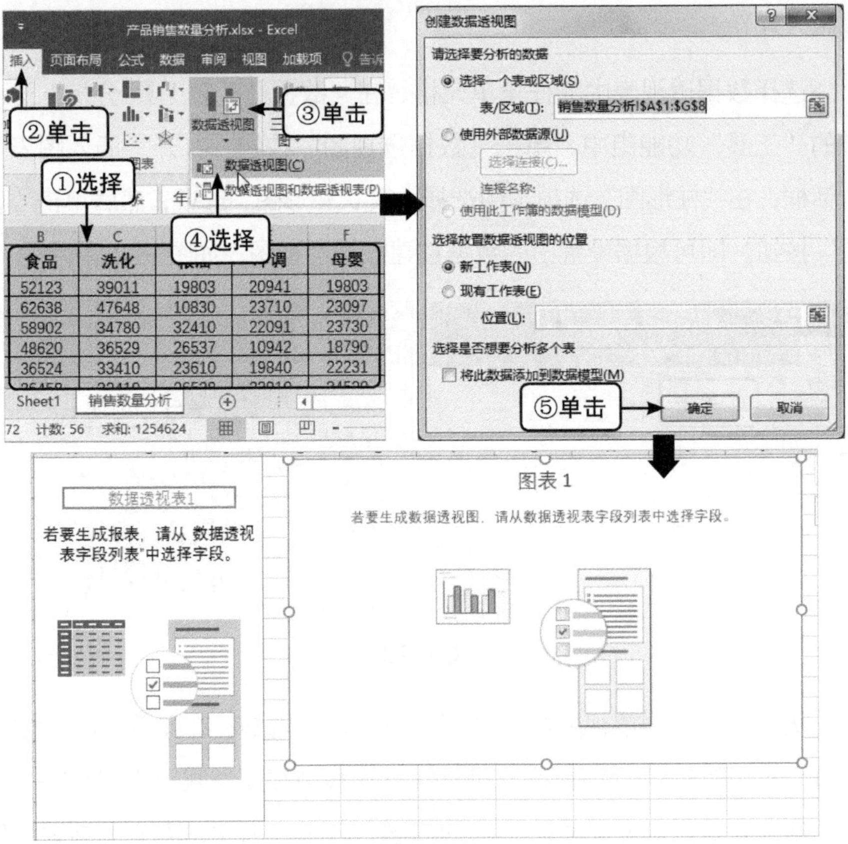

图 5-29

第6章

数据分析结果最简单的呈现方式

为了使Excel中的商业数据更加直观，我们常常会用到一些条件格式与迷你图，如销售员业务统计表、区域销售情况对比表等。条件格式和迷你图都属于单元格内部图表，其中条件格式是为单元格定义条件以达到区分数据的目的，而迷你图则将数据的潜在价值信息展示出来。

职场通

6.1

条件格式：将数据转换为图形

我们通过各种方式对商业数据进行分析的目的，就是为了获取最终的分析结果。而商业数据的分析结果通常存在两种情况，可能是一个数据，也可能是一条记录，而我们将获得的结果以不同的方式进行突出展示，可以让自己或他人在数据繁杂的表格中一眼就看到分析结果。其中，最常见的突出展示方法是将数据转化为图像。

6.1.1 条件格式在哪种数据分析情况下使用

对于许多经常使用 Excel 来分析商业数据的职业人士来说，条件格式肯定不陌生。在图 6-1 中显示了部分商品库存每日盘点数据，我们可以第一眼就看出黄色字体的数据和底纹为红色的数据。

序号	商品名称	昨天库存结余	入库		今日出库	库存	盘点人	备注
			今日	今日累计				
1	鱼子酱	20	0	20	13	7	张琳	明日需进货
2	花生油	50	20	70	42	28	张琳	
3	调和油	80	0	80	20	60	张琳	
4	生抽	20	30	50	20	30	张琳	
5	老抽	30	10	40	30	10	张琳	明日需进货
6	料酒	20	0	20	15	5	张琳	明日需进货
7	甜面酱	45	0	45	20	25	张琳	
8	豆瓣酱	20	10	30	20	10	张琳	明日需进货
9	豆豉	35	30	65	30	35	张琳	
10	番茄酱	30	20	50	30	20	张琳	
11	芝麻酱	45	0	45	20	25	张琳	
12	白糖	50	0	50	10	40	张琳	
13	冰糖	22	0	22	20	2	张琳	明日需进货
14	辣椒	34	0	34	29	5	张琳	明日需进货
15	花椒	42	30	72	28	44	张琳	

图 6-1

这就是条件格式的魅力，只需通过简单的设置，利用不同的颜色或填充效果来突出表格中的数据或记录，让表格中的商业数据一目了然。当然，这与手动填充某个单元格中的数据不同，条件格式可以自动让符合条件的商业数据突出显示出来。那么，条件格式在哪种商业数据分析情况下使用呢？

在对商业数据进行分析时，如果要突出显示数据、比较数据大小或突出某些符合条件的记录，则可以选择使用条件格式功能来完成，其具体情况如下。

- **突出显示数据：**可以是突出显示某个数据，如突出某季度销售额最高的员工、突出某月产品搭配率最低的店铺等；也可以突出显示符合条件的某类数据，如年销售额高于某个范围的员工或低于某个范围的员工等。图 6-2 所示为突出显示每一种产品的最大值。

年	季度	大家电	小家电	手机数码	电脑办公
2015年	1季度	¥199,091.00	¥201,284.00	¥445,209.00	¥452,463.00
2015年	2季度	¥187,492.00	¥290,941.00	¥520,198.00	¥465,281.00
2015年	3季度	¥209,418.00	¥310,942.00	¥589,031.00	¥563,738.00
2015年	4季度	¥387,201.00	¥264,721.00	¥620,381.00	¥937,463.00
2016年	1季度	¥332,091.00	¥90,031.00	¥509,832.00	¥876,422.00
2016年	2季度	¥209,898.00	¥109,423.00	¥432,561.00	¥463,627.00
2016年	3季度	¥322,210.00	¥209,482.00	¥333,421.00	¥974,839.00
2016年	4季度	¥209,851.00	¥108,472.00	¥678,313.00	¥746,352.00
2017年	1季度	¥325,494.00	¥321,094.00	¥643,451.00	¥534,530.00
2017年	2季度	¥209,983.00	¥201,942.00	¥523,145.00	¥513,444.00

图 6-2

- **比较数据大小：**如果利用条件格式对商业数据的大小进行比较，则数据源可以是单行（列）的一组数据，也可以是多行（列）的一组数据。在比较商业数据的大小时，可以用不同的形状、颜色及填充色长短来表示数据大小。图 6-3 所示为通过填充色长短来比较数据大小。

	A	B	C	D	E	F
1	客户编号	商品名称	区域	单价（元）	数量	总价（元）
2	BJ00001	洋河蓝色经典 海之蓝 52度 礼盒装	北京	329	40	13160
3	BJ00002	郎酒 红花郎十（10）陈酿 53度	北京	319	45	14355
4	BJ00003	泸州老窖 窖龄60年 38度	北京	248	30	7440
5	BJ00004	抚参堂42度人参酒浓香型	北京	198	50	9900
6	BJ00005	牛栏山 典藏二锅头十二年陈酿 46度	北京	229	52	11908
7	BJ00006	泸州老窖 特曲 52度 浓香型白酒	北京	208	53	11024
8	BJ00007	五粮液 100年传奇淡雅白酒 52度	北京	369	44	16236
9	BJ00008	洋河蓝色经典 梦之蓝M1 45度	北京	309	47	14523
10	BJ00009	泸州老窖 泸州原浆X9 整箱装白酒 52度	北京	599	50	29950
11	BJ00010	洋河蓝色经典 天之蓝 52度	北京	229	60	13740
12	BJ00011	五粮迎宾酒（上品）52度 整箱装	北京	279	78	21762
13	BJ00012	泸州老窖 窖龄60年 52度	北京	248	80	19840

图 6-3

◆ **突出显示记录**：以突出显示数据为基础，根据设置的相关条件，在数据集合中判断符合条件的数据，在突出显示该数据的同时，将该数据所在的整条记录进行突出显示。图 6-4 所示为将销售总价小于 10 000 元的整条记录突出显示。

	A	B	C	D	E	F
1	客户编号	商品名称	区域	单价（元）	数量	总价（元）
2	BJ00001	洋河蓝色经典 海之蓝 52度 礼盒装	北京	329	40	13160
3	BJ00002	郎酒 红花郎十（10）陈酿 53度	北京	319	45	14355
4	BJ00003	泸州老窖 窖龄60年 38度	北京	248	30	7440
5	BJ00004	抚参堂42度人参酒浓香型	北京	198	50	9900
6	BJ00005	牛栏山 典藏二锅头十二年陈酿 46度	北京	229	52	11908
7	BJ00006	泸州老窖 特曲 52度 浓香型白酒	北京	208	53	11024
8	BJ00007	五粮液 100年传奇淡雅白酒 52度	北京	369	44	16236
9	BJ00008	洋河蓝色经典 梦之蓝M1 45度	北京	309	47	14523
10	BJ00009	泸州老窖 泸州原浆X9 整箱装白酒 52度	北京	599	50	29950
11	BJ00010	洋河蓝色经典 天之蓝 52度	北京	229	60	13740
12	BJ00011	五粮迎宾酒（上品）52度 整箱装	北京	279	78	21762
13	BJ00012	泸州老窖 窖龄60年 52度	北京	248	80	19840

图 6-4

6.1.2 用填充色突出显示某个范围的数据

素材 库存清单.xlsx
效果 库存清单.xlsx

对于一个产品销售公司来说，不仅产品的销售数量与销售额很重要，其库存情况也不容忽视。因为产品的库存数量会对产品的销售产生直接影响，这时就需要对库存数量进行控制。

例如，在“库存清单”工作表中想要突出显示库存数量低于“30”的数据，利用条件格式功能则可以约束某个范围内的库存数量，并用指定颜色使其突出显示出来，具体操作如下。

首先在“库存清单”工作表中，选择所有“在库数量”单元格区域，然后在“开始”选项卡的“样式”功能组中单击“条件格式”下拉按钮，在弹出的下拉菜单中选择“突出显示单元格规则 / 小于”选项。在打开的“小于”对话框的文本框中输入“30”，单击“设置为”下拉按钮，在弹出的下拉菜单中选择“自定义格式”选项，如图 6-5 所示。

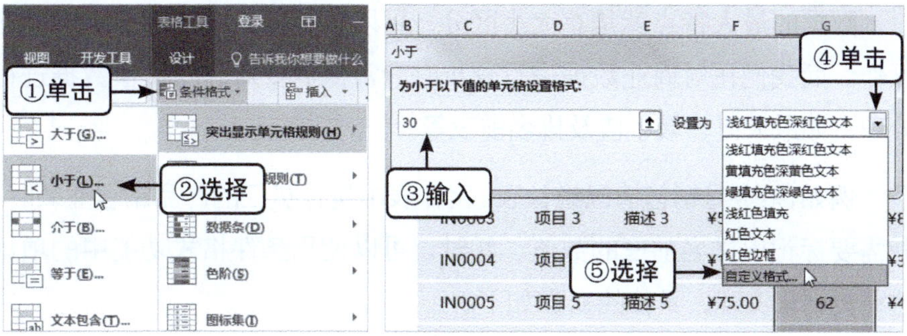

图 6-5

此时就可以设置突出显示的数据的填充颜色，在打开的“设置单元格格式”对话框中单击“填充”选项卡，在“背景色”中选择颜色选项，依次单击“确定”按钮。返回工作表中，即可查看到“在库数量”列中所有小于“30”的数据所在单元格被指定颜色填充，如图 6-6 所示。

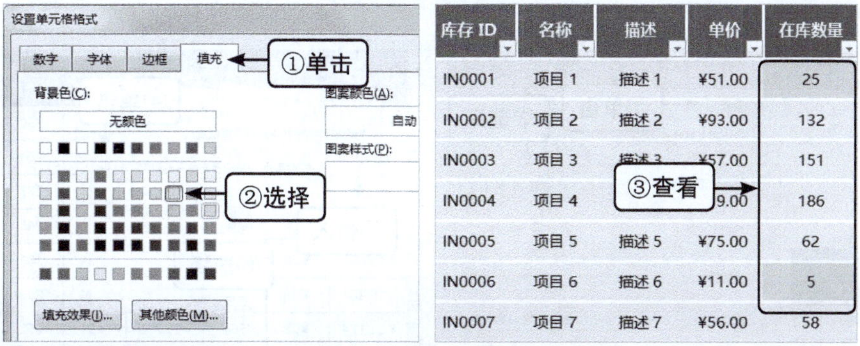

图 6-6

在日常工作中，经常会处理很多数据，如果将某些特定的数据用指定颜色标注出来，就可以一眼看到那些数据。此时，利用条件格式功能设置一个条件，以后在输入其他商业数据时，只要在条件设置的范围内，相应数据就会自动进行突出显示。

6.1.3 将前 N 个数据显示出来

素材 月销售情况统计表.xlsx
效果 月销售情况统计表.xlsx

数据的最大特点就是有大小区分，可以根据其大小进行筛选或排序操作。而我们在对商业数据进行分析时，常常需要对一些最值数据进行处理，如最大值、最小值及排名前三等。

例如，在“月销售情况统计表”工作表中统计员工的产品销售业绩时，就需要标记出排名前三的数值。此时，可以使用条件格式功能中的项目选择规则来实现，具体的操作如下。

在“月销售情况统计表”工作表中，选择所有销售员的“月销售总额”单元格区域，在“开始”选择卡的“样式”功能组中单击“条件格式”下拉按钮，在弹出的下拉菜单中选择“项目选取规则 / 前 10 项”选项。在打开的“前 10 项”对话框的文本框中输入“3”，单击“设置为”下拉按钮，在弹出的下拉菜单中选择“黄填充色深黄色文本”选项，单击“确定”按钮，如图 6-7 所示。

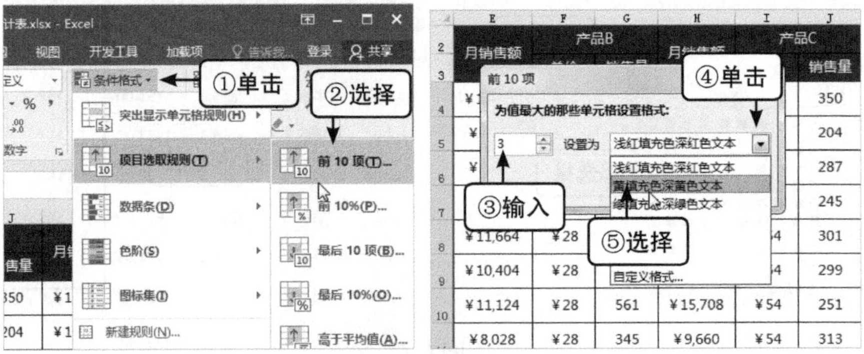

图 6-7

返回工作表中，即可查看到“月销售总额”列中有 3 个单元格被黄色填充，其中的数据也被突出显示，这也是我们需要突出显示的月销售总额排列前三的数据，如图 6-8 所示。

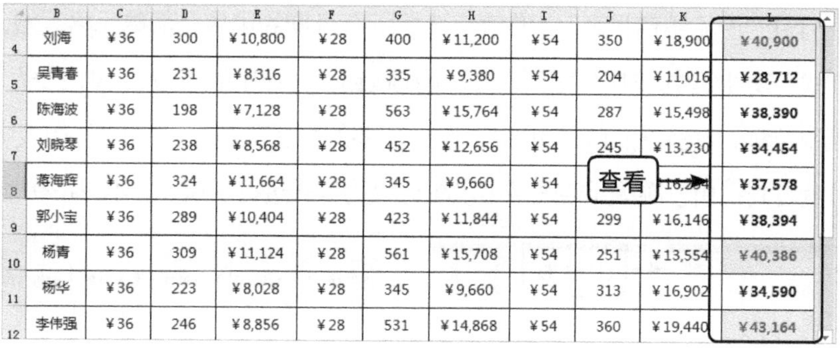

	B	C	D	E	F	G	H	I	J	K	L
4	刘海	¥36	300	¥10,800	¥28	400	¥11,200	¥54	350	¥18,900	¥40,900
5	吴青春	¥36	231	¥8,316	¥28	335	¥9,380	¥54	204	¥11,016	¥28,712
6	陈海波	¥36	198	¥7,128	¥28	563	¥15,764	¥54	287	¥15,498	¥38,390
7	刘晓琴	¥36	238	¥8,568	¥28	452	¥12,656	¥54	245	¥13,230	¥34,454
8	蒋海辉	¥36	324	¥11,664	¥28	345	¥9,660	¥54		[illegible]	¥37,578
9	郭小宝	¥36	289	¥10,404	¥28	423	¥11,844	¥54	299	¥16,146	¥38,394
10	杨青	¥36	309	¥11,124	¥28	561	¥15,708	¥54	251	¥13,554	¥40,386
11	杨华	¥36	223	¥8,028	¥28	345	¥9,660	¥54	313	¥16,902	¥34,590
12	李伟强	¥36	246	¥8,856	¥28	531	¥14,868	¥54	360	¥19,440	¥43,164

图 6-8

6.1.4 用图形比较数据大小

素材	产品销售报表.xlsx
效果	产品销售报表.xlsx

在分析商业数据的过程中，可能需要对相邻的几个数据的大小进行比较。当需要分析的数值比较大，而相邻几个数据之间的差异不大时，就可以选择使用图形形状来比较这些数据的大小，这也是目前比较直观的一种方式。其中，条件格式功能为我们提供了 3 种用于比较数据的图形工具，分别是数据条、色阶和图标集，具体介绍如下。

- **数据条：** 如果想要直观地对比某个单元格和其他单元格的值，则可以选择数据条工具。其中，数据条的长度代表单元格中值的大小。
- **色阶：** 在色彩搭配中，色阶是表示图像亮度强弱的指数标准。而在条件格式中的色阶，则可以使用 2 ~ 3 种颜色的渐变值来填充不同数值的单元格，用颜色的深浅来表示数值的大小。
- **图标集：** 图标集可以按阈值将数据分为 3 ~ 5 个等级，同时可以使用不同的图标来标识每一个范围内的单元格。

例如，在“产品销售报表”工作表中使用图标集比较同一种产品每天的销售总额，从而查看销售总额是增、是减，还是保持平衡状态，具体操作如下。

打开“产品销售报表”工作表，选择所有日期的销售总额单元格区域，在“样式”功能组中单击“条件格式”下拉按钮，在弹出的下拉菜单中选择“图标集”选项，在弹出的子菜单中，选择需要的图标集样式。返回工作表中，即可查看到销售总额单元格区域中以图标集的样式进行了展示，如图 6-9 所示。

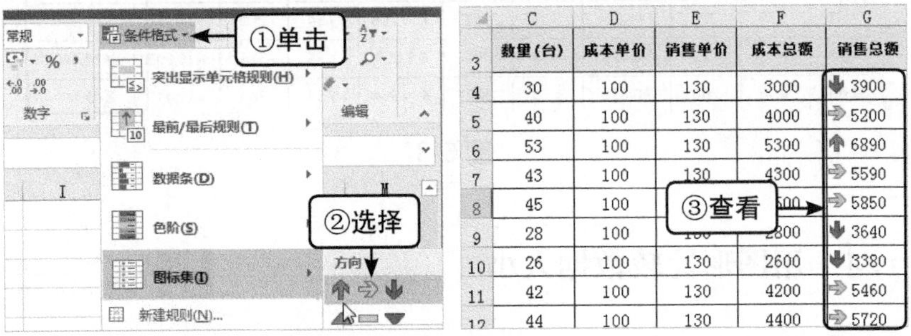

图 6-9

6.1.5 根据关键字将对应的记录突出显示

素材 销售员实绩综合报告表.xlsx
效果 销售员实绩综合报告表.xlsx

在分析商业数据的过程中，有时候可能只需查看某类数据的记录信息。简单来说，就是让满足条件的单元格所在的行或列突出显示，可以方便阅读，给人更好的视觉效果。

对于这种突出显示符合指定条件的商业数据记录，可以合理利用公式来对条件格式进行自定义。不过，由于需要根据关键字来查找相关记录，所以可使用程序内置的 FIND() 函数来实现。例如，在“销售员实绩综合报告表”工作表中，只需查看“李阳”员工的销售记录，则在整个表格中只将所有门店中姓名为“李阳”的员工的产品销售信息突出显示出来，具体操作如下。

首先，要利用条件格式为“销售员实绩综合报告表”工作表中的指定数据新建规则，这里选择 A4:H26 单元格区域，在“开始”选项卡中单击“条件格式”下拉按钮，在弹出的下拉菜单中选择“新建规则”选项，打开“新建格式规则”对话框，在“选择规则类型”列表框中选择“使用公式确定要设置格式的单元格”选项，在“为符合此公式的值设置格式”文本框中输入公式“=FIND($B$1,$B4)”，单击“格式”按钮，如图 6-10 所示。

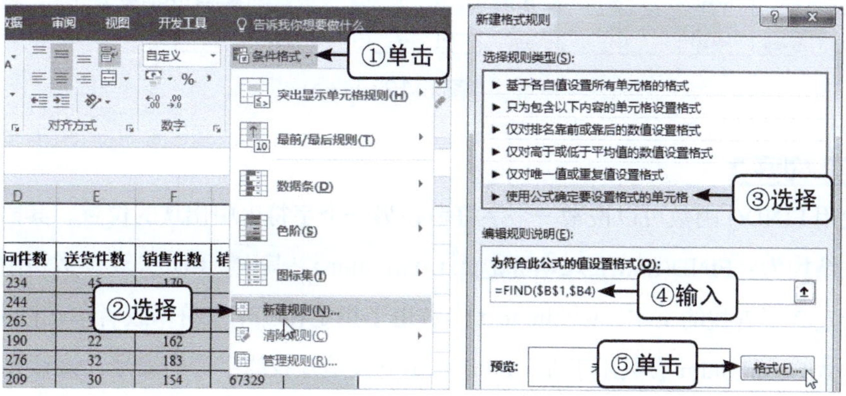

图 6-10

此时，可以对目标记录设置突出显示的背景颜色，在打开“设置单元格格式”对话框的“填充”选项卡中选择一种填充颜色，然后依次单击“确定”按钮，如图 6-11 所示。

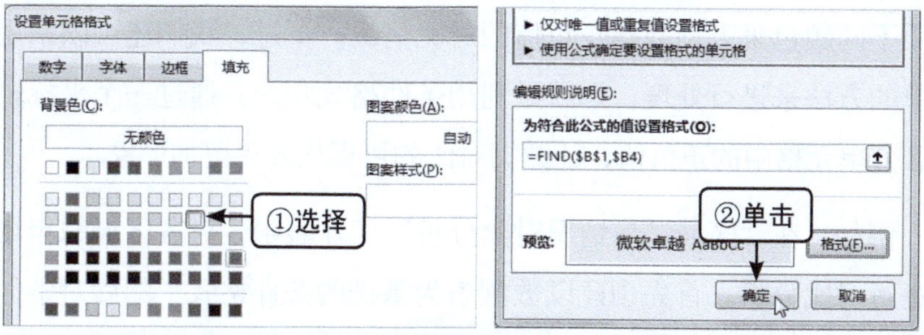

图 6-11

返回工作表，即可对指定员工进行查询。选择 B1 单元格，并在其中输入查询姓名，如输入“李阳”，按【Enter】键后，系统自动将姓名为“李阳”的员工的产品销售信息突出显示出来，如图 6-12 所示。

	A	B	C	D	E	F	G	H	I	J
1	查询姓名	李阳								
2										
3	员工编号	员工姓名	店面招呼客数	访问件数	送货件数	销售件数	销售金额	备注		
4	LCD0001	刘美玲	132	234	45	170	62719			
5	LCD0002	陈晓红	161	244	32	181	72619			
6	LCD0003	杨晓芳	142	265	34	182	72980			
7	LCD0004	陈红梅	122	190	22	162	60983			
8	LCD0005	吴晓婷	153	276	32	183	73102			
9	LCD0006	刘海波	134	209	30	154	67329			
10	LCD0007	李阳	152	245	26	160	62980			
11	LCD0008	陈海武	110	188	28	133	56271			
12	LCD0009	李美丽	109	167	21	121	55098			

图 6-12

职场小贴士

使用 FIND() 函数可以搜索一个字符串在另一个字符串中出现的位置，其语法结构为：FIND(find_text,within_text,start_num)。其中，find_text 参数用于指定需要查找的文本；within_text 参数用于指定在哪个字符串或者单元格中查找；start_num 参数用于在 within_text 中开始查找的字符的编号，该参数也可以省略，省略时表示从 within_text 的第一个字符开始查找。

6.1.6 条件格式让数据正负值对比更形象

素材	区域销售情况对比分析 .xlsx
效果	区域销售情况对比分析 .xlsx

大多数时候，为了更直观地查看与分析商业数据，会在 Excel 里面使用不同颜色来区别数据正负值的对比情况。不过，我们还可以采用更简单的方法来进行处理，那就是利用条件格式功能，通过一个坐标轴明显区分单元格中的正负值，让数据对比的可视化效果更加形象。

例如，在“区域销售情况对比分析”工作表中，对各区域的年增长率进行对比分析。首先创建以数据条为基础的条件格式，然后对条件格式的规则进行编辑，从而使数据以图形对比的方式进行展示，这样就能看出年增长率的变化，具体操作如下。

首先在“区域销售情况对比分析”工作表中，选择需要设置数据条的单元格区域，在“开始”选项卡中单击“条件格式”下拉按钮，在弹出的下拉菜单中选择“数据条”选项，在弹出的子菜单中选择需要的数据条样式。然后保持数据的选择状态，再次单击“条件格式”下拉按钮，在弹出的下拉菜单中选择“管理规则”选项，如图 6-13 所示。

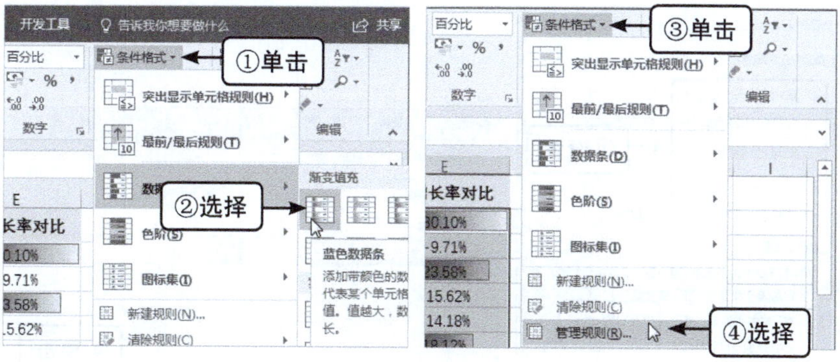

图 6-13

数据条设置完成后，就可以对其规则进行编辑。此时，在打开的“条件格式规则管理器”对话框中选择需要设置的条件格式规则，单击“编辑规则”按钮。打开“编辑格式规则”对话框，在“基于各自值设置所有单元格的格式”选项组中选中“仅显示数据条”复选框，然后单击“负值和坐标轴”按钮，如图 6-14 所示。

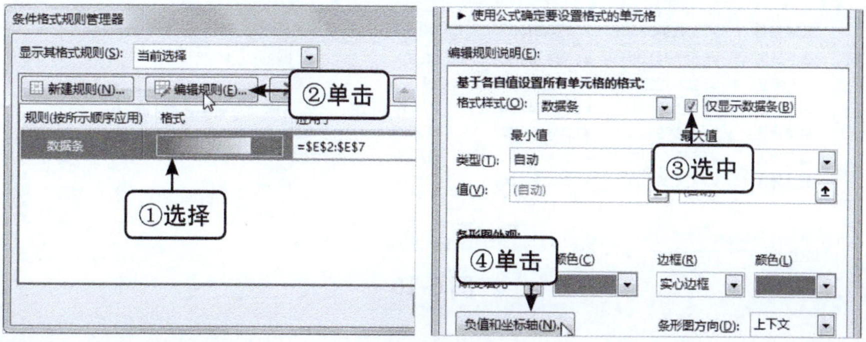

图 6-14

在打开的“负值和坐标轴设置”对话框中，依次对负值条形图的填充颜色和边框颜色进行相应的设置，在“坐标轴设置”选项组中选中“单元格中点值”单选按钮，然后依次单击“确定”按钮。返回“条件格式规则管理器”对话框中，单击“确定”按钮，完成格式规则的编辑操作，如图 6–15 所示。

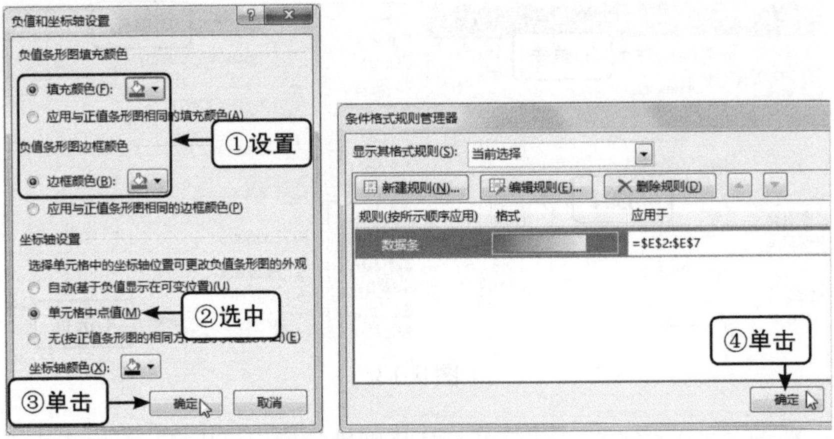

图 6-15

返回工作表中，即可查看到相应的设置效果。此时可以看出，利用 Excel 中的条件格式功能，让各区域的年增长率的正负值对比更加形象化，如图 6–16 所示。

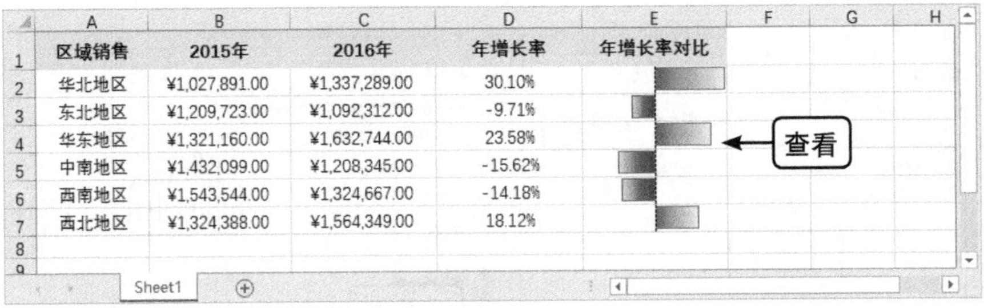

	A	B	C	D	E
1	区域销售	2015年	2016年	年增长率	年增长率对比
2	华北地区	¥1,027,891.00	¥1,337,289.00	30.10%	
3	东北地区	¥1,209,723.00	¥1,092,312.00	-9.71%	
4	华东地区	¥1,321,160.00	¥1,632,744.00	23.58%	
5	中南地区	¥1,432,099.00	¥1,208,345.00	-15.62%	
6	西南地区	¥1,543,544.00	¥1,324,667.00	-14.18%	
7	西北地区	¥1,324,388.00	¥1,564,349.00	18.12%	

图 6-16

由此可知，使用 Excel 条件格式可以帮助我们直观地查看和分析数据，同时发现关键问题及识别模式和趋势。

6.1.7 间隔一行填充记录

素材 产品销售记录表.xlsx
效果 产品销售记录表.xlsx

在表格中对大量数据进行分析时，稍不注意就可能会将商业数据读取错误，如图 6-17 所示。

客户编号	商品名称	区域	单价（元）	数量	总价（元）	销售日期
BJ00001	洋河蓝色经典 海之蓝 52度 礼盒装	北京	329	40	13160	2015-8-1
BJ00002	郎酒 红花郎十（10） 陈酿 53度	北京	319	45	14355	2015-8-18
BJ00003	泸州老窖 窖龄60年 38度	北京	248	30	7440	2015-9-10
BJ00004	抚参堂42度人参酒浓香型	北京	198	50	9900	2015-9-18
BJ00005	牛栏山 典藏二锅头十二年陈酿 46度	北京	229	52	11908	2015-10-11
BJ00006	泸州老窖 特曲 52度 浓香型白酒	北京	208	53	11024	2015-11-19
BJ00007	五粮液 100年传奇淡雅白酒 52度	[illegible]	[illegible]	44	16236	2015-11-30
BJ00008	洋河蓝色经典 梦之蓝M1 45度	[illegible]	[illegible]	47	14523	2016-1-19
BJ00009	泸州老窖 泸州原浆X9 整箱装白酒 52度	北京	599	50	29950	2016-1-28
BJ00010	洋河蓝色经典 天之蓝 52度	北京	229	60	13740	2016-2-4
BJ00011	五粮迎宾酒（上品）52度 整箱装	北京	279	78	21762	2016-3-2

图 6-17

那么，应该如何避免出现这样的问题呢？此时，可以间隔一行对数据记录进行颜色填充，这样就可以在一定程度上减少错读商业数据的概率。如果手动逐行对单元格区域进行填充，可能会有较大的工作量，而在 Excel 中采取公式自定义条件格式的方法来实现目的，则简单许多。

例如，在“产品销售记录表”工作表中，可以通过行号来辅助操作。比如行号与 2 相除，余数为 1，则填充颜色；余数为 0，则不填充颜色。在 Excel 中，可以使用 ROW() 函数来快速获取行号，使用 MOD() 函数来快速获取两个数相除的余数，其具体操作如下。

在“产品销售记录表”工作表中，选择需要操作的数据单元格区域，这里选择 A2:G36 单元格区域，在“样式”功能组中单击“条件格式”下拉按钮，在弹出的下拉菜单中选择“新建规则”选项，打开“新建格式规则”

对话框，在“选择规则类型”列表框中选择“使用公式确定要设置格式的单元格”选项，在“为符合此公式的值设置格式”文本框中输入公式“=MOD(ROW(),2)”，单击“格式”按钮，如图 6-18 所示。

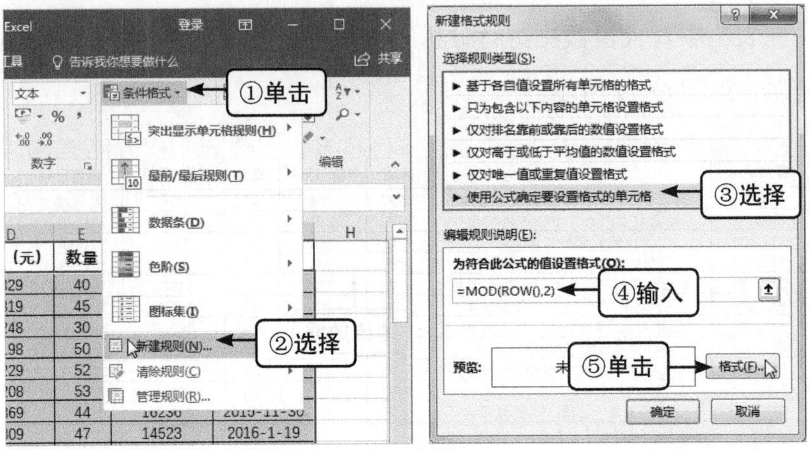

图 6-18

打开“设置单元格格式”对话框，在“填充”选项卡中选择一种填充颜色，然后依次单击“确定”按钮。返回工作表后，即可查看到系统自动对表格中的数据记录进行间隔填充，如图 6-19 所示。

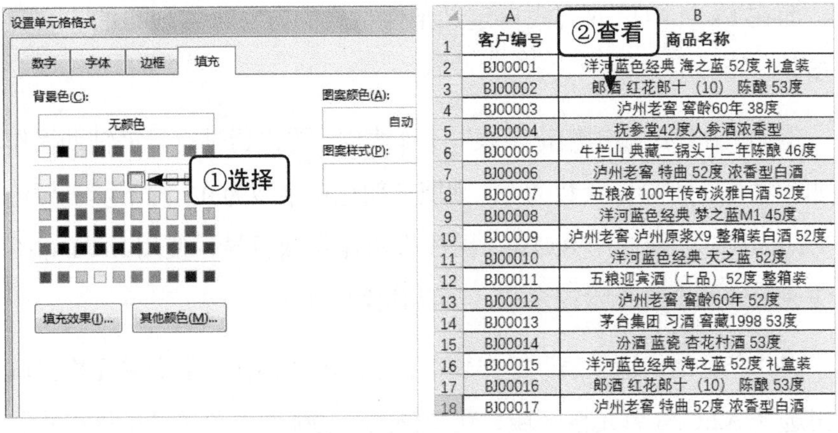

图 6-19

通过上述操作，我们就可以更加方便地对商业数据进行阅读与分析，不仅不容易出错，也会提高工作效率。

职场小贴士

ROW() 函数用于返回引用的行号，其语法结构为：ROW([reference])。其中，reference 参数为可选参数，用于指定需要得到其行号的单元格或单元格区域；如果省略该参数，则假定是对 ROW() 所在单元格的引用。

MOD() 函数用于返回两个数相除的余数，其语法结构为：MOD(number,divisor)。其中，number 参数表示被除数，divisor 参数表示除数。值得注意的是，divisor 参数的值不能为 0，若其参数的值为 0，则 MOD() 函数返回错误值“#DIV/0！”。

6.2

迷你图：嵌入到单元格中的图表

在分析商业数据时，为了让数据更加直观，通常会选择图形来进行展示，但是绘制图形又过于复杂，此时可以选择迷你图来实现数据的展示目的。利用迷你图，就可以在一个单元格中绘制出简洁、漂亮的小图表，且数据中潜在的价值信息也可以醒目地呈现在表格中。

6.2.1 创建迷你图的方法

素材 支出趋势预算.xlsx
效果 支出趋势预算.xlsx

迷你图是工作表单元格中的一个微型图表，可以将商业数据进行非常直观的展示。使用迷你图可以显示一些列数值的趋势，如经济周期、市场波动及季节性销售额的增减情况等，同时还可以突出显示最大值或最小值。因此，可以在商业数据旁边放置迷你图，从而达到最佳展示效果。

如果想用较少的空间来简单展示出商业数据的发展趋势，则可以选择创建迷你图来达到目的。例如，在“支出趋势预算”工作表中，公司为了对每个月的支出费用进行分析，利用每个月的每项支出数据创建了柱形迷你图，通过其发展趋势可以对后期的支出费用进行预算，其具体操作如下。

在“支出趋势预算”工作表中，拖动鼠标选择要创建柱形迷你图的数据区域，此处选择 B3:M3 单元格区域，然后在“插入”选项卡的“迷你图”功能组中单击“柱形”按钮，打开“创建迷你图”对话框，此时已经将所选区域的地址引用到相应的文本框中，保持文本插入点在“位置范围”文本框中的定位状态，在工作表中选择 O3 单元格以确定迷你图放置的位置，然后单击“确定”按钮，如图 6-20 所示。

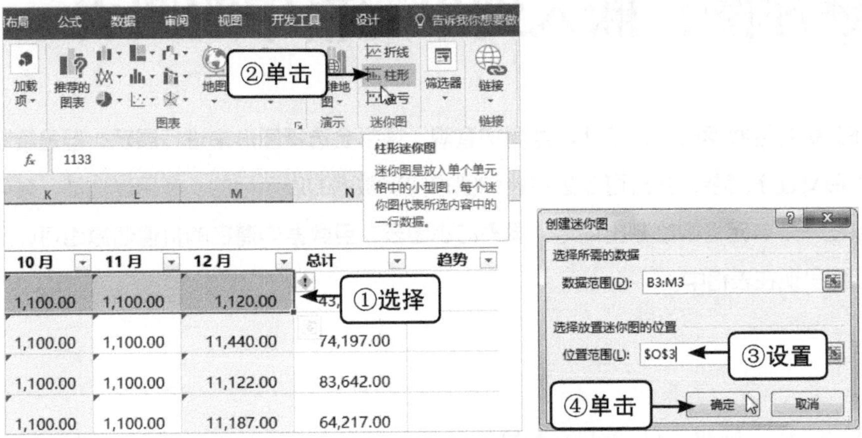

图 6-20

返回工作表中，即可查看到已经创建了柱形迷你图。选择 O3 单元格，然后将柱形迷你图填充到 O4:O7 单元格中，并将任意一个单元格中的迷你图复制到 O8 单元格中，如图 6-21 所示。

图 6-21

从上述例子可知，Excel 提供的迷你图功能可以将图形“缩放”到单元格中，使商业数据更加直观，提高了数据的可读性。

6.2.2 更改迷你图的类型

素材 支出趋势预算 1.xlsx
效果 支出趋势预算 1.xlsx

在为商业数据创建迷你图时，可能会因为迷你图的类型与目标商业数据不搭配而无法达到较好的展示效果。此时，就需要更改迷你图的类型。不过，由于单元格的空间局限性，Excel 中只提供了 3 种迷你图类型，即折线图、柱形图和盈亏图，相比传统图表少很多。

例如，在“支出趋势预算 1”工作表中，就需要将柱形迷你图更换为折线迷你图，从而对公司支出费用的发展趋势进行更好的展示。

在“支出趋势预算 1”工作表中，选择需要更换类型的柱形迷你图，然后在“迷你图工具 设计”选项卡的“类型”功能组中单击“折线”按钮。此时，目标柱形迷你图则全部更换为折线迷你图，而通过折线迷你图可以更直观地对趋势数据进行展示，如图 6-22 所示。

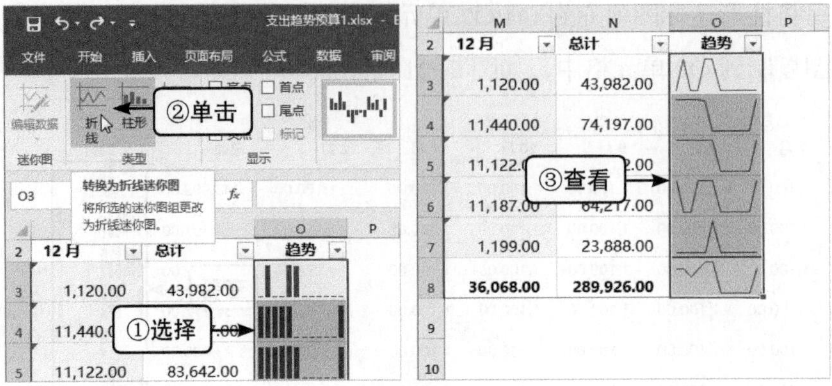

图 6-22

6.2.3 设置迷你图的外观效果

素材 支出趋势预算 2.xlsx
效果 支出趋势预算 2.xlsx

在利用 Excel 对数据进行分析时，或多或少会创建迷你图来展示数据。而 Excel 默认创建的模板迷你图并不是很好看，想要让迷你图易读美观，就需要对其进行美化处理。

可以说，迷你图美化首先做的是表面文章，可以提升品质感，这样在给他人展示时，才显得专业；其次，还可以通过美化提升迷你图的易读性与创造价值。它可能只花费整个表格制作过程中百分之几的时间和精力，却可能会带来 50% 的成效。

例如，在“支出趋势预算 2”工作表中，当前的迷你图虽然能够显示出数据的变化趋势，但是不够美观，于是需要对其外观效果进行设置。

在“支出趋势预算 2”工作表中，选择迷你图所在的所有单元格，然后切换到“迷你图工具 设计”选项卡，在“样式”功能组中单击“其他”按钮，打开“迷你图样式”列表，在其中选择一种比较漂亮的样式，如图 6-23 所示。

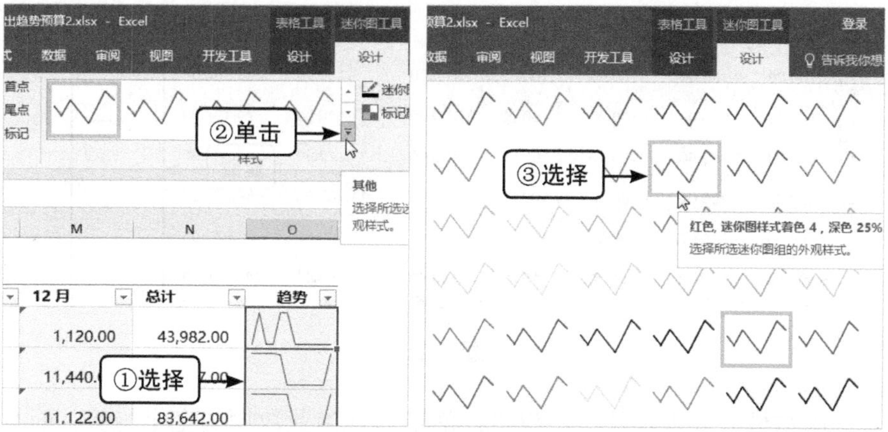

图 6-23

为了在迷你图中突出显示最高值和最低值，可以在“迷你图 设计”选项卡中的“显示”功能组中分别选中“高点”和“低点”复选框。另外，为了让迷你图中的最高值和最低值可以更好地区别开，可以通过更改“标记颜色”来达到目的。单击“样式”功能组中的“标记颜色”下拉按钮，在弹出的下拉菜单中选择“高点”选项，在弹出的子菜单中选择合适的颜色，选择“绿色”选项，如图 6-24 所示。

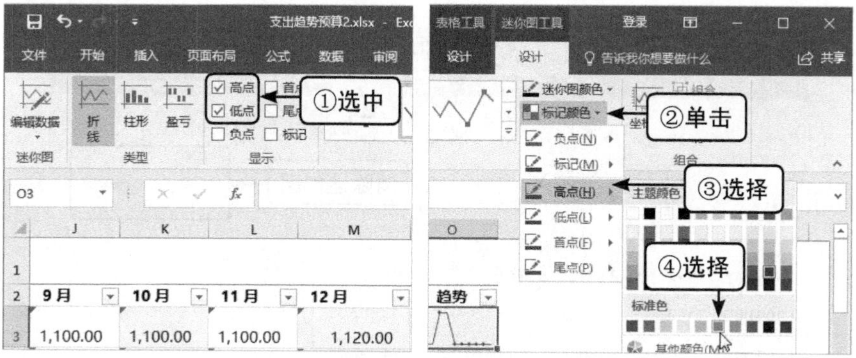

图 6-24

返回工作表中，即可查看到迷你图美化后的效果，如图 6-25 所示。与美化前比较，迷你图的可读性更高。

图 6-25

简洁漂亮的迷你图，不仅可以清晰展现商业数据的变化趋势，而且占用空间也很小，为我们的数据分析工作提供了极大的便利。

职场小贴士

如果将不再需要的迷你图删除，直接选中迷你图所在的单元格区域并按【Delete】键是无法实现的。此时可以选中迷你图，在“迷你图工具 设计”选项卡中单击“清除”下拉按钮，在弹出的下拉菜单中选择相应的选项，如果只需删除所选单元格中的迷你图，则选择“清除所选的迷你图”选项；如果要删除整组迷你图，则选择“清除所选的迷你图组”选项，如图 6-26 所示。

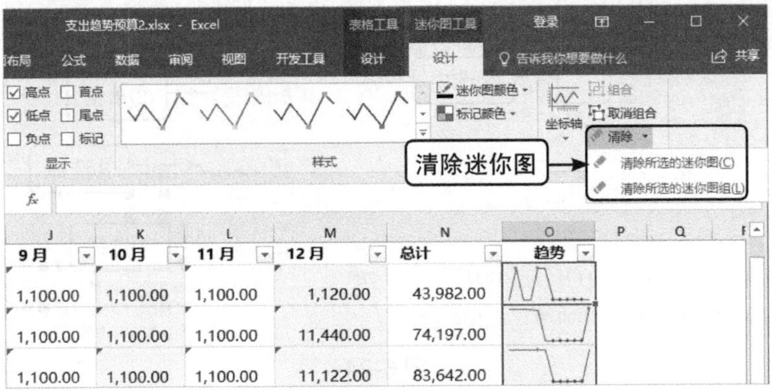

图 6-26

第7章

一图胜千言，从数据到图表的转变

在对商业数据进行分析的过程中，一定要让他人清楚自己想要表达什么，不能模糊不清，更不能让人完全摸不着头脑。许多人在对商业数据进行展示时，都会借助图表来实现，这不仅可以使数据更加直观，还更加准确。另外，为了让数据更加灵活，还可以使图表中的数据动态显示。

7.1

揭开图表的真面目

为了让他人快速理解自己的数据报告，可能会用图表来对数据进行展示，而如何用图表展示数据则是一个非常重要的问题。此时，就需要揭开图表的真面目。也就是弄清楚图形化展示的优势、演变成图表的几个阶段及从数据源提取有用信息等知识。

7.1.1 图形化展示数据的优势是什么

“图形化展示数据”可以帮助用户快速理解商业数据，而图表是“图形化展示数据”的常用手段。图表泛指在屏幕中显示的，可直观展示统计信息属性（时间性、数量性等），对重点内容的挖掘和信息直观生动感受起关键作用的图形结构。

简单来说，图表就是图形化的数据，其由点、线、面等图形与数据文件按特定的方式组合而成。许多人对图表都比较熟悉，但如果被问道使用图表展示数据具有哪些优势，恐怕能真正回答上来的人并不多。

1. 直观形象地展示数据

图表最大的特点就是直观形象，能将数据图形化，帮助我们更直观地显示数据，使商业数据的对比和变化一目了然，对提高信息整体价值，更准确直观地表达信息和观点具有重要意义。表 7–1 所示为某电子设备公司 2016 年各月的销售情况。

表 7-1 某电子设备公司 2016 年各月的销售额

月份	销售额（万元）	月份	销售额（万元）
1 月	1 782	7 月	2 011
2 月	2 451	8 月	3 010
3 月	2 871	9 月	3 891
4 月	3 990	10 月	4 256
5 月	2 890	11 月	3 779
6 月	2 510	12 月	3 420

从表 7–1 中，我们想要发现销售额的变化规律是比较困难的，若想要其中的数据一目了然，则可以通过图表来实现，如图 7–1 所示。

图 7-1

从图 7–1 中可以看出，该公司 2016 年的年销售情况处于上涨趋势，第一季度与第三季度的销售额偏低，而第二季度和第四季度的销售额偏高，且全年中 10 月的销售额最高。

2. 丰富的图表种类

由于不同的商业数据具有不同的特点，因此需要用不同的图表来展示。在 Excel 中，系统内置了多种图表类型。其中，常见的 4 种基本类型是条形图、柱形图、折线图和饼图。另外，图表类型还包括散点图和面积图等，以及通过图表间的相互叠加而形成的复合图表类型。不同类型的图表可能具有不同的构成要素，如折线图通常具有坐标轴，而饼图却没有。总的来说，图表的基本构成要素有：主体、标题和图例等，下面介绍几种比较常用的图表。

（1）柱形图

柱形图是最常见的图表，展现的商业数据也最直观。柱形图适用于二维数据集（每个数据点包括两个值，即 x 和 y），且只有一个维度需要比较。例如，常见的年销售额就是二维数据，其中“月份”和“销售额”就是它的两个维度，但只需比较“销售额”这一个维度，如图 7–2 所示。

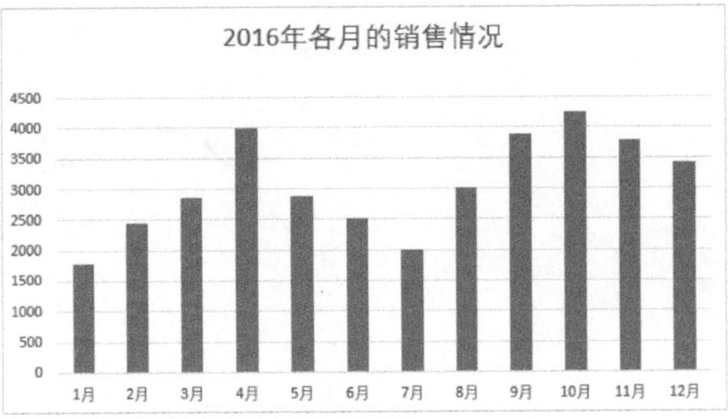

图 7-2

柱形图利用柱子的高度，可以很直观地反映商业数据的差异，进而使辨识效果变得非常好。柱形图更加适合对中小规模企业的商业数据集进行展示。

（2）折线图

折线图可以显示随时间而变化的连续数据，所以非常适用显示在相等时间间隔下数据的趋势。在折线图中，类别数据沿水平轴均匀分布，所有值数据沿垂直轴均匀分布，如图 7–3 所示。

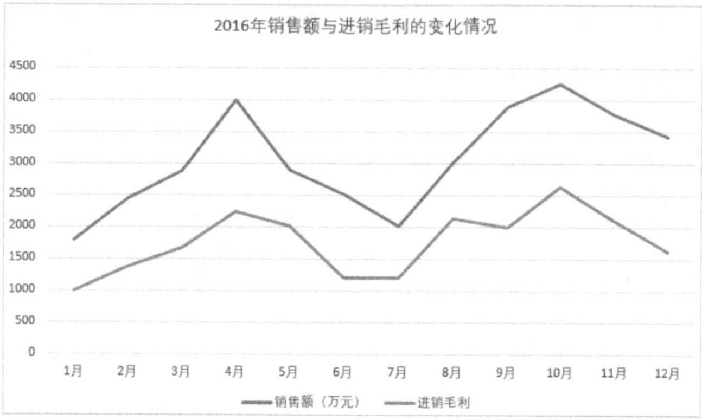

图 7-3

（3）饼图

饼图显示一个数据系列中各项的大小与各项所占总和的比例，而饼图中的数据点显示为整个饼图的百分比。例如，2016 年第一季度销售额占全年的比例，如图 7–4 所示。

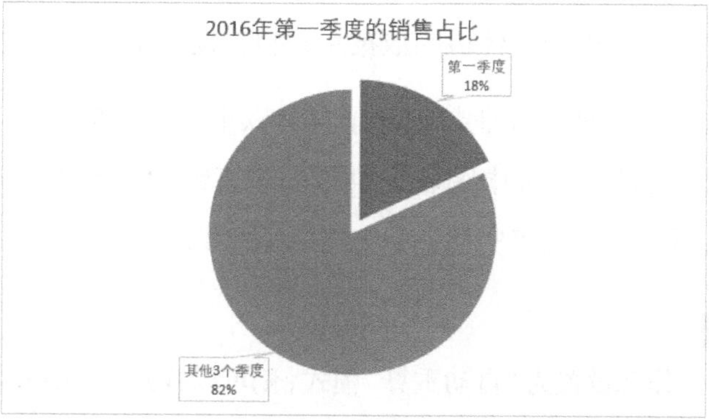

图 7-4

3. 图表随数据源变动

图表随数据源变动是指图表内容自动随源数据的改变而变化。不过，图表随数据源变动的前提是将 Excel 重新计算的模式设置为默认值“自动重算”。在“自动重算”模式下，如果修改图表引用的源数据区域单元格中的数据，则图表将随之变化。如图 7-5 所示为改变数据后，图表的数据系列随之发生改变。

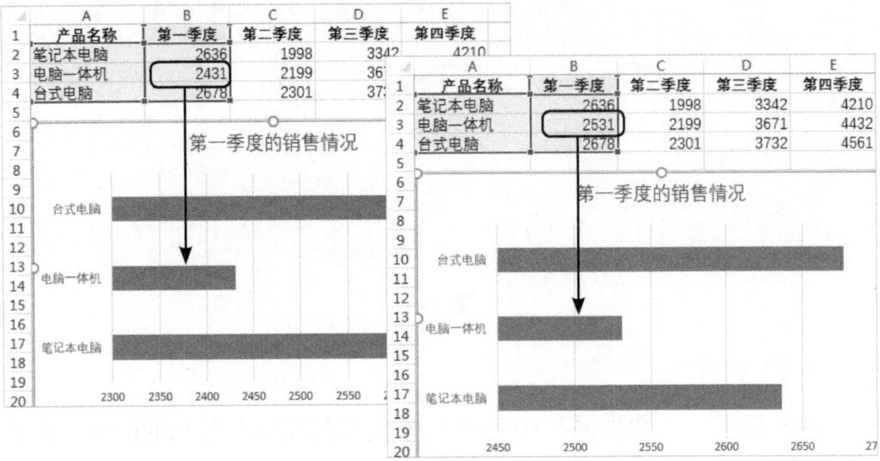

图 7-5

从图 7-5 中可以看出，将第一季度中的电脑一体机的销售数量修改后，图表中对应的电脑一体机的数据系列也会发生相应的变化。

另外，图形化展示商业数据除了具有以上 3 点优势外，还具有二维坐标的优势。虽然 Excel 中图表提供了一些三维图表类型，但从实际运用的角度来看，三维图表实质还是二维平面坐标系下建立的图表。

职场小贴士

如果想要将工作簿设置为"自动重算"模式，则可以打开"Excel 选项"对话框，单击"公式"选项卡，在"计算选项"选项组中选中"自动重算"单选按钮，然后单击"确认"按钮即可完成设置。

7.1.2 数据演变成图表的 3 个阶段

图表是语言的一种重要形式，它可以将一些复杂的数据以一种直观的方法表达出来。当然，图表使用不当也很容易让他人产生误解，因为图表设计有着自身的表达特性，尤其对时间、空间等概念的表达和一些抽象思维的表达，具有文字和言辞无法取代的传达效果。

总的来说，图表表达的特性有三点：第一，具有表达的准确性，对所示事物的内容、性质或数量等内容的表达应该准确无误；第二，具有展示的可读性，也就是设计的图表应该通俗易懂；第三，具有展示的艺术性，图表是通过视觉的传递来完成展示，必须考虑其是否美观。那么，数据是如何演变成图表的呢？

数据图表可直观地反映数据的变化，以及显示更加直观的数据特征和表达更加丰富的数据信息。数据图表的生成过程并不是简单地使用鼠标操作即可完成，其主要经历 3 个阶段，具体介绍如下。

①在制作数据图表之前，先对给定的数据进行分析。

②将文本信息整理成表格信息，然后找出利用数据图表进行表示的源数据。

③根据选择出来的源数据，选择合适的图表类型，并对图表进行制作与设计。

7.1.3 如何从数据源提取有用信息

不管采用哪种类型的图表来展示数据，找对需要表达的源数据才是制作图表的关键。如果制作图表的源数据选择错误了，那么制作出来的图表与数据想要表达的信息就不符合。

因此，对于商业数据而言，不仅要准确地提取相关数据，还要找出关键信息，也就是文本信息所要表达的主题内容。例如，对最近几年的销售数据进行对比，然后对其发展趋势进行分析，从而获得分析结果。

案例陈述　如何将数据信息提取为图表信息

销售部助理刘女士有一项每周都要完成的工作，即在每周星期五下午上班时对销售部全体员工的本周销售情况进行统计。当刘女士将统计报告呈交给销售部经理李先生时，李先生只看了一眼该报告就对刘女士说："我今天下午没有过多的时间看报告，一会儿还要接待一个重要的客户，我需要提前准备一些资料，下班前你给我一个比较直观的数据，也就是一眼能看清楚结果的报告。"然后就让刘女士退出自己的办公室。

我们先来看看刘女士制作的报告内容，其中的统计数据如下。

统计时间：2017 年 8 月 14 日 ~ 8 月 18 日

统计人：刘 ××

统计信息：在本周中，销售部所有员工预期完成的工作量为 10 万元，基本上所有员工都完成了自己预期的工作量，甚至有的员工还超额完成。其中，各位员工完成任务的情况分别是：A 员工完成 11 万元销售额，B 员工完成 12.7 万元销售额，C 员工完成 14.9 万元销售额，D 员工完成 13 万元销售额……

其实，从刘女士统计的数据结果中，我们不难猜出李先生不想看报告的原因，主要有两个：第一，确实需要准备会客资料；第二，刘女士的报告中全是文字，很难让人有看下去的欲望，而且统计结果也不直观，很难知道最终的结果。

如果是第二个原因，刘女士就需要对自己制作的统计报告进行改进。改进的方式有很多，最好的方式就是将其转换为图表。那么，要将这些数据转换成图表，应该怎样找出需要表达的主题信息呢？

从刘女士制作的统计报告可以看出，其主要是为了告诉销售经理两个信息，即所有员工的工作情况和最大销售额数据。因此，刘女士需要将每位员工的预计销售额和实际销售额进行比较，并反映出销售额最大的员工信息。利用图表则可以将其很简单地展示出来，而且比较直观，如图 7-6 所示。

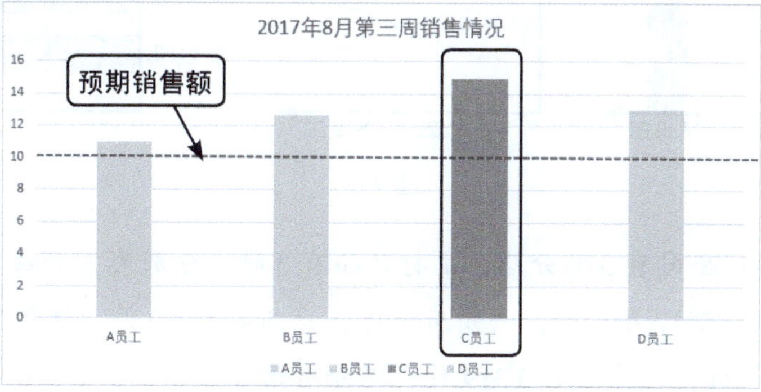

图 7-6

从图 7-6 中可以看出，销售部员工的实际销售额的数据系列都高于预计销售额的数据系列，说明员工本周都完成了相应的工作量。同时，由于 C 员工的销售额最高，所以利用单独的颜色突出显示。

7.1.4 根据数据尽可能构思出多个草图

数据图表就是对数值数据进行图示化分析的图表，不同类型的图表对数据可以进行不同的分析，下面我们来看几个小例子。

案例陈述　根据文字信息可以绘制出哪些图表

例一：在 2016 年下半年，公司的销售业绩与上半年相比较而言有所上涨，但是与同行业的 3 家竞争公司相比较（分别为 A 公司、B 公司和 C 公司），全年的销售业绩仍然是最低的一个。此时，可以绘制出如图 7-7 所示的几种图表。

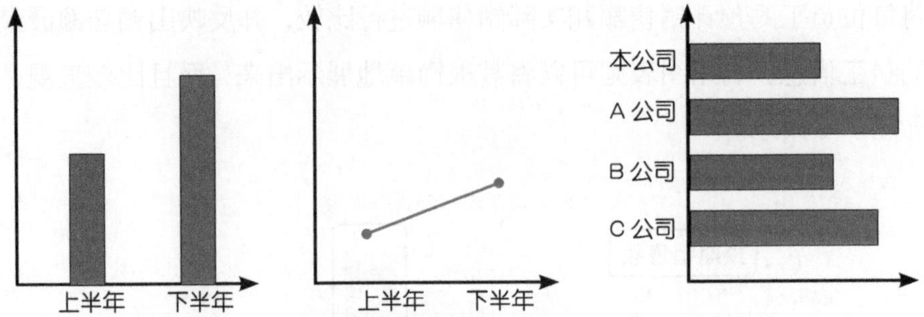

图 7-7

例二：公司有 3 家分店，主打产品有 3 种，分别为 A 产品、B 产品和 C 产品，2017 年 1 月，一分店销售 A 产品共 4 980 件，销售 B 产品共 5 618 件，销售 C 产品共 3 319 件；二分店销售 A 产品共 5 820 件，销售 B 产品共 4 782 件，销售 C 产品共 6 890 件；三分店销售 A 产品共 6 001 件，销售 B 产品共 6 892 件，销售 C 产品共 5 201 件。此时，可以绘制出如图 7–8 所示的几种图表。

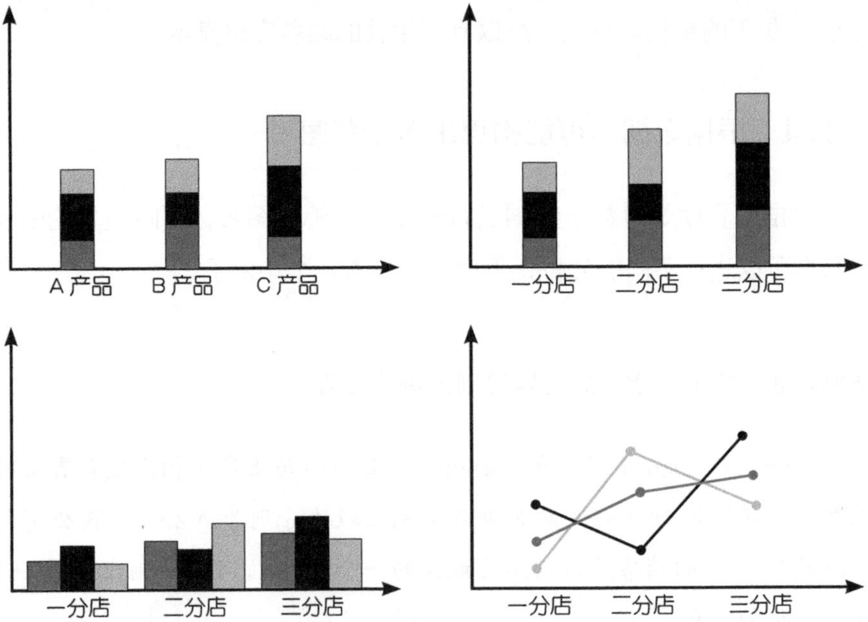

图 7-8

从上述两个例子中可以看出，在制作展示数据的图表时，有多种选择。为了选择出最合适的图表，可以尽可能地构思出多种草图，从而选择出最合适的一种，然后利用数据制作出相应的图表。

7.2 用图表展示结果的必会操作

采用图表方式分析数据、发现数据规律并直观形象地表达统计结果，是在对商业数据进行分析过程中经常用到的一种方法。因此，利用图表呈现分析结果，除了要掌握图表的基本操作方法，更重要的是学会借助图表分析表格数据，挖掘数据之间的关系，提升自己分析、解决问题的能力。

7.2.1 制作商务图表所需具备的基础知识

虽然在利用图表进行商业数据分析时并不需要复杂高超的技术，但熟练掌握一些技巧，无疑会大大提高工作效率。同时，分析图表的一些技巧还可以帮助我们完成许多工作中比较难或不可能完成的任务。

1. 插入一个图表

从前面的内容中可以知道，Excel 为我们提供多种类型的图表，我们可以根据商业数据的情况进行选择。而想要在 Excel 中创建一个图表，首先选择用于创建图表的商业数据区域，然后在“插入”选项卡的“图表”功能组中单击“推荐的图表”按钮，打开“插入图表”对话框，单击“所有图表”选项卡，即可选择需要的图表类型，如这里单击“折线图”选项卡，选择“折线图”选项，最后单击“确认”按钮，即可为商业数据创建折线图，如图 7-9 所示。

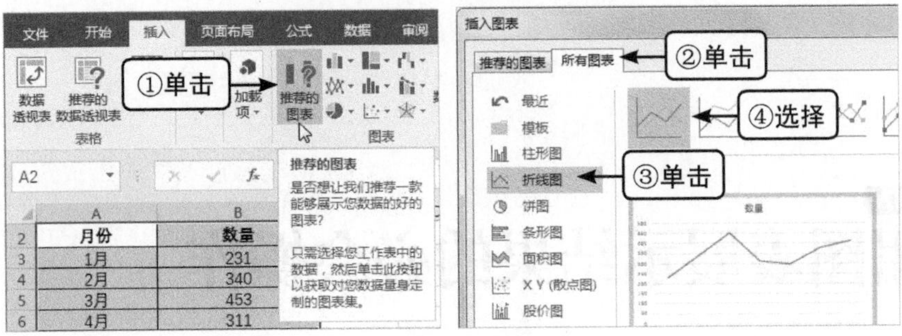

图 7-9

2. 掌握图表元素

为商业数据创建图表后，就可以查看到一些默认显示的图表元素。其实，Excel 图表为我们提供了多种图表元素，这可以使我们更加灵活地调整图表。其中，常见的图表元素如下。

- **图表区：** 整个图表对象所在的区域，就像一个“容器”，承载着所有的图表元素及手动添加的其他对象。
- **图表标题：** Excel 默认使用系列名称作为图表标题，通常需要根据商业数据的内容修改一个比较有描述性的标题。
- **绘图区：** 包含数据系列图形的区域。
- **图例：** 是指图表中的图形代表哪一个数据系列。
- **数据标签：** 跟随数据系列而显示的数据源的值，过多使用数据标签容易使图表变得混乱。因此，通常在数据标签和 Y 轴刻度标签中选择一项进行显示。
- **坐标轴：** 包括横坐标轴和纵坐标轴，通常也称为 X 轴和 Y 轴。坐标轴上包含刻度线与刻度线标签等。

◆ **网格线**：包括水平网格线和垂直网格线，分别对应 Y 轴和 X 轴的刻度线。

◆ **数据系列**：根据数据源绘制图形，用来形象化地反映数据，是图表的核心元素。

◆ **坐标轴标题**：描述垂直坐标轴和水平坐标轴的名称。

虽然 Excel 为我们提供了多种图表元素，但是在大多数情况下，我们不需要对某个图表要求具有所有的图表元素，而只需根据数据情况选择合适的图表元素进行显示即可。

3. 格式化图表元素

通常情况下，对图表元素进行格式化都是在格式化窗格中进行的。因此，要开始格式化某个图表元素时，主要有两种操作方法打开对应的格式化窗格。

①用鼠标双击图表中的某对象，可以打开对应的格式化窗格。该方式最为便捷，也是最常用的，如图 7-10（左）所示。

②选择图表中的某对象，并在其上右击，在弹出的快捷菜单中选择相应的格式命令，即可进入格式化窗格，如图 7-10（右）所示。

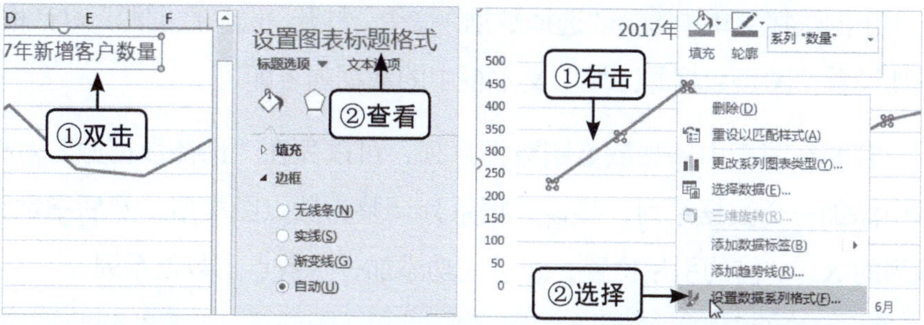

图 7-10

另外，在选择图表中的某个元素时，菜单栏上的“图表工具 格式”选项卡中会出现相应的功能按钮，这些按钮可用来对图表元素进行格式化。所以对图表进行格式化时不一定非要进入格式化窗格进行设置。

4. 向图表中添加数据系列

在制作商业数据图表时，通常的做法是先选择商业数据区域，然后插入图表。但在实际操作中，我们会对数据进行修改，添加行或列，此时就需要向图表中添加其他数据系列，甚至还会将同一数据源多次加入图表中，此时应该如何操作呢？

复制粘贴法。选择需要加入图表中的数据区域，按【Ctrl+C】组合键复制，然后选择图表，按【Ctrl+V】组合键粘贴，即可在图表中添加数据系列。

框线扩展法。选择图表时，其对应的源数据区域周围会出现紫色、绿色或蓝色的不同框线。如果待加入数据与已有数据是连续的，则可以直接将鼠标光标移动到源数据区域右下角，然后按住鼠标左键并拖动鼠标，将蓝色区域拖动到想要待加入数据的图表区域即可。

对话框添加。这是最常见的添加方式。选择图表，并在其上右击，在弹出的快捷菜单中选择“选择数据”命令。打开“选择数据源”对话框，重新设置“图表数据源区域”文本框中的数据内容即可。

若要往图表中添加散点图数据系列，可以先在“选择数据源”对话框中添加一个数据系列，将该数据系列调整为散点图类型，然后指定该系列的 X、Y 值的引用位置，即可成功添加一个散点图数据系列。

7.2.2 双坐标处理图表数据

素材 产品销售分析.xlsx
效果 产品销售分析.xlsx

利用图表进行商业数据分析时，经常会遇到两组数值差异很大的数据，如产品的销售数量与销售金额，制作出来的图表因数值差异太大，很难将数值较小的系列显示出来，如图 7–11 所示。

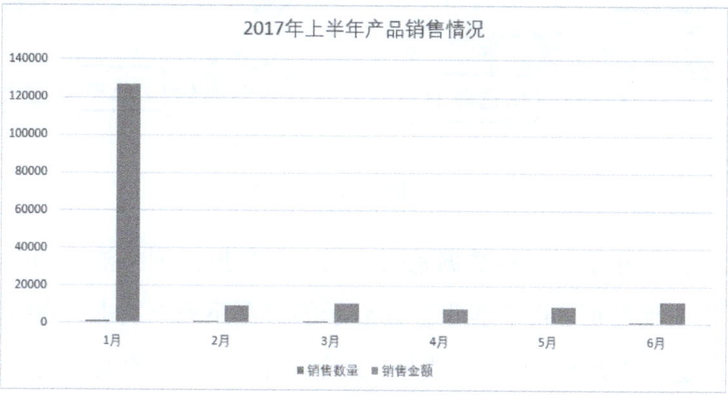

图 7-11

为了让数值较小的系列显示出来，我们可以利用次坐标轴来实现，达到数据分析的要求，这就是所谓的用两个坐标轴来表示图表数据。例如，在“产品销售分析”工作表中，为了快速利用双坐标处理图表数据，首先选择所有数据并插入柱形图，然后在现有的图表上添加次坐标轴，其操作如下。

首先，根据相应数据制作柱形图。此时，会看到销售数量和销售金额的数值大小差异过大，如果在同一张图表中共用一个坐标轴，销售数量的数据系列将无法正常显示，所以就需要用两个坐标轴分别表示两组数据。

首先为图表添加标题，然后选择“销售额”数据系列，并在其上右击，在弹出的快捷菜单中选择“设置数据系列格式”命令。打开“设置数据系列格式”窗格，在“系列选项”选项卡的“系列绘制在”选项组中选中“次坐标轴”单选按钮，单击窗格右上角的“关闭”按钮，关闭窗格，如图 7–12 所示。

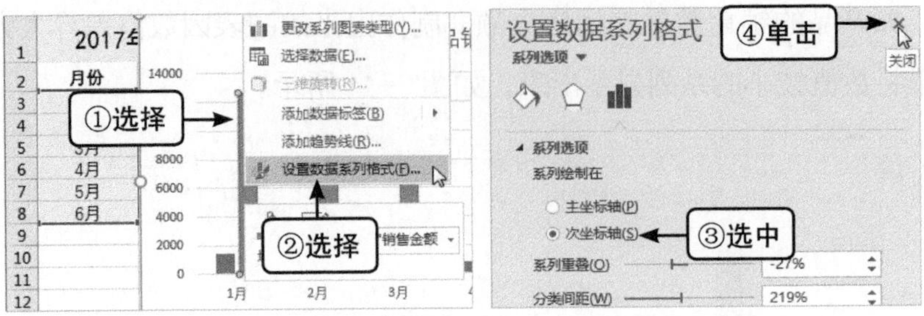

图 7-12

此时，只显示了一列数据系列，另一列数据系列将被遮挡，我们要改变其中一列数据的图表类型。在显示的数据系列上右击，在弹出的快捷菜单中选择“更改系列图表类型”命令。打开“更换图表类型”对话框，在“销售金额（元）”下拉列表框中选择“带数据标记的折线图”选项，然后单击“确定”按钮，如图 7–13 所示。

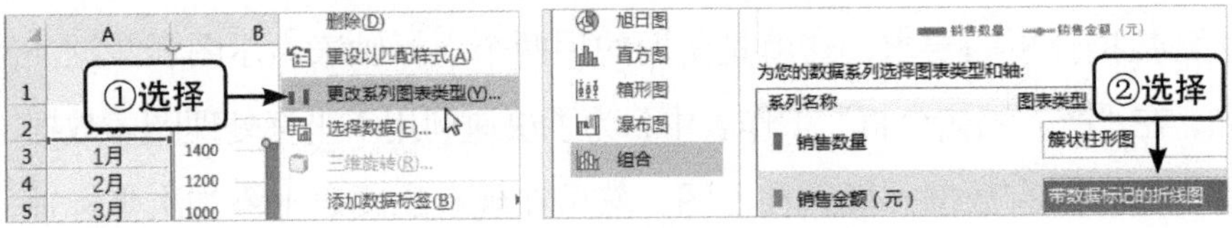

图 7-13

此时，即可看到销售数量和销售金额的走势数据都可以正确地显示在图表中，如图 7–14 所示。

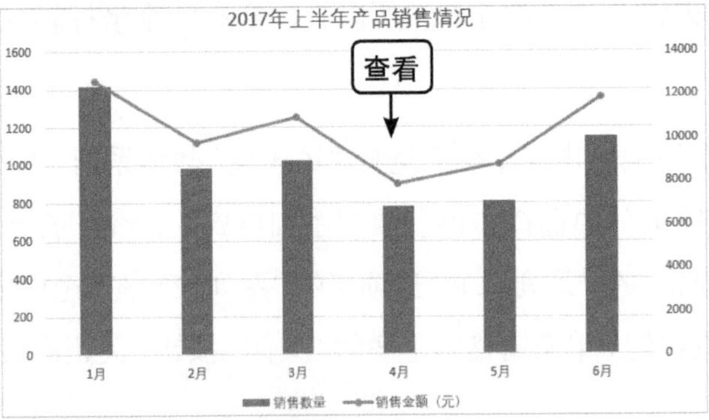

图 7-14

从上面的例子中可以看出，销售数量以左侧坐标轴为依据，而销售金额以右侧的坐标轴为依据，从而使制作的图表具有双坐标轴特点。同时，图表中以销售数量的坐标轴为主坐标轴，而以销售金额的坐标轴为次坐标轴，这样就使销售数据一目了然，阅读者就能很轻松地查看到图表传达出的信息。

7.2.3 坐标刻度的调整方法

素材 销售统计表.xlsx
效果 销售统计表.xlsx

在 Excel 中，利用表格中的商业数据来生成图表是非常准确的。不过，默认生成的图表并不是很美观，如果将图表坐标值的刻度稍微调整一下，可能就会出现不一样的效果。

坐标值上可以改变的东西有很多，如刻度的最小值、最大值及间隔等。此时，需要掌握调整图表坐标轴刻度值的方法，从而使自己的数据得到更好的展示，具有更高的可读性。

例如，在“销售统计表”工作表中，为了让图表的坐标刻度按照实际需要进行显示，这里在“设置坐标轴格式”窗格中对其刻度的最小值、最大值和间隔属性进行设置，具体操作如下。

在工作表的图表中选择有刻度值的坐标轴，可能是横轴，也可能是纵轴，这里选择纵轴，并在其上右击，在弹出的快捷菜单中选择“设置坐标轴格式”命令。打开“设置坐标轴格式”窗格，在“坐标轴选项”选项卡中根据自己的需要调整“边界”和“单位”区域中的值，这里将边界最小值设置为“1 000”，最大值设置为“8 000”，最小值表示刻度的起始值，最大值表示刻度的终止值，单位中修改主要值即可，这里设置为“1 000”，它表示刻度的间隔，然后单击窗格右上角的“关闭”按钮，关闭窗格，如图 7-15 所示。

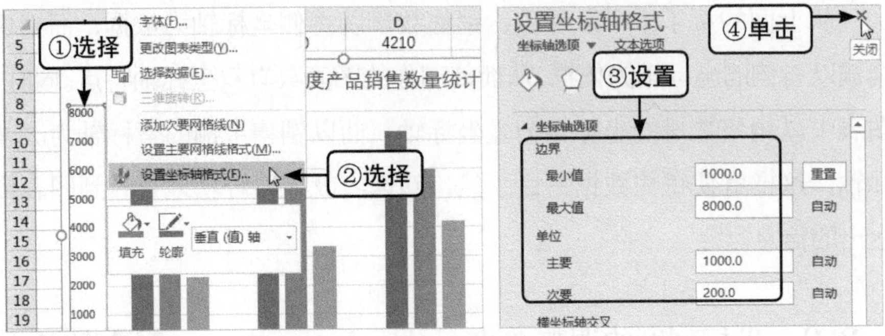

图 7-15

返回工作表中，即可查看到图表的坐标轴被调整后的效果。此时可以发现，图表展示的商业数据更加直观，如图 7–16 所示。

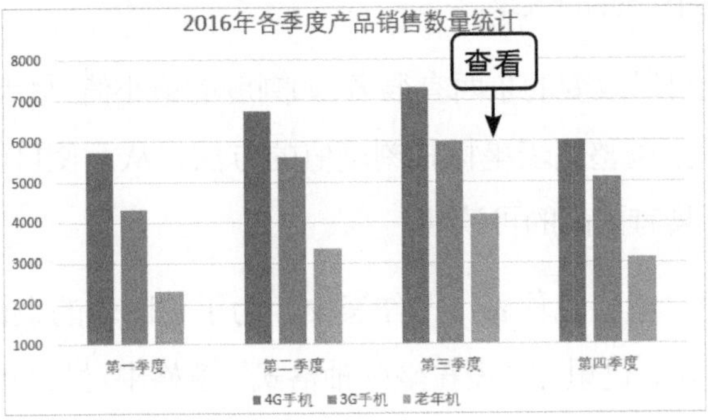

图 7-16

7.2.4 图表断裂的处理方法

素材 手机销售情况.xlsx
效果 手机销售情况.xlsx

在对商业数据进行分析过程中，如果需要使用图表来直观展现这些数据随时间变化的趋势，通常会选择使用折线图来实现目的。但是当某个时间段内的商业数据为空值或零值时，就会使得图表中的折线出现断裂的情况，影响数据信息的连续性。

例如，某供应商在春节期间会放假一个月，而这个月就没有销售数据，如图 7–17 所示。

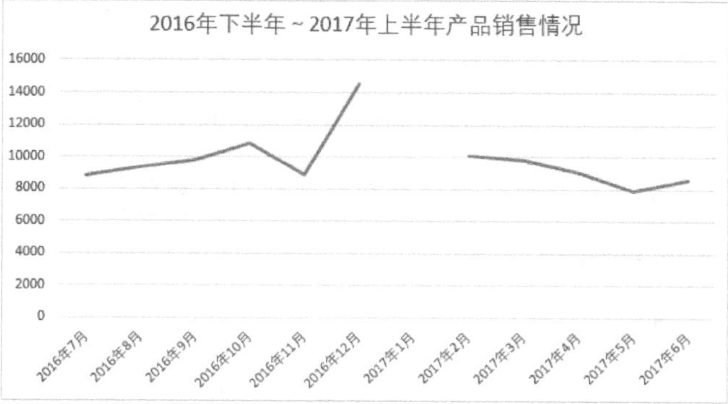

图 7-17

从图 7–17 中可以看出，图表中出现了断裂情况，那么要怎么处理图表中出现的断裂问题呢？例如，在“手机销售情况”工作表中，通过对图表的数据源进行设置，来处理其 2017 年 1 月没有销售数量的断裂问题。

首先在工作表中选择图表，然后单击“图表工具 设计”选项卡，在“数据”功能组中单击“选择数据”按钮。打开“选择数据源”对话框，单击“隐藏的单元格和空单元格”按钮，如图 7–18 所示。

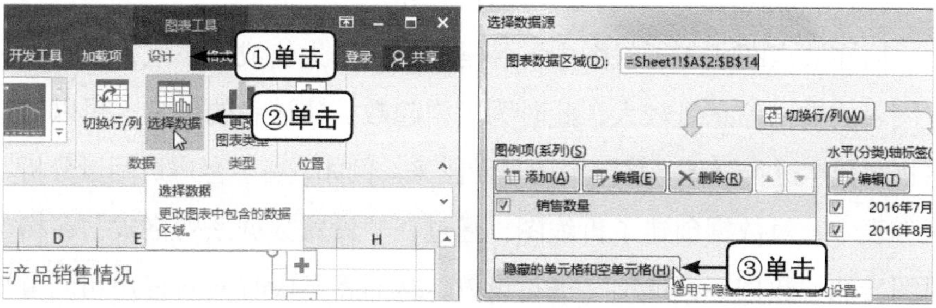

图 7-18

打开“隐藏和空单元格设置”对话框，在“空单元格显示为：”选项组中选中“用直线连接数据点”单选按钮，然后依次单击“确定”按钮确认设置。返回工作表中，即可查看到图表中的断裂处已经被连接在一起，如图 7–19 所示。

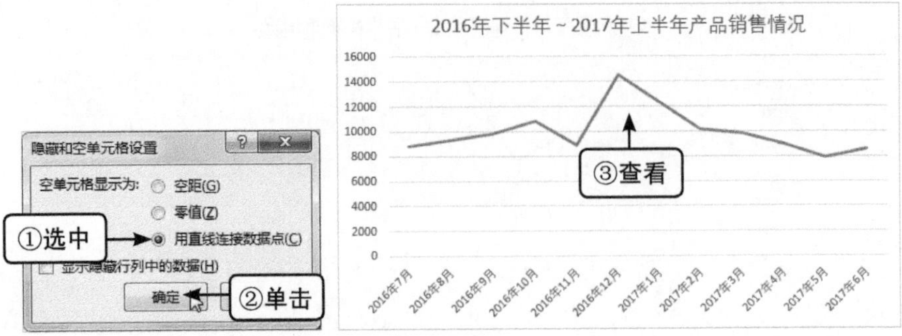

图 7-19

通过以上设置，图表中的折线就连贯起来，使得 2016 年下半年至 2017 年上半年的产品销售数据走向变得更加直观。

7.2.5 自动突出显示最值数据

素材	客户访问量分析.xlsx
效果	客户访问量分析.xlsx

通常情况下，公司在经营过程中会接触到许多数据，在对这些数据进行分析的过程中，想要快速找出该区域中的最大值和最小值，通过手动的方式显示是不可取的，这不仅费时费力，还不一定能找出正确的目标值。

而在散点图或者折线图中，经常会出现最大值或最小值，如果同一张图表的数据信息量较大，此时为了引起数据阅读者的注意，可以对这些极端数字进行强调，将其突出显示出来。例如，在“客户访问量分析”工作表中，对数据创建了折线图，通过在“设置数据系列格式”窗格中对图表的“数据标记选项”进行设置，从而将某段时间内客户访问量较高与较低的数据突出显示出来，其具体操作如下。

打开该工作表，在其中添加两个辅助列，即“最大值”与“最小值”列，首先选择 C3 单元格，在编辑栏中输入获取访问量最大值的公式“=IF(B3=MAX($B$3:$B$8),B3,NA())”，按【Enter】键计算出结果，将该公式填充到 C4:C8 单元格区域中。然后选择 D3 单元格，在编辑栏中输入获取访问量最小值的公式“=IF(B3=MIN($B$3:$B$8),B3,NA())”，按【Enter】键计算出结果，将该公式填充到 D4:D8 单元格区域中，如图 7–20 所示。

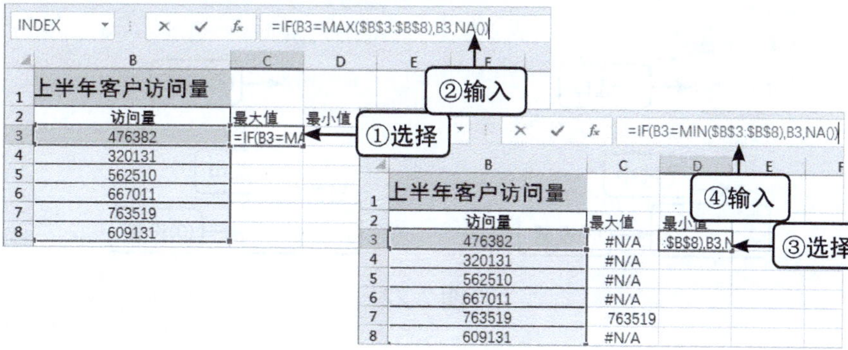

图 7-20

选择 A2:D8 单元格区域，在“插入”选项卡的“图表”功能组中单击“插入折线图或面积图”下拉按钮，在弹出的下拉菜单中选择“折线图”选项。此时，可以插入一个折线图，修改图表的名称，选择“最小值”图例选项，并在其上右击，在弹出的快捷菜单中选择“设置数据系列格式”命令，如图 7–21 所示。

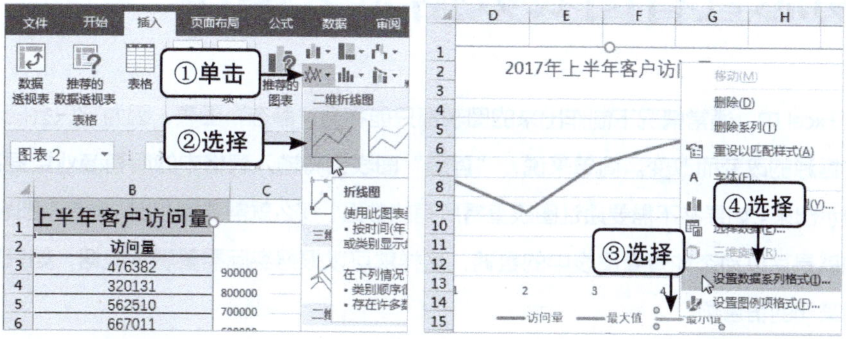

图 7-21

打开“设置数据系列格式”窗格，在“填充与线条”选项卡中选择“标记”选项，在“数据标记选项”选项组中选中“内置”复选框，对标记的类型和大小进行设置。然后以相同方法对最大值的数据标记选项进行设置，完成后关闭窗格，如图 7-22 所示。

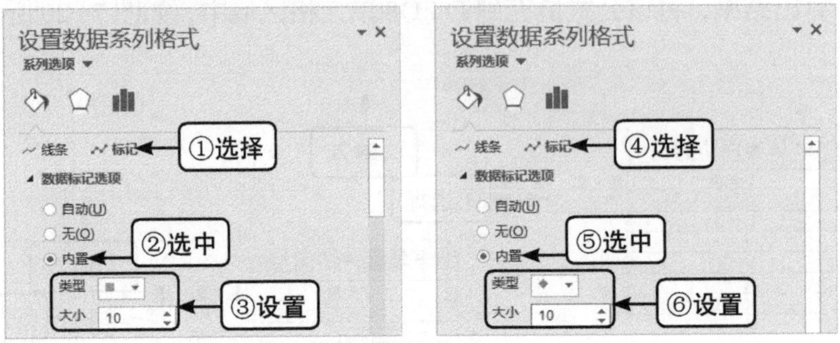

图 7-22

返回工作表中，即可查看到图表中客户访问量的最大值与最小值被自动突出显示。

7.3

动态查看图表数据怎么操作

在 Excel 中，通常情况下制作出来的图表都只能称为“静态”图表，因为它只会随着数据源的改变而改变。简单来说，“静态”图表会将输入表格中的所有商业数据都展示出来。如果并不需要通过图表查看所有的数据，那么就需要制作出“动态”图表，也就是可以动态地查看图表中的数据，这样就可以根据实际需要展示数据，如只展示某年的销售额。

7.3.1 利用筛选功能使图表动态变化

素材	水果销售情况.xlsx
效果	水果销售情况.xlsx

当我们面对着特别多的商业数据时，想要将其展示出来就显得比较

麻烦，此时可以试试 Excel 中的数据筛选功能。利用自动筛选，可以实现图表根据需要显示目标数据并隐藏暂时不需要的数据的目的，这样就节省了空间，也不会丢失数据。

例如，在“水果销售情况”工作表中，想要动态查看每月水果的销售情况，此时需要为月份添加筛选功能，为数据插入图表，然后通过手动设置需要展示的月份来使图表自动展示出对应月份的数据。

首先，为“月份”列创建筛选功能，同时创建相应的销售柱形图。这里选择 A2:A8 单元格区域，单击“数据”选项卡，在“排序与筛选”功能组中单击“筛选”按钮，此时“月份”单元格右下角会出现一个下拉按钮。然后选择数据单元格区域，切换到“插入”选项卡，在“图表”功能组中单击“插入柱形图或条形图”下拉按钮，在弹出的下拉菜单中选择“簇状柱形图”选项，更改图表标题，如图 7-23 所示。

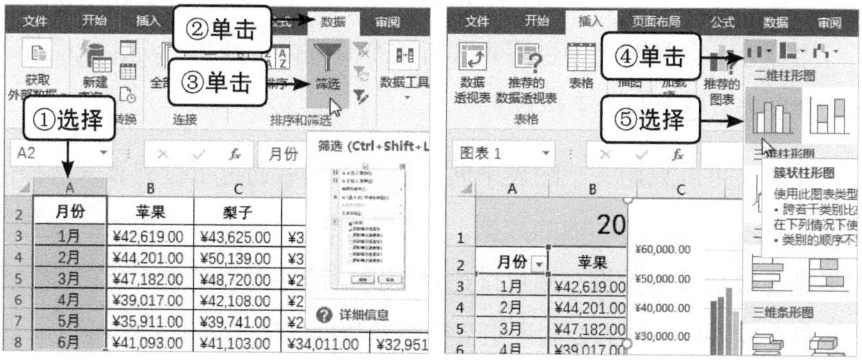

图 7-23

此时，就可以为数据相应地应用筛选操作。首先单击“月份”单元格右侧的下拉按钮，在打开的列表中取消选中“（全选）”复选框，选中“1月”复选框，然后单击“确定”按钮。返回工作表中，即可查看到图表中只展示“1 月”的数据，即图表数据变成动态效果，如图 7-24 所示。

图 7-24

7.3.2 用组合框控制数据区域的变化

素材	产品销售数量分析.xlsx
效果	产品销售数量分析.xlsx

通常情况下，我们都需要对多个年份、季度或月份的商业数据进行分析，所以制作的图表中将多个年份、季度或月份的商业数据情况进行了综合展示。如果想要通过图表分析某个时间内的数据情况，就需要单独创建图表，这会加大工作量。

其实，可以只用一个图表来展示数据，然后通过下拉列表来选择图表中要显示的某段时间内的数据，从而图表就会自动发生相应的变化。如果是比较简单的数据，则可以通过筛选功能使图表动态变化；如果是比较复杂的数据，则需要利用组合框控制数据区域的变化来实现。

例如，在“产品销售数量分析”工作表中，想要更加直观地查看某年的产品销售情况，常用的方法就是利用图表“动态”展示出该年的数据情况，此时，就可以通过组合框功能来实现。首先为图表添加组合框，然后为图表添加辅助列，最后设置图表动态数据链接。完成前面 3 步操作后，通过单击图表上组合框右侧的下拉按钮，选择需要查看的年份，图表上就会自动展示出该年的产品销售数据。

1. 为图表添加组合框

在工作表中单击“开发工具”选项卡，在“控件”功能组中单击“插入”下拉按钮，在弹出的下拉菜单中选择“组合框（窗体控件）”选项。然后在图表的右上角按住鼠标左键绘制组合框，完成后释放鼠标，如图 7–25 所示。

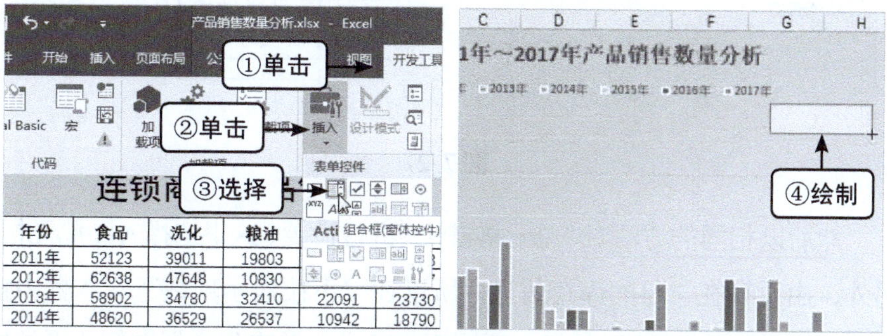

图 7-25

为了让组合框具有相应的功能，可对其大小和控制进行设置。保持组合框的选择状态，在其上右击，在弹出的快捷菜单中选择“设置控件格式”命令。打开“设置控件格式”对话框，单击“大小”选项卡，在“大小和转角”选项组中分别对高度和宽度进行设置，如图 7–26 所示。

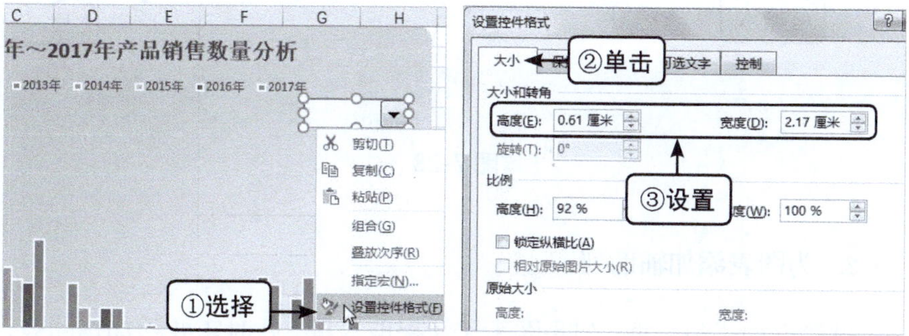

图 7-26

接着对控制进行设置，单击“控制”选项卡，在“数据源区域”文本框后单击“折叠”按钮，在工作表中选择相应的数据区域，这里选择

A3:A9 单元格区域，完成后单击“展开”按钮，如图 7–27 所示。

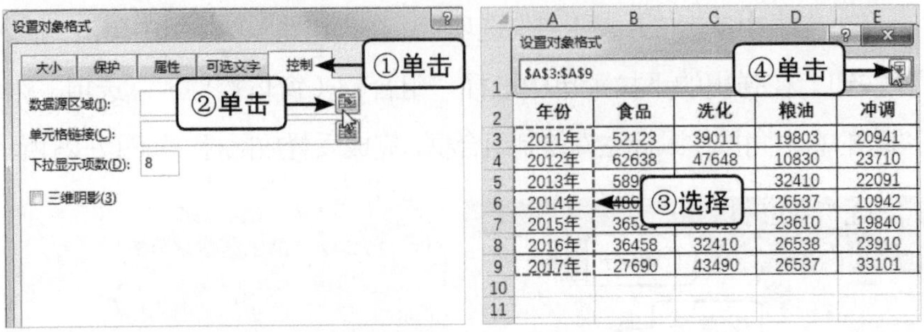

图 7-27

然后以相同的方法对“单元格链接”进行设置，这里选择 A11 单元格。另外，由于存在 7 年的库存信息，所以在“下拉显示项数”文本框中输入“7”，单击“确定”按钮。返回工作表中，单击组合框右侧的下拉按钮，即可查看到相应的年份，如图 7–28 所示。

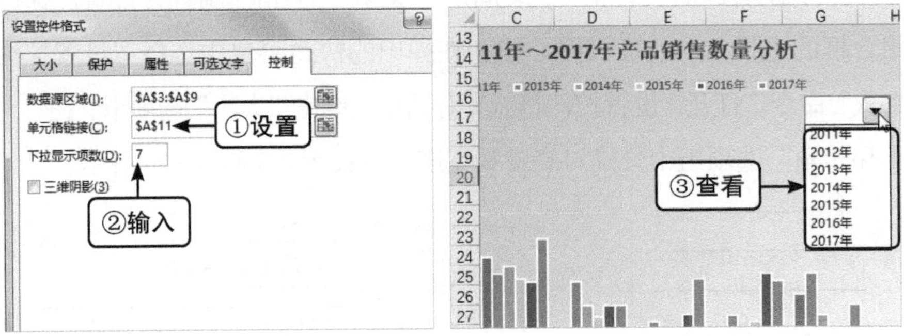

图 7-28

2. 为图表添加辅助列

虽然添加了组合框，但是图表无法提取数据，此时需要添加辅助列。这里先选择 B2:G2 单元格区域，在“开始”选项卡的“剪贴板”功能组中单击“复制”按钮。然后选择 B10:G10 单元格区域，在“剪贴板”组中单击“粘贴”下拉按钮，在弹出的下拉菜单中选择“值和源格式”选项，如图 7–29 所示。

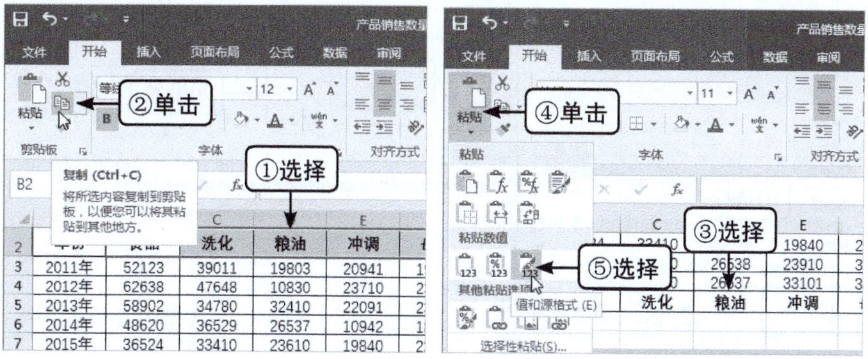

图 7-29

为了让单元格自动获取数据，可以通过 INDEX() 函数来完成。这里先选择 B11 单元格，在编辑栏中单击“插入函数”按钮。打开“插入函数”对话框，在“搜索函数”文本框中输入“INDEX”，单击“转到”按钮，此时在“选择函数”列表框中即可显示出相应的函数，选择目标函数选项，单击“确定”按钮。如图 7-30 所示。

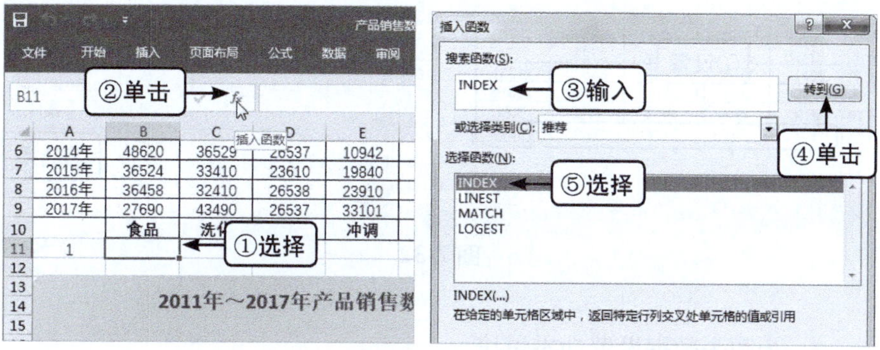

图 7-30

打开“选定参数”对话框，在“参数”列表框中选择“array,row_num,column_num”选项，单击“确定”按钮。然后在打开的“函数参数”对话框中，分别对 Array 和 Row_num 参数进行设置，单击“确定”按钮。如图 7-31 所示。

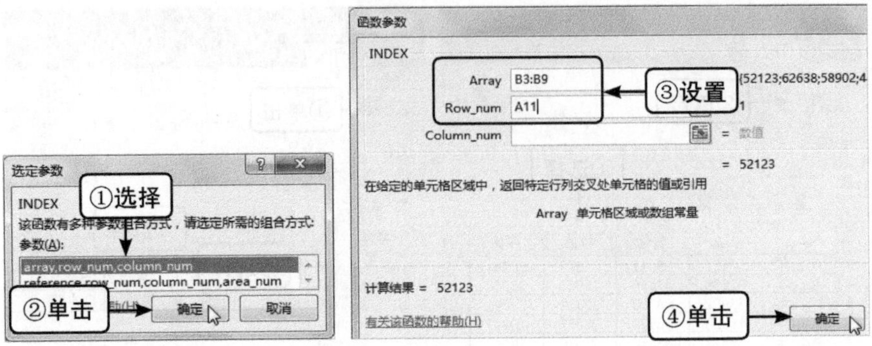

图 7-31

返回工作表中，以相同方法在 C10、D10、E10、F10 和 G10 单元格中设置公式。此时，在组合框的下拉列表中选择某个年份时（如 2015 年），B11:G11 单元格区域中的数据就会发生相应变化，如图 7–32 所示。

图 7-32

3. 为图表数据设置动态链接

我们的最终目的是让图表中的数据系列随着组合框中年份的改变而改变，此时可以通过对图表的数据源进行设置来实现。首先在图表上右击，在弹出的快捷菜单中选择“选择数据”命令。打开“选择数据源”对话框，然后在“图表数据区域”文本框后单击“折叠”按钮，如图 7–33 所示。

图 7-33

因为辅助列中显示的是某个年份的库存数据，所以可以将辅助列中获取的数据作为数据源。在工作表中选择 B10:G11 单元格区域，单击“展开”按钮展开对话框，然后单击“确定”按钮，如图 7-34 所示。

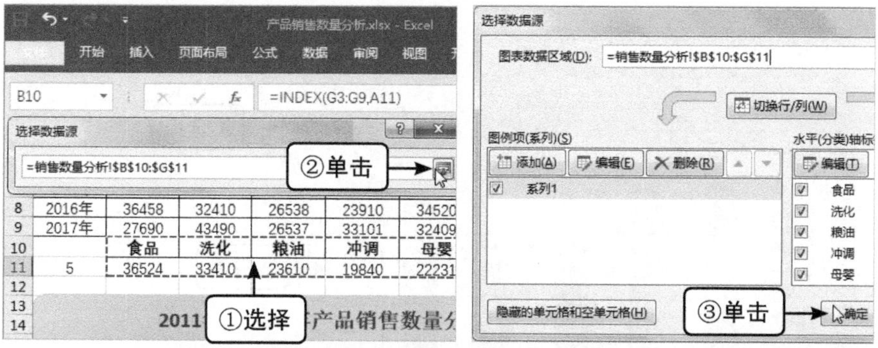

图 7-34

在重新设置数据源后，图表中的数据标签格式会发生变化，为了让其更加直观，可以添加数据标签，并将其显示在系列外面。因此，在返回工作表中后，单击“图表工具 设计”选项卡的“图表布局”功能组中的“添加图表元素”下拉按钮，在弹出的下拉菜单中选择“数据标签 / 数据标签外”选项，即可在数据系列上方添加数据标签。然后选择 A10:G11 单元格区域，取消其边框，并设置数据的字体颜色为“白色”，如图 7-35 所示。

图 7-35

此时，在组合框的下拉列表中选择某个年份（如 2016 年），图表即可自动显示该年份的产品销售情况。同时，辅助列中的数据也不再显示，如图 7–36 所示。

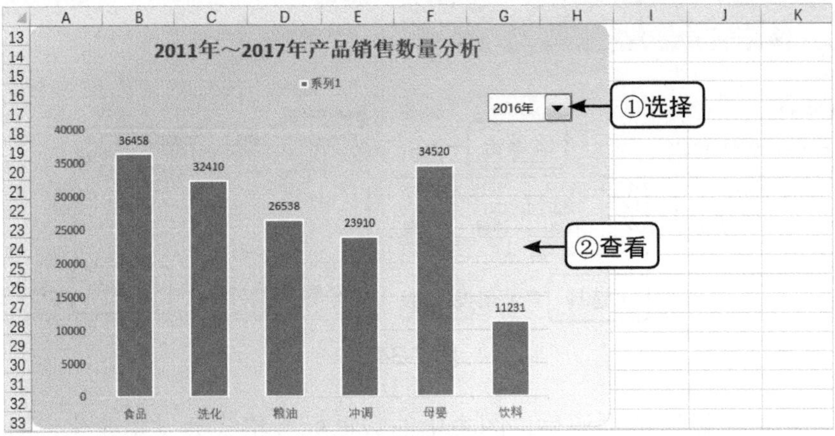

图 7-36

其实，在利用组合框控制数据区域的变化时，不仅可以对柱形图进行操作，还可以对饼图、条形图及散点图等图表进行操作，只是用柱形图来展示产品销售数据会更加直观。

第8章

优化图表细节让内容展示更直观

在商业数据分析中，图表是呈现数据分析结果最好的方式，利用图表可以将枯燥的数据形象地展示出来，并且让数据结果关系一目了然。但是默认的图表效果不具有专业性和观赏性，因此不能很好地传递数据信息。所以，在商务活动中通常都忌用系统默认的图表效果，本章将具体介绍如何从细节入手来优化图表效果，让数据展示更直观。

8.1

图表设计最容易忽视的内容

在数据分析工作者的眼中，图表是直观呈现数据的一种工具，而在设计师的眼中，图表也相当于一件平面设计作品，因为优秀的图表设计效果可以吸引数据阅读者的眼球，从而提升数据分析结果的表达力。

所以，要想提升图表的表达效果，数据分析工作者也要试着从平面设计的角度来设计数据图表。下面列举一些图表设计中容易忽略的内容供数据分析工作者学习，以此来提高图表效果的设计能力。

8.1.1　图表外观设计的误区

图表的外观是给人的第一印象，因此优化图表效果首先要从图表的外观效果入手，但是很多数据分析工作者在进行图表外观设计时，都会或多或少地存在一些误区，从而导致图表不能很好地传递数据信息。认识图表外观设计的误区并有效规避这些误区是图表设计工作中一个重要的环节。

1. 布局不符合视觉和阅读习惯

正常情况下，人们的阅读习惯都是从左到右，从上到下，图表的设计也要遵循这个原则，可以将一些重点表达的信息突出显示在图表的左上方或者上方，将一些注释说明的信息安排在图表的下方或者右下方，以此来有效传递图表设计者的数据观点。

下面来对比看一组图表，如图 8-1 所示。在左图中，将辅助说明文字内容放到左上角的位置，而将图表标题放到右下角的位置，阅读者在阅读时，首先接触的是补充说明内容，然后看图表数据，最后才看到标题，整个信息接收过程比较混乱，且不连贯，每次接收到的数据都是断裂的，这种图表的布局效果不好。

而将其优化为右图的布局后，阅读者首先看到的是图表标题，可以大致猜想到图表反映的是什么数据结果，再看到图表中具体的年终奖调查结果，最后在右下角的位置补充说明了年终奖在 5K 以下和 1W 以上的员工的占比，整个数据接收过程是循序渐进，层层深入的。

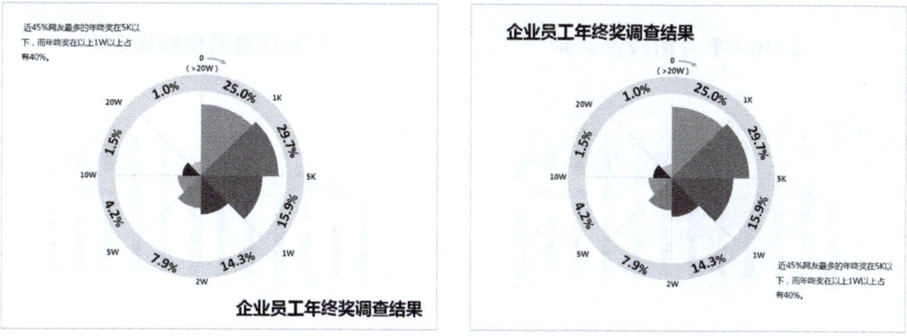

图 8-1

2. 颜色和背景效果设置过度

一提到美观，首先想到的就是颜色漂亮，背景效果丰富绚丽。的确，适当地在图表中添加一些颜色或者图表背景效果，可以使阅读者在阅读图表时缓解视觉疲劳。

然而，毕竟颜色和背景效果只是起到一个辅助作用，因此使用时也要掌握好度，过度地使用就会造成相反的效果。下面具体介绍如何把握好这个度。

（1）颜色不要设置太抢眼

一般情况下，商业图表数据中尽量不要使用太亮的颜色作为图表的背景颜色，而且要注意到图表颜色的种类使用。通常一个图表中大体的色块不能过多，否则会让图表效果显示得五花八门，从而降低数据信息的可读性。

如图 8-2 所示，在左图中，几乎把图表的主要组成部分都填充了鲜艳的颜色，致使图表内容首先映入眼前的是各种色块，将其进行优化后得到右图的图表，二者对比，可以明显地看到右图的优势，不仅给人以清爽的感觉，而且数据信息一目了然。

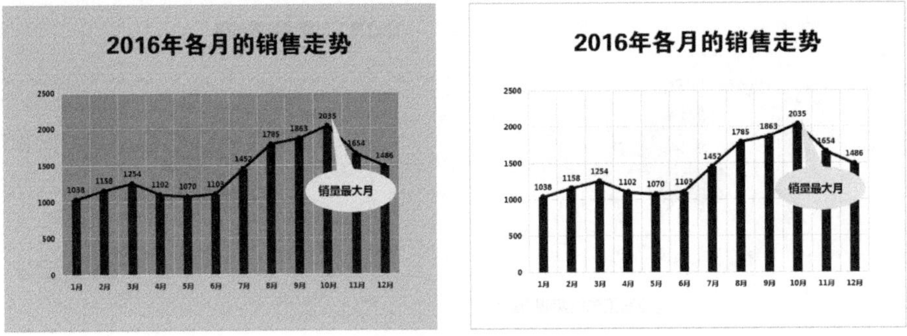

图 8-2

（2）背景图片要注重内容和布局

用背景图来设置图表的背景时也要注意搭配协调，不能太花哨，不要一味地为了追求个性和吸引人的外观，而忽略了图表要传达的信息。对于图表背景图片的选择，需要注意几点。

①背景图的内容要有意义，不能随意选择，如图 8-3（左）所示，很严谨的销售任务完成情况数据结果展示，配了一张小女孩写真的背景图片。整体给人的感觉就是乱，如果确实找不到与图表分析数据完全一

致的背景图片，此时可以选择一张看不出什么具体要表达意思的抽象图片来代替实物图片更强，表达效果会更好。

②背景图不能太复杂，以简单明了为主，如图 8–3（右）所示，虽然背景图是抽象的图片，但是由于图片内容本身过度复杂，从而会分散阅读者的注意力，降低图表数据的可读性。

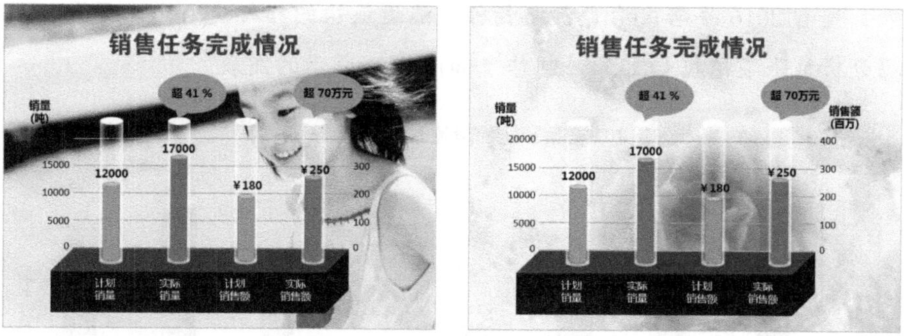

图 8-3

8.1.2 重点突出的关键点怎么表达

利用图表展示商业分析结果时，有时候需要特别强调图表中的某个数据结果，可以利用如下几种方式将重点信息突出显示，以此达到强调数据的目的。

1. 用颜色突出显示

在 Excel 中，默认情况下制作的图表，同一种数据系列的颜色和效果都是相同的，在这种情况下，如果要达到突出其中的某个数据，可以通过为某个指定的数据系列形状设置其他的颜色，从而达到突出的目的。下面通过一个案例具体了解如何用颜色突出显示数据系列来达到强调数据的目的。

案例陈述　在柱形图中利用颜色突出显示最大值

据资料显示：初步核算，2016 年全年居民消费价格比上年上涨 2.00%，其中，食品烟酒上涨 3.80%，衣着上涨 1.40%，居住上涨 1.60%，生活用品及服务上涨 0.50%，交通和通信下跌 1.30%，教育文化和娱乐上涨 1.60%，医疗保健上涨 3.80%，其他用品和服务上涨 2.80%。现在需要制作一个图表，查看 2016 年居民消费价格指标中涨速最快的指标是哪个。于是，数据分析员张某根据如上资料制作了如图 8-4 所示的图表。

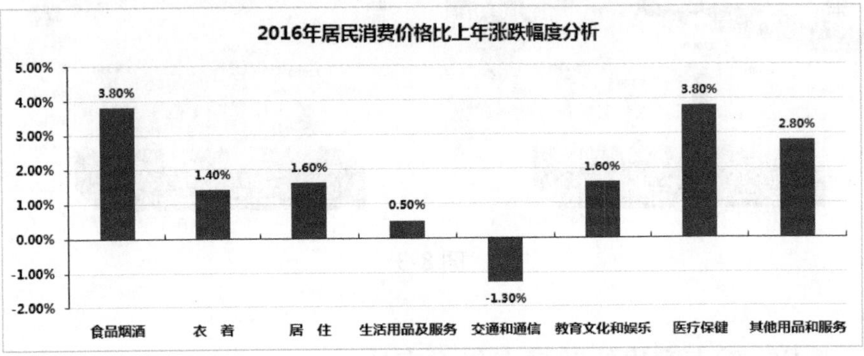

图 8-4

为了突出显示上涨幅度最大的指标，现在需要用颜色将对应的数据系列突出显示出来，优化后的图表效果如图 8-5 所示。

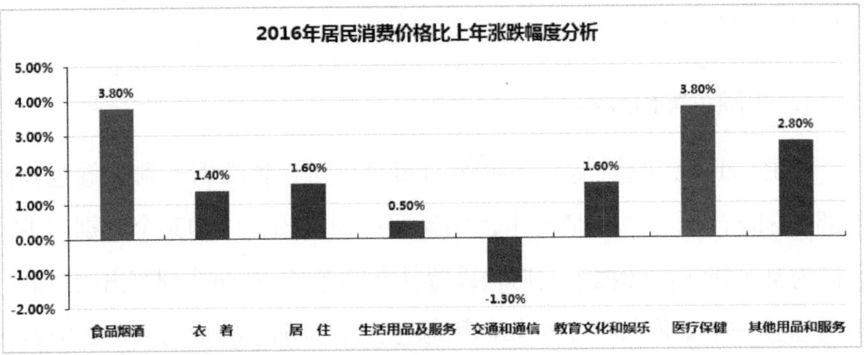

图 8-5

从优化后的图表中可以一眼就看到有两个数据系列的颜色与其他数据系列的颜色不同，这两个颜色突出显示的即为上涨幅度最大指标，分别是食品烟酒和医疗保健。

需要注意的是，这里选择的突出显示的颜色一定要与原数据系列的颜色形成明显的反差，如果选择相近或者相似的颜色，就不能达到突出显示的目的。

职场小贴士

默认情况下，在某个数据系列形状上单击就会选择同组的所有数据系列形状，如果要单独选择某一个数据点的数据系列形状，在该数据系列点对应的形状上单击两次，将其单独选择。

2. 饼图数据的突出显示方法

前面介绍的用颜色突出显示数据系列的方法适用于几乎所有的图表类型，但是针对饼图而言，要突出显示某个数据点，可以有如下几种特殊的方法。

（1）直接分离关键信息

在饼图中，每个扇区就是一个分类的数据，默认情况下，所有的扇区的起点都在一个地方，即圆形的中心，此时只能通过扇形面积的大小来直观判断数据的大小，如果将图表的某个扇区分离出来，则饼图的整体性虽然被分断了，但是很容易地就看得到分离出来的扇区，而这个扇区即为强调的数据。

如图 8-6 所示，金牛区的销售情况不是最大的，也不是最小的，但是通过分离效果可以很直观地看到该扇区。要达到这个效果，其具体的操作方法如下。

首先单独选择要分离的饼图扇区，如两次单击“金牛区”饼图扇区将该扇区选中，然后按住鼠标左键不放，向远离圆心的位置拖动鼠标左键即可将该扇区分离出来。

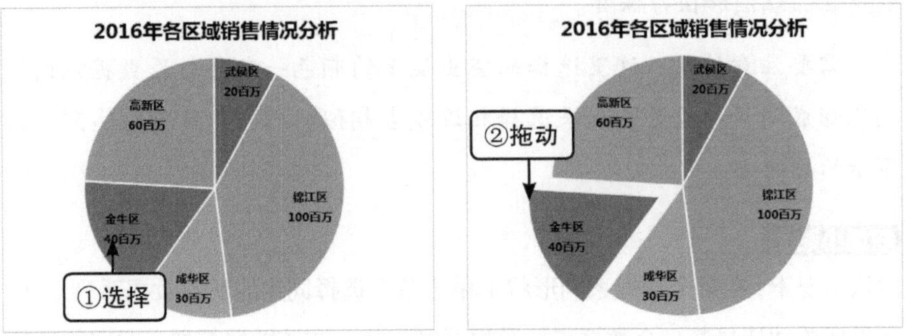

图 8-6

（2）用箭头形状强调

饼图默认情况下的外观是一个完整的圆被分为多个扇区，如果要强调某个扇区，还可以用箭头的形状来指出被强调的扇区，其具体的操作方法如下。

选择要强调的扇区，将其填充色设置为白色（如果图表有背景颜色或者背景图片，可以将强调扇区的填充色设置为无），再添加一个箭头形状指向该扇区，最后根据实际需要调整强调扇区的数据标签到箭头的合适位置完成操作，最终的效果如图 8–7 所示。

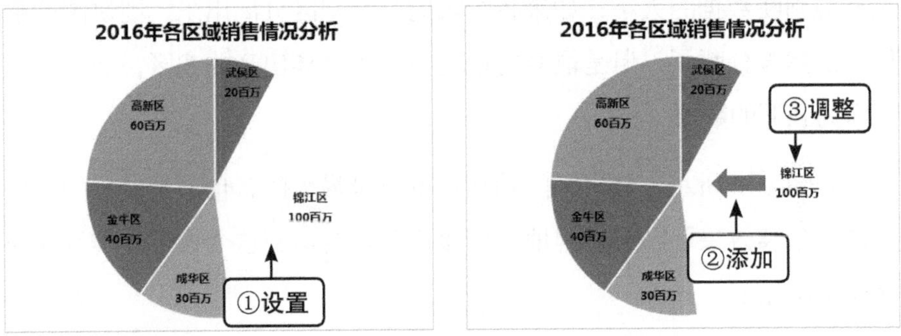

图 8-7

8.2

图表元素的处理细节

图表中的组成元素有很多，要想让图表更直观地展示商业数据的分析结果，对图表元素的细节处理也很重要。虽然这些细节看起来不起眼，但却是优化图表效果的重要手段，也是确保数据信息能够直观显示的关键。

8.2.1 最大化数据墨水

在讲解最大化数据墨水之前，先来看一幅图片，如图 8-8 所示，该图是一个发现你是否隐藏心理疾病的图片，不能看到某个圆圈中的数字，就说明某方面潜伏问题，当然，前提是你不是色盲或者色弱。

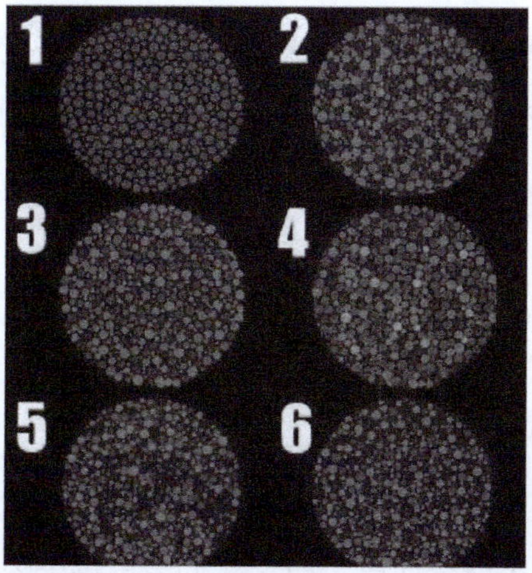

图 8-8

图8-8就是一个明显没有考虑数据墨水所造成的效果的情况，对于某些测试可以这样做，但是在商业数据分析结果的处理中，利用Excel的图表功能目的是为了让他人直观地看清楚数据分析的结果，而不是让他人来猜测数据结果，也不是为了检测他人是否色盲、色弱而将图表效果设置得很“炫”。

因此，图表设计的根本原则就是最大化数据墨水比。图表中的每一点墨水都要有存在的理由，并且这个理由应该是展示新的信息，更应该是我们要展示的重点内容。

1. 数据墨水与非数据墨水

既然最大化数据墨水比在图表设计中这么重要，那么，什么是数据墨水？什么是非数据墨水？哪些图表元素是数据墨水？哪些图表元素是非数据墨水？

在Excel图表中，数据墨水是指系列数据生成的数据图，具体如下。

- ◆ 饼图中的所有扇区和图表标题都可以是饼图的数据墨水区。
- ◆ 折线图中的折线和数据点都是数据墨水区。
- ◆ 柱形图和面积图中柱形形状和面积区域都是数据墨水区。

非数据墨水是指除系列数据生成的数据图外的其他内容，具体如下。

- ◆ 饼图中图表区设置的背景图就是非数据墨水区。
- ◆ 柱形图的绘图区也是非数据墨水区。
- ◆ 折线图中的网格线为折线图的非数据墨水区。

2. 如何最大化数据墨水比

其实，数据墨水比并不是真的指数据墨水与非数据墨水之间具体的比例值，它只是一个概念而已，要求我们考虑每个图表元素的使用目的与最佳呈现方式。即根据实际的需求，组合出需要的效果。图 8-9 所示为根据不同的目的，用相同的元素组合出不同的效果。

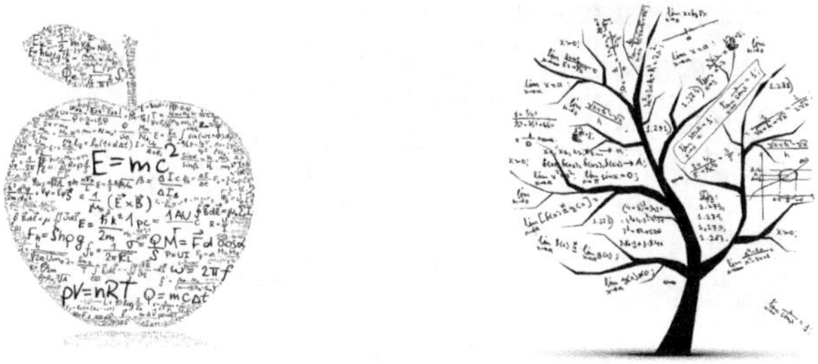

图 8-9

不妨设想一下，当创建好一张图表后，需要将其呈现给他人阅读时，有哪些墨水是必不可少的？有哪些墨水则是被浪费的？如何才能最大化数据墨水比呢？具体如图 8-10 所示。

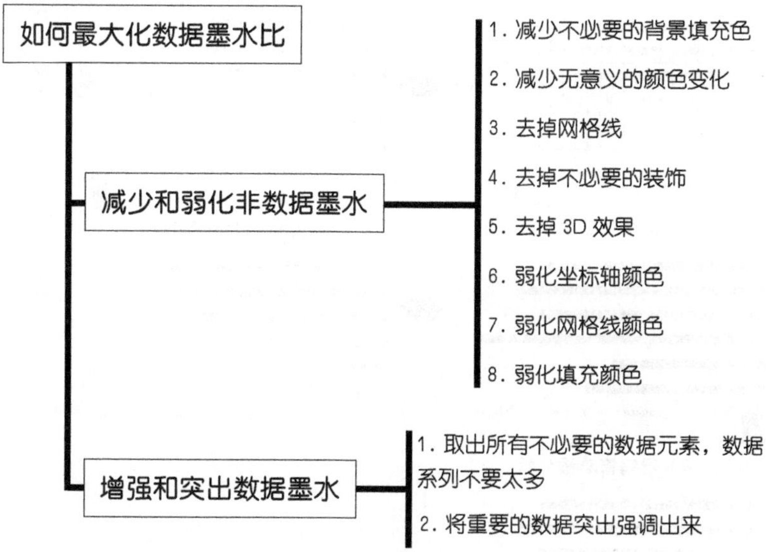

图 8-10

下面对比一下图表数据墨水最大化的效果，如图8-11所示为未进行任何设置的素材效果。

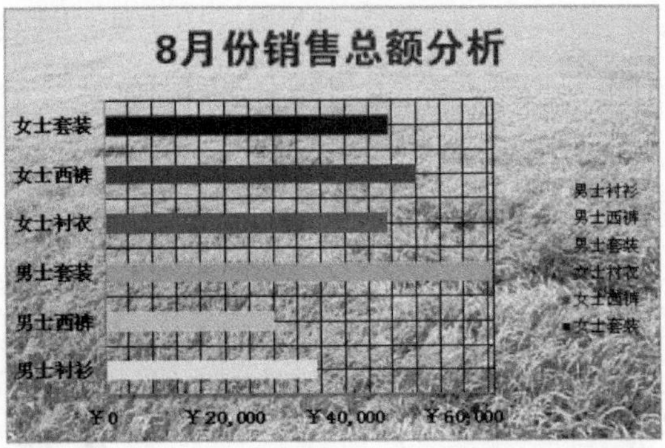

图 8-11

初始效果中，为图表区添加了背景、网格线及图例，数据系列颜色不一，最大值不显示、不醒目。下面对其进行图表数据墨水最大化过程，如图 8-12 所示。

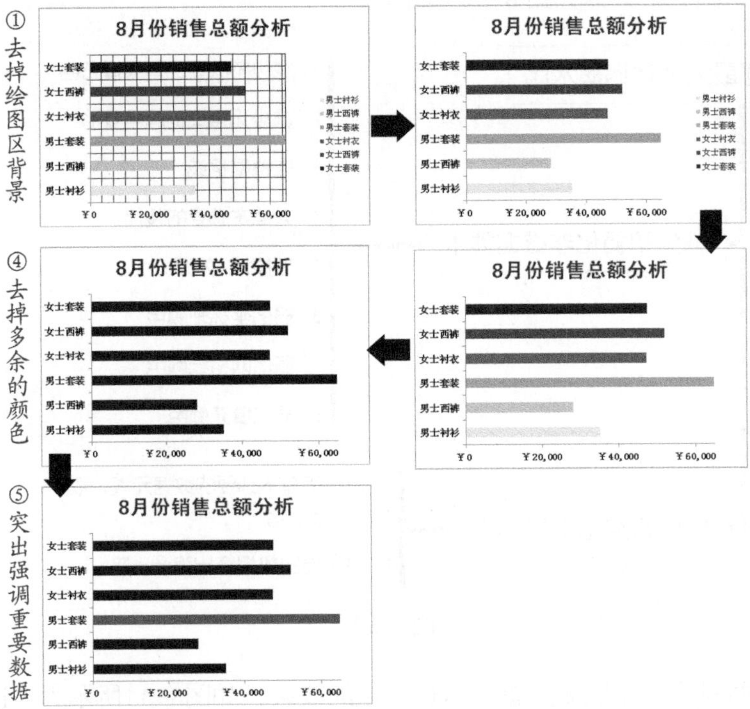

图 8-12

从图 8-12 中可以看到，第一个到第五个图表优化过程中运用了前面所学到的内容，保证每个墨水的应用都是有意义的，没有意义的墨水使用将被剔除。其具体过程是：删除图表区背景→去掉网格线→去掉不必要的填充色→删除多余的图例→突出强调最大销售额。

8.2.2 用图形让数据系列表达更形象

素材	车辆销量统计表文件夹
效果	车辆销量统计表.xlsx

默认情况下，图表中的数据系列都是用各种形状来表示的，除了从不同的颜色上对各种数据系列进行区分以外，可以通过查阅图例或者添加对应数据系列的数据标签来判断每个系列是什么数据。

其实，在 Excel 中，完全可以借助各种实物图片将数据系列形象化表达，让读者更直接地了解数据的变化，也可以增强图表的视觉效果，如图 8-13 所示。

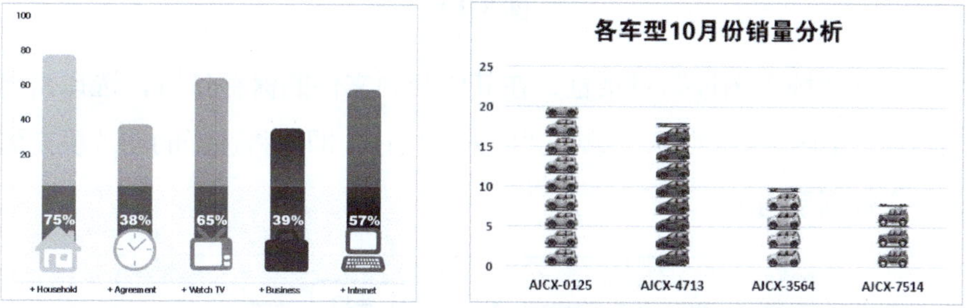

图 8-13

从图 8-13 中可以看到，左图还是保留了默认的属性形状来量化各数据的大小，而在每个数据系列的底端分别使用了不同的图形，让阅读者可以明确数据系列代表的是什么数据。而右图则直接用对应的图形替换了原始的矩形形状的数据系列，无论用哪种方式，整体效果都比较直接、美观。

左图的效果比较好实现，直接将对应的图形覆盖到数据系列的底端即可，而要达到右图的图形化效果，就需要使用图片填充数据系列的方式来完成，其具体操作如下。

在图表中单击两次第一个数据系列将其选择，在其上右击，在弹出的快捷菜单中选择“设置数据点格式”命令，在打开的“设置数据点格式”任务窗格中单击“填充与线条”按钮，展开“填充”选项组，选中“图片或纹理填充”单选按钮，最后单击“文件”按钮，如图 8-14 所示。

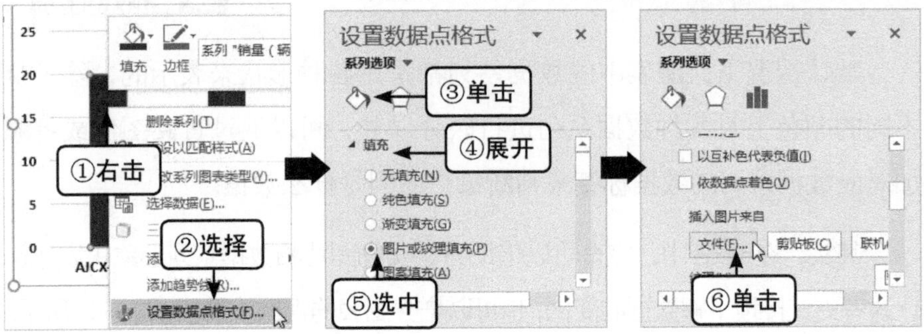

图 8-14

打开“插入图片”对话框，在其中找到文件的保存位置，选择需要的图片，如图 8-15 所示，单击“插入”按钮，即可将选择的图片填充到第一个数据系列中。

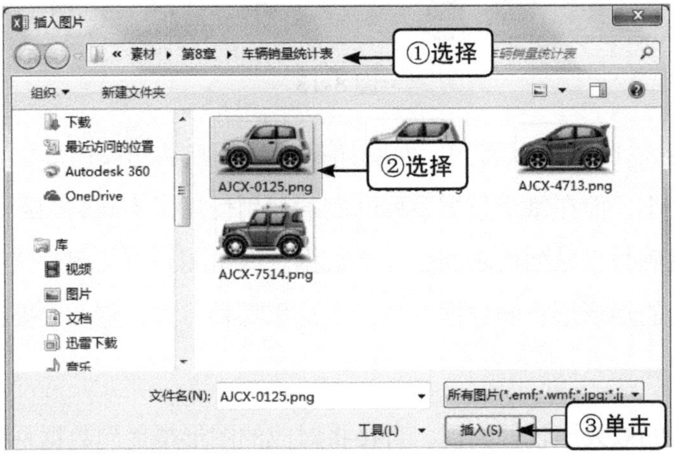

图 8-15

返回工作表中，可以查看到程序默认以拉伸的方式将图片变形填充到整个数据系列形状中，如果要让图形按正常的比例显示，在“设置数据系列点”任务窗格中选中“层叠”单选按钮，程序自动将图形以层叠的方式填充满当前的数据系列，如图 8-16 所示。

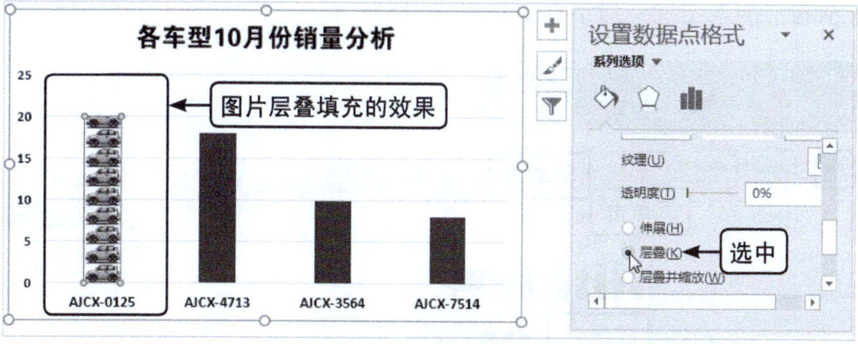

图 8-16

选择第二个数据系列，在“设置数据点格式”任务窗格中选中“图片或纹理填充”单选按钮，单击“文件”按钮，打开“插入图片”对话框，在其中选择需要的图片后，单击“插入”按钮，并为第二个数据系列以拉伸的方式填充相应的图片，然后将其拉伸填充方式设置为层叠。用相同的方法为其他数据系列设置对应的图形填充，单击“关闭”按钮，关闭任务窗格，完成整个操作，如图 8-17 所示。

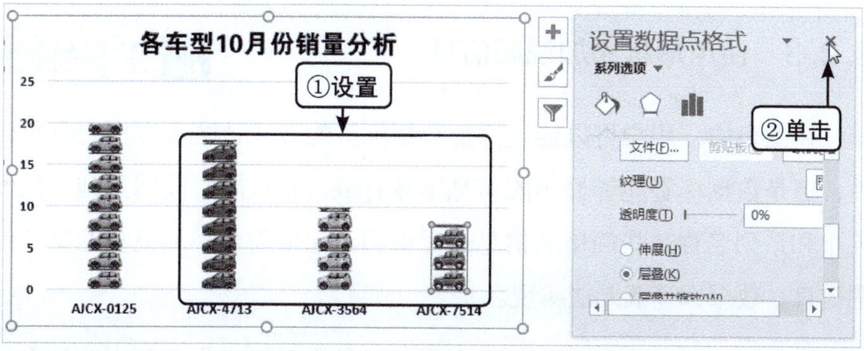

图 8-17

除了上面的方法，在 Excel 中的图表中选择单个的数据系列后，单击“图表工具 格式”选项卡，在“形状样式”功能组中单击“形状填充”按钮右侧的下拉按钮，在弹出的下拉菜单中选择“图片”选项，打开“插入图片”对话框中，单击“来自文件”栏中的“浏览”按钮同样会打开图 8–15 所示的“插入图片”对话框，如图 8–18 所示。

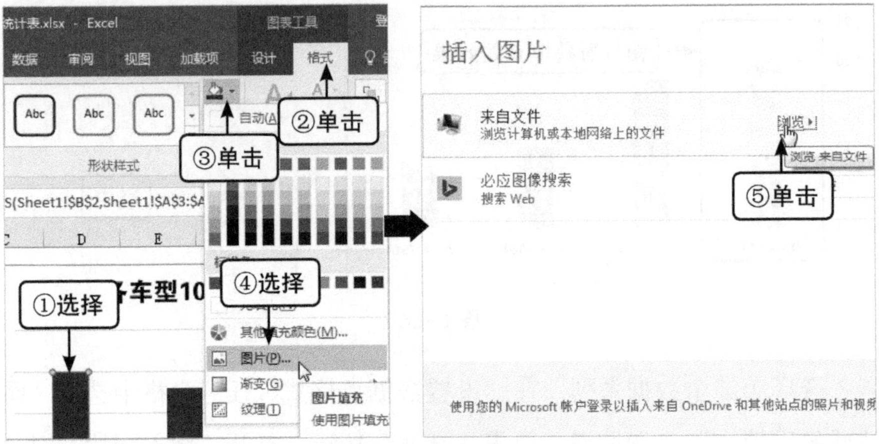

图 8-18

但是以这种方式填充的图片仍然只是以拉伸的方式填充到数据系列中，若要设置图片以层叠方式填充到数据系列中，还是要打开“设置数据点格式”任务窗格才能完成设置操作。

8.2.3 使用形状添加说明信息

素材	销售任务完成情况 .xlsx
效果	销售任务完成情况 .xlsx

在图表中，用户可以通过添加数据标签的方式让图表数据更具可读性，但是数据标签能够显示的信息毕竟有限，它只能对数据系列的数值大小和系列名称这些简单的信息进行说明。如果需要添加更多的文字说明信息，数据标签就无法实现。

此时可以借助一个常见且很有用的工具来灵活添加各种说明信息，

这个工具就是形状。在 Excel 中，系统提供了各种标注形状，如图 8−19 所示为常见的一些标注形状。

图 8-19

如图 8−20 所示为在图中使用标注形状添加标注的效果，从图中可以看到，虽然在每个数据系列上方都用了对应的数据标签显示每个数据系列的大小，看得出实际销量大于计划销量，但是具体超过多少的这个结果却不直观，而利用形状标注添加辅助说明文本后，可以很直观地了解到实际销量比预计销量超出了 41%。

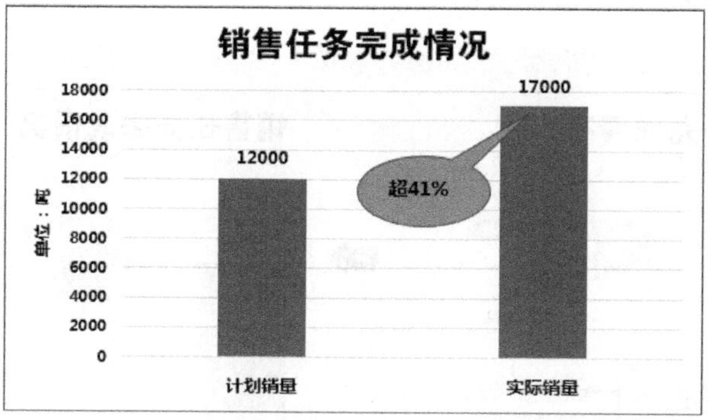

图 8-20

要实现这个效果，可以按如下操作来进行。

在工作表中单击“插入”选项卡，在“插图”功能组中单击“形状”下拉按钮，选择“对话气泡：椭圆形”标注形状，此时鼠标光标变为十字星形态，拖动鼠标即可绘制一个标注形状，如图 8–21 所示。

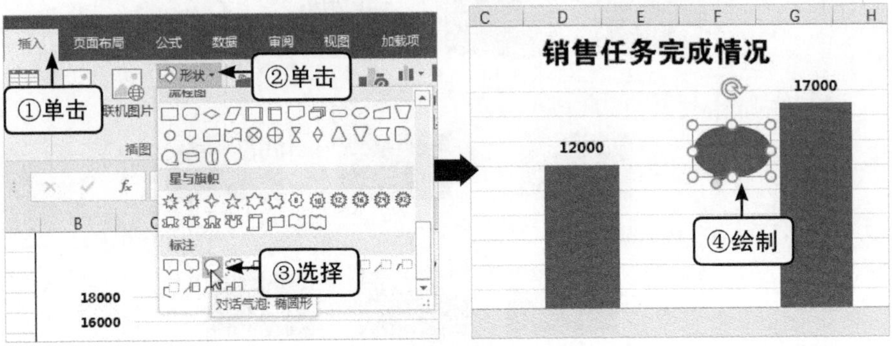

图 8-21

标注形状和其他形状一样，如果要在其中添加文本，需要在形状上右击，选择“编辑文字”命令，将文本插入点定位到其中，然后输入对应的文本即可。对于文本的字体格式设置，要与单元格中的文本的字体格式设置一样，而形状格式的设置与图表的格式设置相似，是通过激活的“绘图工具 格式”选项卡完成的。图 8–22 所示为标注形状添加文本并设置字体和形状格式后的效果。

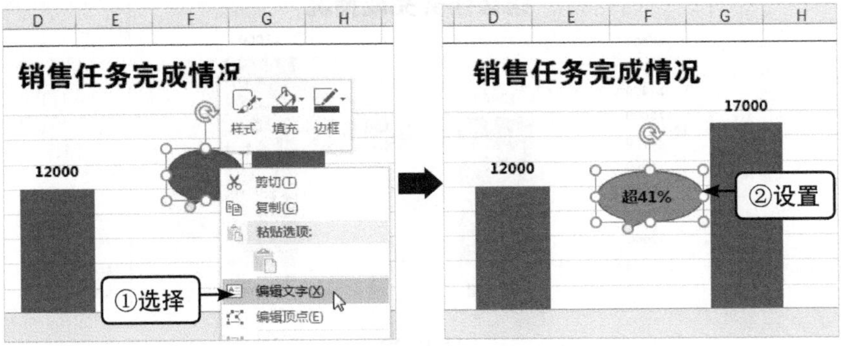

图 8-22

需要注意的是标注的指向方向。一般情况下，插入的标注形状的指向位置是向下，可以选择标注形状中的黄色控制点位置，按住鼠标左键不放，拖动鼠标即可随意改变标注的指向方向，如图 8-23 所示。

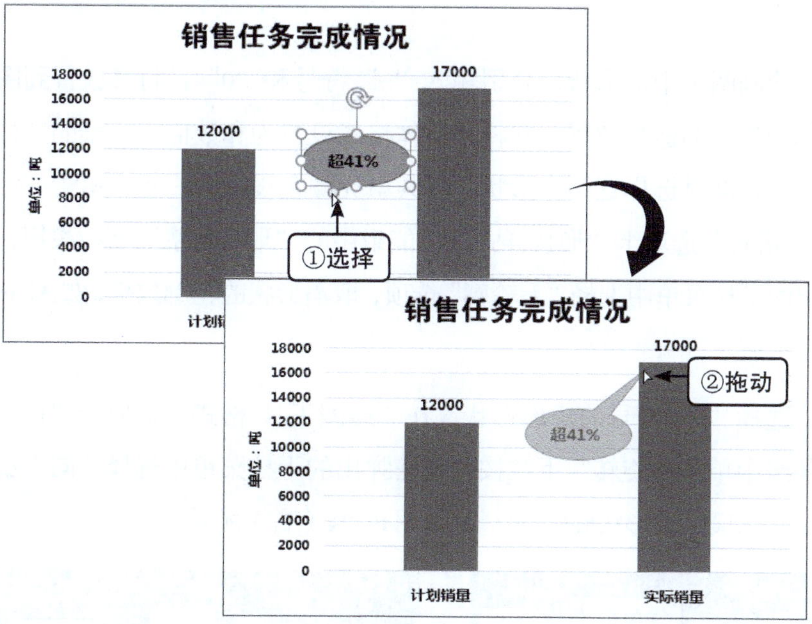

图 8-23

8.2.4 使用形状截断坐标轴

素材	卖场营业状况.xlsx
效果	卖场营业状况.xlsx

除了标注形状，Excel 中还提供了其他样式的形状，这些形状在自定义流程图中被广泛应用，在图表中也有很大的用处。

从第 7 章我们已经了解到，通过自定义坐标轴刻度的最小值后，坐标原点就不是“0”了，虽然通过改变最小刻度值后，整个数据变化更清晰和直观。但是其实，非零起点的数值坐标轴在比较正式的商务活动交流或演示场合下是不规范的，也是不专业的。

因此在进行数据分析时，用图表来处理数据结果，尤其要注意坐标原点必须为 0。

如果一定要在公众场合使用非零起点的坐标轴图表，一定要记得使用形状辅助操作来截断坐标轴，将坐标轴起点标记为 0。其具体的操作如下。

绘制两个矩形形状，分别输入“~”符号和“0”，将其放置到图表坐标轴起点的适当位置，并将其字体格式设置为和数值坐标轴的字体格式一样，同时选择这两个形状，将其填充颜色设置为白色，单击“绘图工具 格式”选项卡“形状样式”功能组中的“形状轮廓”下拉按钮，在弹出的下拉菜单中选择“无轮廓”选项，取消形状的轮廓效果，如图 8-24（左）所示。

选择“~”符号的矩形形状，在“绘图工具 格式”选项卡“排列”功能组中单击“旋转”下拉按钮，在弹出的下拉菜单中选择“向右旋转 90°”选项，将形状旋转 90°，如图 8-24（右）所示。

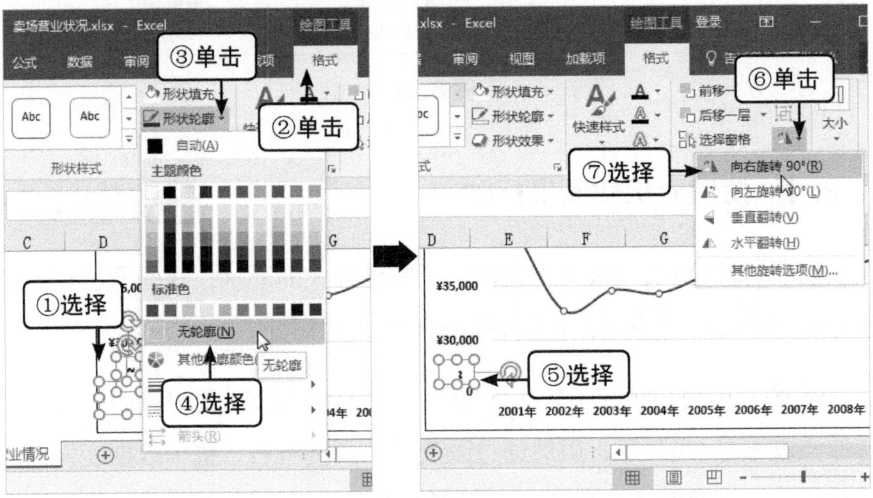

图 8-24

其设置后的对比效果如图 8-25 所示。此外还需要注意一点，如果图表的图表区或绘图区中设置了其他颜色效果，还需要将“~”符号和“0”

形状填充色设置为与背景效果相同的填充色，这样才能更好地融合在一起。

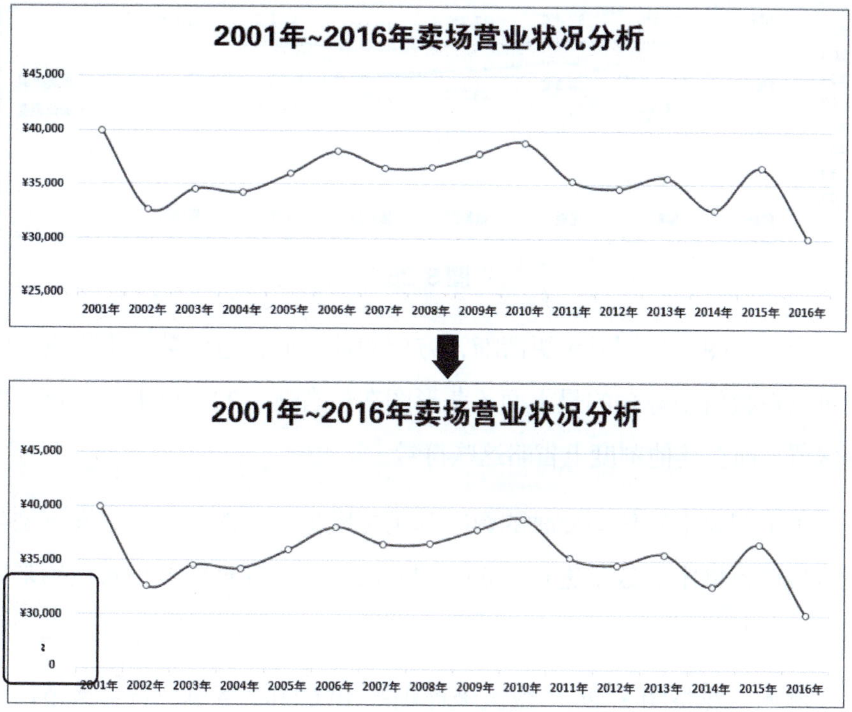

图 8-25

8.2.5 巧妙处理坐标轴中的符号

素材	一周气温变化 .xlsx
效果	一周气温变化 .xlsx

在图表中，有些数据源的数值会带某些特殊的符号，如百分比符号（%）、千分比符号（‰）、美元符号（$）、人民币符号（￥）或温度单位摄氏度（℃）等。

如果坐标轴的刻度和数值不是特别多，将这些数据带上符号，整个图表效果看起来还相对清爽一些，但是如果坐标轴上的刻度或数值比较多，每个符号都在坐标轴刻度上显示出来的话，会使图表看起来比较臃肿，如图 8-26 所示的效果。

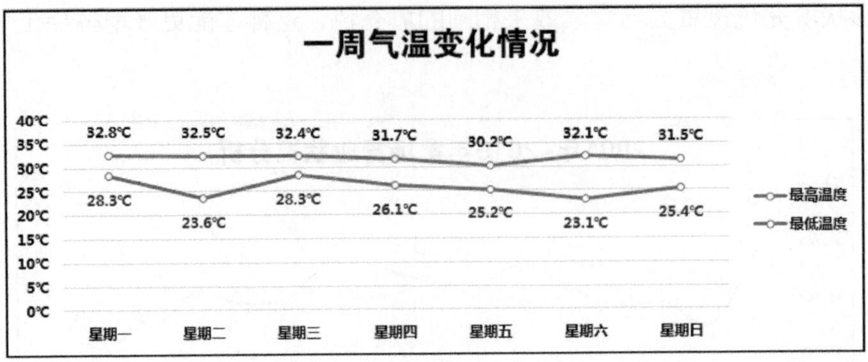

图 8-26

为了让图表数据显示更清晰，方便阅读，而且也让数据不失真，此时可以在数值坐标轴的最上面（条形图在最右侧）的刻度上显示符号数据保留，而在其他刻度上省略这些符号。

由于图表上数值刻度轴的数字都是可以自定义的，其自定义方法与在常规单元格中对数字进行自定义的方法相同，都是通过格式代码来完成的。

例如，要将图 8–26 中数值坐标轴的 40℃的温度单位符号保留，其他刻度的数据的温度单位符号都清除，其具体操作如下。

在图表中双击数值坐标轴，即可打开“设置坐标轴格式”任务窗格，在其中单击展开“数字”栏，在“格式代码”文本框中输入“[=40]0℃ ;0”格式代码，在该代码表示中，各部分的含义如下。

- “[=40]”部分用于判断数值坐标轴的刻度值是否为 40。
- “0℃”表示条件成立时显示的数据格式，其中“0”表示数字占位符，这部分的整体含义是指当刻度值为 40 时，在数据后面添加单位“℃”。
- 在格式代码中分号右侧的“0”部分表示条件不成立时执行的数字格式设置。

设置完格式代码后，单击“添加”按钮，并单击任务窗格右上角的“关闭”按钮，关闭该任务窗格，如图 8-27 所示。

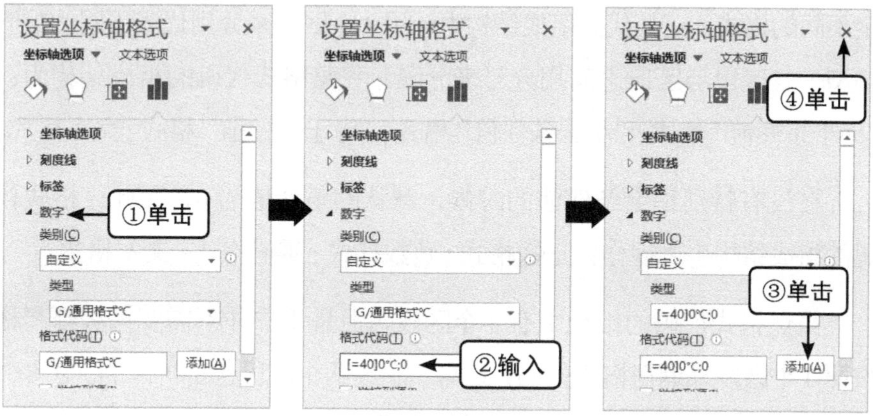

图 8-27

返回工作表中，即可查看到图表的主要数值坐标轴中只有最上方的刻度值有“℃”符号，如图 8-28 所示。但是需要注意的是，这里是固定将值为“40”的数据右侧添加“℃”符号，如果图表中的最大刻度变为其他数据，则“℃”符号不会自动添加到新的最大刻度值上。

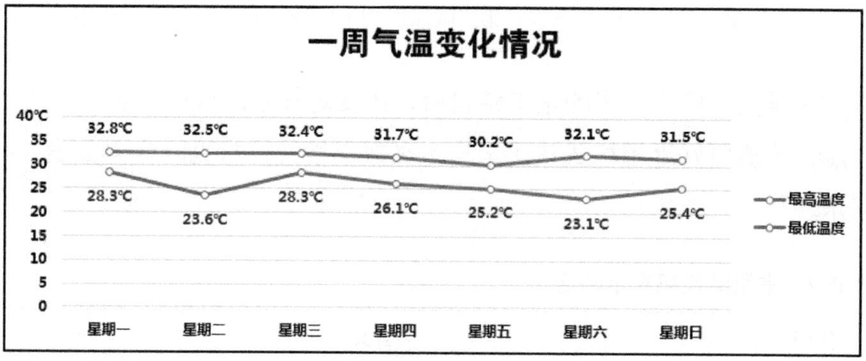

图 8-28

自定义数字格式代码在 Excel 中的应用可谓千变万化，而事实上自定义数字格式代码并没有想象中那么复杂和困难，只要掌握了它的规则，就很容易看懂并书写格式代码来创建自定义显示的数字格式。

自定义格式代码可以为正数、负数、零值和文本这4种类型的数值指定不同的格式，在其代码组成结构中，用4个区段来分别代表不同的数值类型，且区段与区段之间用分号来分隔。完整格式代码的组成结构为："大于条件值"格式;"小于条件值"格式;"等于条件值"格式;文本格式。

在没有特别指定条件值的时候，默认的条件值为0，因此，格式代码的组成结构也可视作：正数格式;负数格式;零值格式;文本格式。

虽然格式代码的结构中有4个区段，但是用户并不需要每次都严格按照4个区段来编写格式代码，只写一个或两个区段也是可以的。表8-1中列出了没有按4个区段写代码时，代码结构的变化。

表8-1　自定义数字格式代码结构规则

区段数	代码结构的意义
1	格式代码作用于所有类型的数值
2	第一区段作用于正数和零值，第二区段作用于负数
3	第一区段作用于正数，第二区段作用于负数，第三区段作用于零值

在掌握了格式代码的基本结构后，还要对其中的代码所表示的含义了解，才能更好地用格式代码来自定义数字格式。常见的代码如表8-2所示。

表8-2　常用的代码表示的含义

代码	含义
#	数字占位符，表示只显示有效数字，不显示无意义的零值
0	数字占位符，当数字比代码的数量少时，显示无意义的0
_	留出与下一个字符等宽的空格

续表

代码	含义
*	重复下一个字符来填充列宽
@	文本占位符，引用输入字符。例如，设置格式为“@ 销售代理”，输入文本“西南地区”，则显示为“西南地区销售代理”
?	数字占位符，在小数点两侧增加空格
.	小数点
%	百分数
,	千位分隔符
“文本”	显示双引号里面的文本
[颜色]	颜色代码，选择代码格式后在文本框中可将其修改为其他颜色，其代码值可以是中文代码，如 [黑色]、[白色]、[红色]]；也可以是英文代码，如 [black]、[white]、[red]。需要注意的是，在英文版中用英文代码，在中文版中则必须用中文代码
[颜色 n]	显示 Excel 调色板上的颜色，n 是 0 ～ 56 之间的一个数值

职场小贴士

我们都知道，图表中显示的数据都与数据源中的数据显示一致，如果要让图表中不显示重复的符号，可以对数据源中的数据取消输入符号，然后在图表中单独用文本框的方式为图表中的数值坐标轴的最上面添加相应的符号。需要注意的是，利用这种方法处理坐标轴的符号显示问题时，为了让数据源数据表达完整性，需要在数据源的表头中添加相应的符号，如图 8-29 所示。

统计时间	最高温度	最低温度
星期一	32.8℃	28.3℃
星期二	32.5℃	23.6℃
星期三	32.4℃	28.3℃
星期四	31.7℃	26.1℃
星期五	30.2℃	25.2℃
星期六	32.1℃	23.1℃
星期日	31.5℃	25.4℃

统计时间	最高温度（℃）	最低温度（℃）
星期一	32.8	28.3
星期二	32.5	23.6
星期三	32.4	28.3
星期四	31.7	26.1
星期五	30.2	25.2
星期六	32.1	23.1
星期日	31.5	25.4

图 8-29

8.2.6 简化图表中的冗余数据

素材	网络贷款余额月末值统计.xlsx
效果	网络贷款余额月末值统计.xlsx

在数据源中，为了让数据更加完整，很多时候都会尽可能地完整录入，如图8-30所示，时间跨2015年和2016年，为了更好地区分月份是哪年的，就在每个月份前面都添加了对应的年份，但是以这个数据源制作的图表，由于分类坐标轴的分类文本太多，程序自动根据图表的宽度倾斜显示（如果图例中的数据太长，则部分图例可能被隐藏起来不显示）。

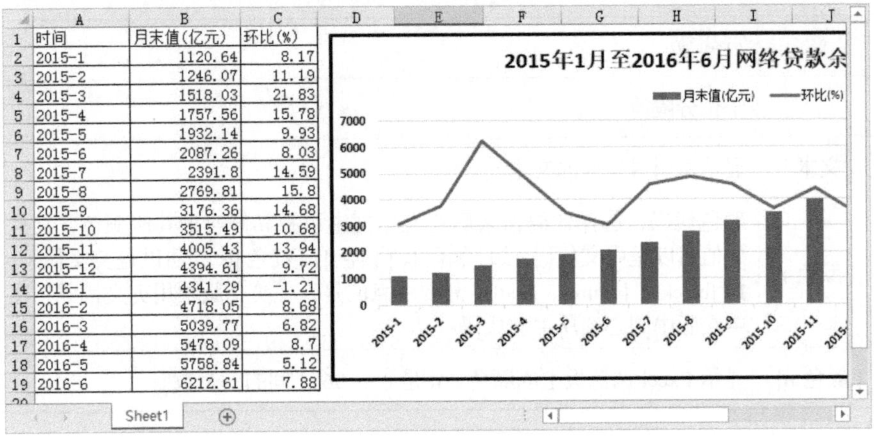

时间	月末值(亿元)	环比(%)
2015-1	1120.64	8.17
2015-2	1246.07	11.19
2015-3	1518.03	21.83
2015-4	1757.56	15.78
2015-5	1932.14	9.93
2015-6	2087.26	8.03
2015-7	2391.8	14.59
2015-8	2769.81	15.8
2015-9	3176.36	14.68
2015-10	3515.49	10.68
2015-11	4005.43	13.94
2015-12	4394.61	9.72
2016-1	4341.29	-1.21
2016-2	4718.05	8.68
2016-3	5039.77	6.82
2016-4	5478.09	8.7
2016-5	5758.84	5.12
2016-6	6212.61	7.88

图 8-30

从图8-30中可以看到，数据源中大量存在冗余的“2015-”和“2016-”，其实只需对每年开始的1月添加对应的年份，连续的多月中不用添加年份也可以明白当前月是哪年的。

在图表的规范使用中，允许使用英文状态下的单引号“'”来替代部分重复的数据，使得图表中的数据显示更加清晰和简洁。但是需要注意的是，第一个坐标轴的名称需要完整书写，这样其他人才能明白单引号所替代的内容是什么。对图8-30中的分类坐标名称用单引号替代重复数据的前后对比情况如图8-31所示。

2015 年 1 月、2015 年 2 月、2015 年 3 月、2015 年 4 月、2015 年 5 月、2015 年 6 月、2015 年 7 月、2015 年 8 月、2015 年 9 月、2015 年 10 月、2015 年 11 月、2015 年 12 月、2016 年 1 月、2016 年 2 月、2016 年 3 月、2016 年 4 月、2016 年 5 月、2016 年 6 月

简化冗余部分 ⬇

2015 年 1 月、'2 月、'3 月、'4 月、'5 月、'6 月、'7 月、'8 月、'9 月、'10 月、'11 月、'12 月、2016 年 1 月、'2 月、'3 月、'4 月、'5 月、'6 月

图 8-31

在 Excel 中，要让图表中的分类名称中显示“'”符号，需要输入两个单引号，即输入“''”，其中第一个单引号“'”的作用是将输入的内容转化为文本显示，第二个单引号才是要显示的字符。

例如，在图 8-30 的数据源中，删除 A3:A13 单元格区域中的时间，在 A3 单元格中输入“''2”，按【Ctrl+Enter】组合键确认输入并选择该单元格，拖动该单元格的控制柄到 A13 单元格填充 2015 年的其他月份，如图 8-32 所示。

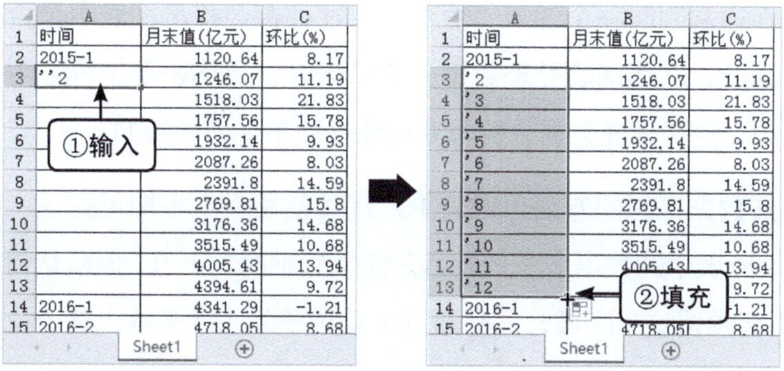

图 8-32

用相同的方法将 2016 年的冗余时间简化掉，即可查看到图表中的分类坐标轴的分类名称已经自动进行了更新，倾斜的分类坐标轴也恢复正常的显示，各个分类之间的间隙也明显，整个图表效果看起来简洁而清晰，如图 8-33 所示。

图 8-33

8.2.7 在图表下方添加数据源

素材	国内生产总值数据统计.xlsx
效果	国内生产总值数据统计.xlsx

在商业数据分析过程中，任何使用到的数据都有来源，只有可信来源的数据得到的分析结果才具有实际的指导意义。

而大多数人在使用 Excel 制作图表时，都会忽略在图表中添加数据来源。而通常判断一个图表是否专业，往往都会检测图表中是否有数据来源。因此，在用图表处理数据分析结果时，始终都要记得给图表加上数据来源，这是体现数据分析师专业性最简单、最快捷的方法。

添加数据来源的方法也很简单，直接使用文本框即可完成。但通常情况下，图表中的数据来源是显示在横坐标轴的左下方，而默认情况下，Excel 不会预留这个区域，只有通过手动调整绘图区来腾出这个位置。其具体操作如下。

选择图表的绘图区，在绘图区的四周将出现控制点，选择绘图区下方中间的控制点，按住鼠标左键不放并向上拖动鼠标以减小绘图区的高度，在图表下方预留更多的空白位置，用于添加数据来源，如图 8–34 所示。

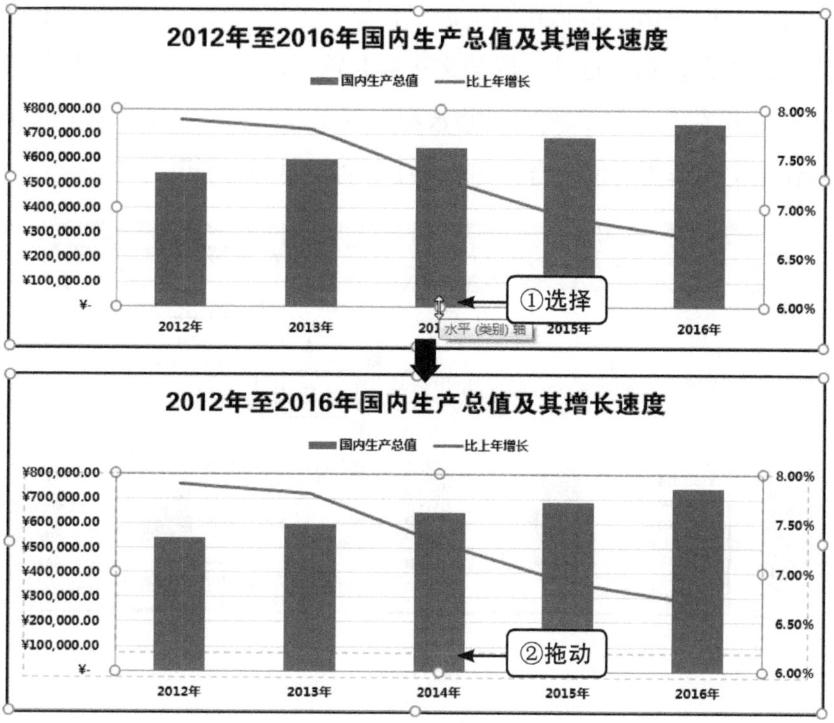

图 8-34

单击“插入”选项卡，在“插图”功能组中单击“形状”下拉按钮，在弹出的下拉菜单中选择“文本框”选项，拖动鼠标在图表左下方绘制一个文本框，并在其中输入“数据来源：国家统计局”文本，如图 8-35 所示。

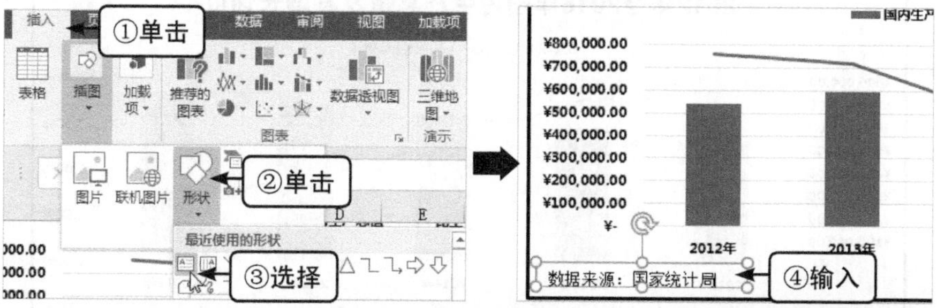

图 8-35

选择数据来源文本框，单击“绘图工具 格式”选项卡，在“形状样式”功能组中单击“形状轮廓”按钮右侧的下拉按钮，在弹出的下拉菜单中选择“无轮廓”选项，取消文本框的轮廓效果（如果图表背景为其他颜色或者图案效果，需要手动将数据来源文本框的填充设置为无填充，从而让该文本框更好地融合到图表中），如图 8-36 所示。

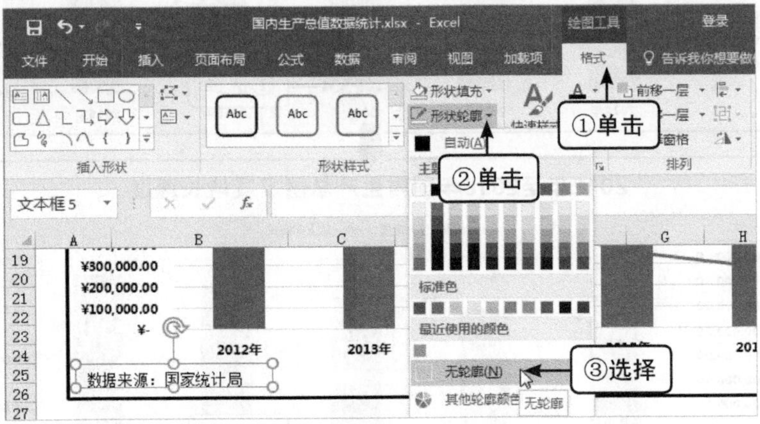

图 8-36

将“数据来源”文本框中的文本字体格式设置为与坐标轴的字体格式相同或者稍小，其效果如图 8-37 所示，虽然仅仅是在图表中增加了一项“数据来源”的信息，但是不管从外观效果还是数据的可信度上来看，它都要显得更专业，从而使图表信息更有说服力。

图 8-37

第9章

Excel中的数据分析工具应用

数据分析的目的不同，运用的数据分析方法和使用工具也不同。有些数据的计算很复杂，单纯地使用一些公式和函数来计算不仅麻烦，而且容易出错。在Excel中，程序内置了大量的数据分析工具，通过这些工具可以方便、快速地完成这些复杂的运算。本章具体介绍一些常见的数据分析工具的具体应用。

9.1

投资规划分析与方案选择

在企业的运营中，一个好的投资决策，可以让企业在激烈的市场竞争中占据有利的地位，在求得生存的同时，还能促进企业发展壮大。因此投资规划数据的分析和抉择出最优方案对企业的运营和未来的规划有着举足轻重的作用。在本节中，将具体介绍如何使用单变量、双变量、方案管理器和规划求解工具来对投资规划数据进行分析，以及教会大家如何制定和选择最优的方案。

9.1.1 运用单变量求解分析目标年收益率

素材 投资项目收益分析 .xlsx
效果 投资项目收益分析 .xlsx

一般情况下，使用公式计算数据时，是根据变量得到结果。若是当前已知数据结果，要反过来计算当变量值为何值时，得到已知的数据结果，这个过程就是单变量求解过程，如图 9-1 所示。

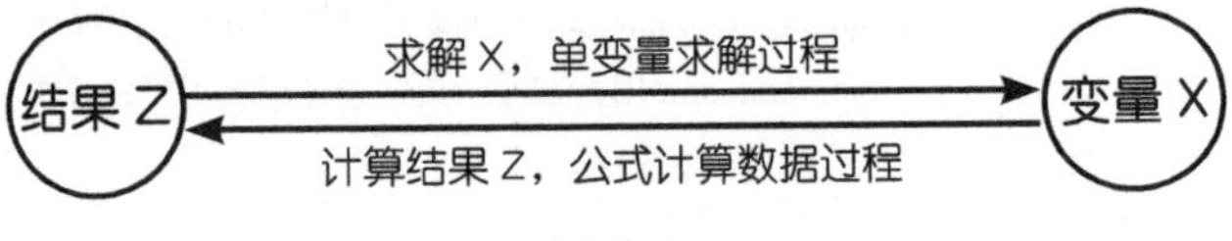

图 9-1

虽然单变量求解分析数据是逆向分析和解析数据，但是并不需要用户具备逆向思维能力，只需要通过正向思维建立对应的正向数据分析模型，再借助 Excel 提供的单变量求解工具来完成复杂的求解过程。

例如，某公司初始投资 50 万元，年收益率为 10%，投资周期为 8 年，通过这些数据可以计算到 8 年的总收益率为 114.36%，现在公司领导想要知道，要在 8 年内将总收益率提升到 200%，至少需要保证每年的年收益率达到多少才能实现这个目标。

这是一个典型的已知结果倒推变量的解的运算，要解决这个问题，首先需要从正向角度用已知的条件对年收益率和总收益率之间建立起数学模型。其具体步骤如下。

第一，使用 FV() 函数计算按 10% 的年收益率投资 8 年后的到期总金额。在这里，FV() 函数是基于固定利率及等额分期付款方式，返回某项投资的未来值。其语法格式为：FV(rate,nper,pmt,[pv],[type])。从函数的语法格式可以看出，该函数包含 3 个必选参数和两个可选参数，各参数代表的意义如下。

◆ rate：必选参数。表示各期利率的数字，通常以百分比形式出现。

◆ nper：必选参数。表示年金的付款总期数，必须为大于或等于 1 的整数（取值为 1 时表示一次性给付）。

◆ pmt：必选或可选参数。表示各期所应支付的金额，其数值在整个年金期间保持不变。如果省略此参数，则必须包括 pv 参数。

◆ pv：可选或必选参数。一系列未来付款的当前值的累积和，或为现值。如果省略 pv 参数，则假设其值为 0，并且必须包括 pmt 参数。

◆ type：可选参数。用以指定各期的付款时间是在期初还是期末的数字 0 或 1（0 代表期末支付，1 代表期初支付）。如果省略 type 参数，则假设其值为 0。

第二，根据到期总金额减去初始投资值得到到期后的总收益。

第三，根据到期总收益除以初始投资值得到总收益率。

经过以上 3 个步骤即可建立起年收益率与总收益率的关系，最后再使用单变量求解工具逆向分析，在总收益率为 200% 的情况下倒推得出年收益率数据。其在 Excel 中的具体计算过程如下。

在工作表的 E1 单元格中用公式“=FV(B2,B3,,−B1)”计算到期总金额，在 E2 单元格中使用公式“=E1−B1”计算到期总收益，在 E3 单元格中使用公式“=E2/B1”计算到期总收益率，如图 9–2 所示。

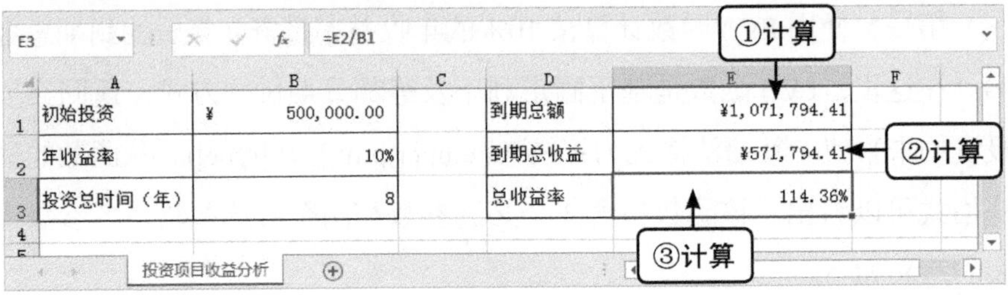

图 9-2

单击“数据”选项卡，在“预测”功能组中单击“模拟分析”下拉按钮，在弹出的下拉菜单中选择“单变量求解”选项，如图 9–3 所示。

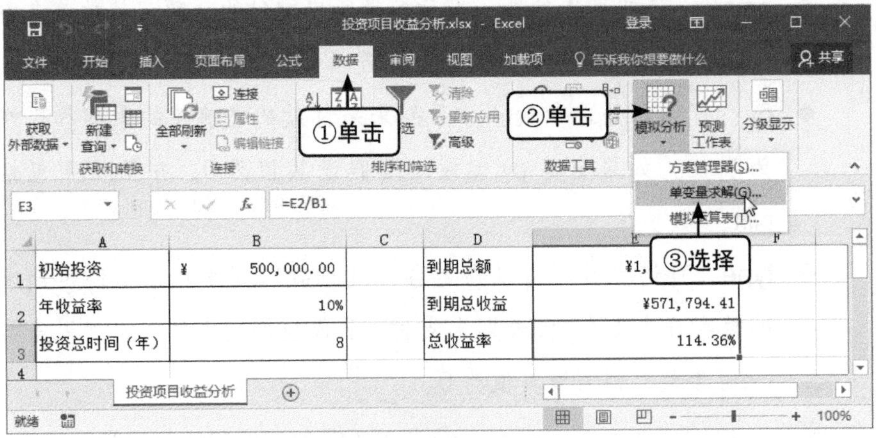

图 9-3

在打开的“单变量求解”对话框中设置目标单元格为 E3，设置目标值为 200%，设置可变单元格为 B2，单击“确定”按钮，如图 9–4（左）所示。

程序自动进行求解，得到解后将打开“单变量求解状态”对话框，在其中显示了两个信息，分别是目标值和当前解，如图 9–4（右）所示。其中目标值是指事先在“单变量求解”对话框中设定的目标值，即“单变量求解”对话框中设置的 200%。而“当前解”是指当前 Excel 通过迭代计算得到的目标单元格的解，即 E3 单元格中的值。

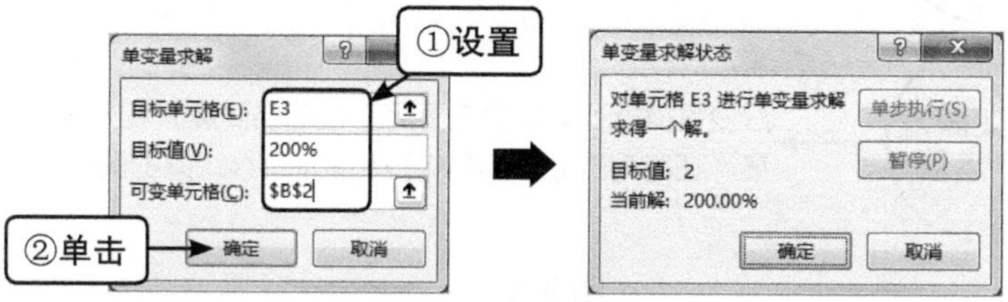

图 9-4

在“单变量求解状态”对话框中显示找到结果的同时，在工作表中的 E3 单元格中的总收益率也发生了变化，即变为 200%，如图 9–5 所示。并且对应的年收益率也发生了变化，即从原来的 10% 变为 15%，表示如果在 8 年内得到 200% 的总收益率，则每年的年收益率必须在 15% 以上。

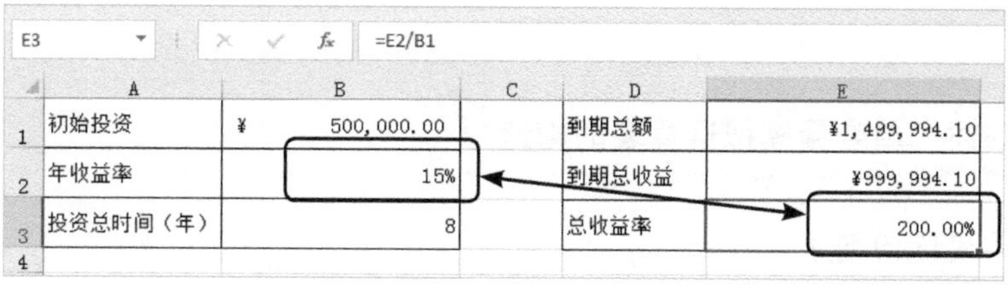

图 9-5

完成单变量求解后，如果要保存求解的数据，则直接在“单变量求解状态”对话框中单击“确定”按钮；如果要恢复到单变量求解状态前的效果，即工作表中的总收益率数据仍然显示 114.36%，则在该对话框中单击“取消”按钮或者关闭对话框即可。

9.1.2 运用模拟预算分析筹资方案

素材 筹资方案分析.xlsx
效果 筹资方案分析.xlsx

模拟运算功能是指公式中一个或两个变量变化时对公式计算结果的影响，因此模拟运算也分为单变量模拟运算和双变量模拟运算，其具体内容如图 9-6 所示。

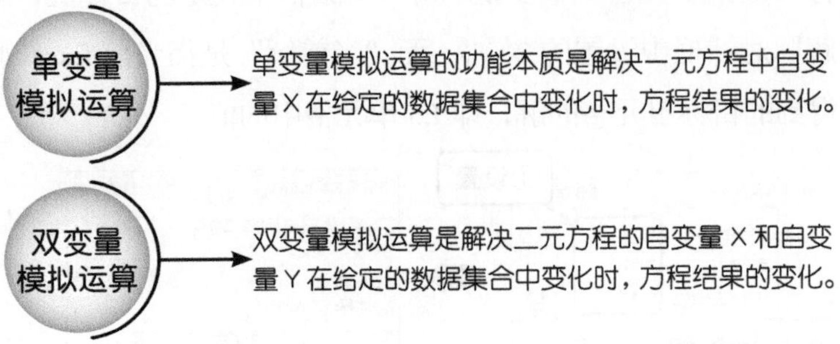

图 9-6

由以上定义可知，模拟运算仍然是求解方程问题，其功能描述虽然看似简单，但是如何能把实际问题利用模拟运算得到解决却是一个难点，而且在使用模拟运算功能时，模拟运算表的正确构造是关键。

下面通过一个简单的单变量模拟运算表的构造为例，讲解如何将文字内容转换为 Excel 可以分析的表格。

案例陈述　单变量模拟运算表的构造

【实际问题】

员工考核成绩分为文化考核和技能考核两部分，都是百分制。其中文化考核成绩 70 分，技能考核成绩 80 分，文化考核成绩占总分比率可以为：30%、40%、50%、60% 或 70%，分析哪种比率可以使总分最高。

【构造模拟运算表】

根据如上问题，假设员工的文化考核成绩比率为自变量 X，总分为 Z，则根据分析得到的一元方程是：Z=70X+80(1−X)。这样问题就转换为当自变量 X 取值分别为 30%、40%、50%、60%、70% 时，Z 的值分别是多少？如表 9−1 所示。

表 9−1　将文字描述的问题转化为可方便计算的表单　　　单位：分

文化考核成绩	技能考核成绩	上机比率（X）	总分成绩（Z）
70	80	30%	77
		40%	76
		50%	75
		60%	74
		70%	73

构造表设计好后即可以用 Excel 的模拟运算功能计算数据，二者的方法相似，下面以双变量模拟运算表分析筹资方案为例讲解相关的操作方法。

某公司因为要扩建厂房，需要向银行贷款 2 000 000 元，银行要求企业在 8 年内还清贷款，并根据不同的还款年限给出了不同的利率标准，某工作人员已经根据这些数据构造出模拟运算表，如图 9−7 所示。

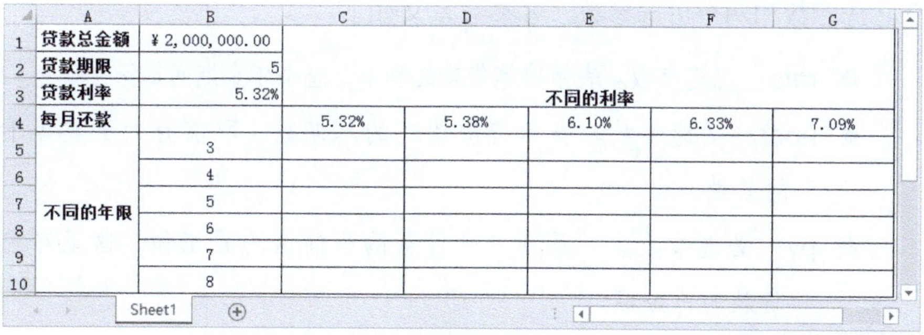

	A	B	C	D	E	F	G
1	贷款总金额	¥2,000,000.00	不同的利率				
2	贷款期限	5					
3	贷款利率	5.32%					
4	每月还款		5.32%	5.38%	6.10%	6.33%	7.09%
5	不同的年限	3					
6		4					
7		5					
8		6					
9		7					
10		8					

图 9-7

但是公司能够承担的最大还款金额每月不超过 30 000 元，现在要求分析可采用的还款期限和能承受的利率是多少。要实现这个目的，直接采用模拟运算表的双变量求解来完成计算，但是在这之前，首先使用任意还款年限及其对应的还款利率计算出每月还款的参照数据。

在 B4 单元格中使用公式“=PMT(B3/12,B2*12,B1)”计算贷款总额为 2 000 000 元、贷款期限为 5 年且贷款利率为 5.32% 时的每月还款额，如图 9-8 所示。

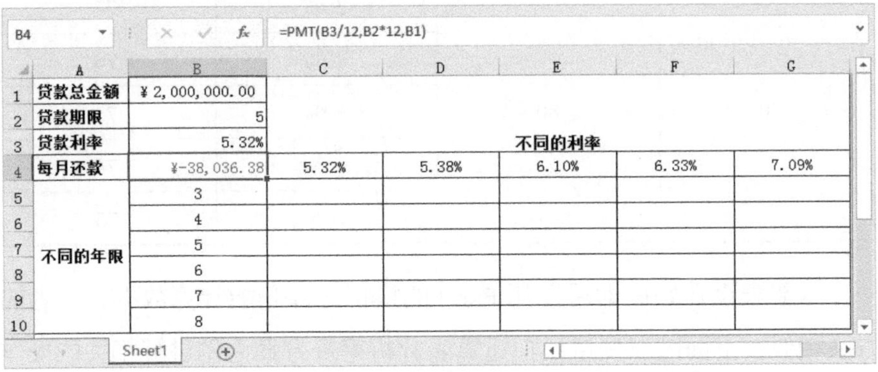

	A	B	C	D	E	F	G
1	贷款总金额	¥2,000,000.00					
2	贷款期限	5					
3	贷款利率	5.32%	不同的利率				
4	每月还款	¥-38,036.38	5.32%	5.38%	6.10%	6.33%	7.09%
5	不同的年限	3					
6		4					
7		5					
8		6					
9		7					
10		8					

图 9-8

计算每月还款额的公式中使用了 PMT() 函数，在 Excel 中，该函数主要用于计算某项贷款每期需要还贷的金额，其语法格式为：PMT(rate,nper,pv,[fv],[type])。从函数的语法格式可以看出，该函数包含 3 个必选参数和两个可选参数，各参数意义如下。

- rate：必选参数。表示该笔贷款的利率，整个年金期间都保持不变。
- nper：必选参数。表示贷款偿还的总期数，取值为大于或等于 1 的整数。
- pv：必选参数。一系列未来付款的当前值的累积和，这里可表示贷款的总金额。
- fv：可选参数。最后一次付款后希望得到的现金余额，在全额分期偿还的情况下，通常省略该参数，表示最后一次付款后还清所有贷款。

◆ type：可选参数。用以指定各期的付款时间是在期初还是期末，数字为 0 或 1。

计算完每月还款额的参照数据后，选择 B4:G10 单元格区域，单击“数据”选项卡，在“预测”功能组中单击“模拟分析”下拉按钮，在弹出的下拉菜单中选择“模拟运算表”选项，如图 9–9（左）所示。

打开“模拟运算表”对话框，由于在模拟运算表中，每行中的还款年限不变而利率发生变化，因此在“输入引用行的单元格”文本框中设置 B3 单元格引用；同理，在模拟运算表中，每列中的利率不变，还款年限发生变化，因此在“输入引用列的单元格”文本框中设置 B2 单元格引用，单击“确定”按钮关闭对话框，如图 9–9（右）所示。

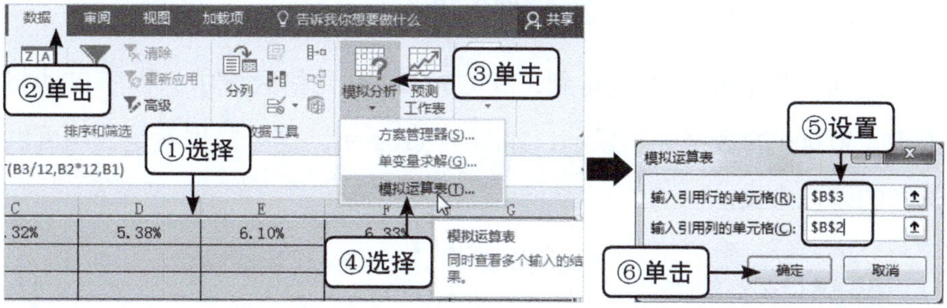

图 9-9

返回工作表中即可查看到贷款 2 000 000 元，在不同的贷款利率和还款年限下每个月的月还款额。但是得到的计算结果中，并不是所有的贷款方案都适用于该公司，因为该公司最高能承受的月还款额不超过 30 000 元，因此还需要判断在这些数据中，哪些数据在公司可承受的月还款额范围内。为了更清晰地显示可能的数据，可以使用条件格式功能，将月还款额低于 30 000 元的数据用指定颜色突出显示出来。

选择 C5:G10 单元格区域，在“开始”选项卡中单击“条件格式”下拉按钮，在弹出的下拉菜单中选择“突出显示单元格规则 / 大于”选项，在打开的“大于”对话框中设置临界值，这里输入“–30 000”，保持默认的“浅红填充色深红色文本”的突出显示格式，单击“确定”按钮，如图 9–10 所示。

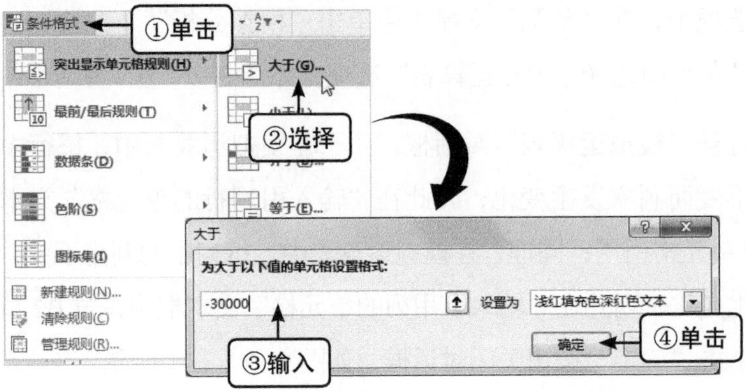

图 9-10

返回工作表中即可查看到，在 C5:G10 单元格区域中，程序自动将大于 –30 000 的数据突出显示，如图 9–11 所示。这些数据就是公司可供选择的筹资方案。

	A	B	C	D	E	F	G
1	贷款总金额	¥2,000,000.00					
2	贷款期限	5					
3	贷款利率	5.32%	不同的利率				
4	每月还款	¥-38,036.38	5.32%	5.38%	6.10%	6.33%	7.09%
5	不同的年限	3	¥-60,229.56	¥-60,283.61	¥-60,934.54	¥-61,143.37	¥-61,836.53
6		4	¥-46,349.06	¥-46,403.65	¥-47,061.81	¥-47,273.25	¥-47,976.04
7		5	¥-38,036.38	¥-38,091.65	¥-38,758.67	¥-38,973.24	¥-39,687.38
8		6	¥-32,507.57	¥-32,563.58	¥-33,240.27	¥-33,458.21	¥-34,184.51
9		7	¥-28,569.52	¥-28,626.31	¥-29,313.08	¥-29,534.54	¥-30,273.43
10		8	¥-25,625.65	¥-25,683.24	¥-26,380.35	¥-26,605.40	¥-27,357.10

Sheet1

图 9-11

9.1.3 运用方案管理器选择最优方案

素材	分析银行贷款方案.xlsx
效果	分析银行贷款方案.xlsx

在一些投资性的项目中，常会对影响项目的各种因素进行对比分析，

从而组合出不同的方案，然后通过比较得出一种最佳的方案。在 Excel 中，使用系统提供的方案管理器功能，可以帮助用户在较复杂的多变量情况下分析数据，从而自动建立多套方案，并从中选择最佳方案。

例如，某公司因扩建需要向银行贷款 2 000 000 元，有 4 家银行愿意提供每年等额还款的固定利率信贷方案，如表 9-2 所示。

表 9-2　4 种信贷方案　　单位：元

提供信贷的银行	可贷金额	还款年限（年）	年利率（%）
甲银行	2 000 000	5	6.00
乙银行	2 000 000	7	6.50
丙银行	2 000 000	10	7.00
丁银行	2 000 000	12	7.50

公司每月的偿还能力为小于 30 000 元，现在需要通过分析从 4 家银行提供的贷款方案中确定向哪家银行贷款。这种问题使用方案管理器是最方便的，也是最直观的。

由于在创建方案时，默认情况下设置方案可变值是引用单元格地址，而且摘要信息中显示的数据也为单元格地址。为了让每个参数的实际含义更加明确，因此在创建方案之前，首先使用名称来定义需要使用的可变单元格。

在本例中，首先选择 A1:B4 单元格区域，单击“公式”选项卡，在“定义的名称”功能组中单击“根据所选内容创建”按钮，在打开的“根据所选内容创建名称”对话框中选中“最左列”复选框，即将 B1:B4 单元格区域的名称分别用 A1:A4 单元格区域的值来进行定义，单击“确定”按钮，如图 9-12 所示。

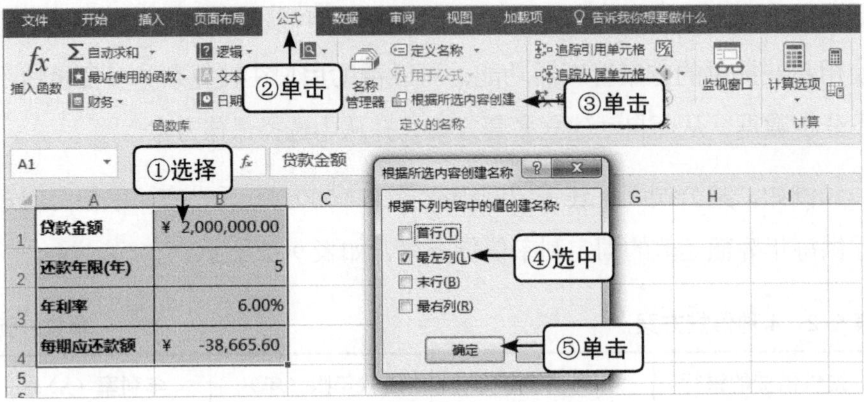

图 9-12

选择 B1:B3 单元格区域，单击“数据”选项卡，在“预测”功能组中单击“模拟分析”下拉按钮，在弹出的下拉菜单中选择“方案管理器”选项，打开“方案管理器”对话框，单击“添加”按钮，如图 9–13 所示。

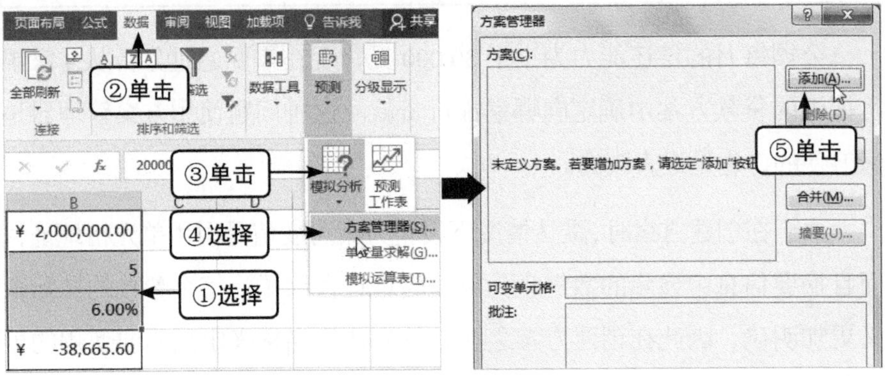

图 9-13

在打开的“添加方案”对话框中自动识别可变单元格，添加第一个方案的名称，这里输入“甲银行贷款方案”文本，单击“确定”按钮，在打开的“方案变量值”对话框中设置方案变量值（如果事先没有对 B1:B4 单元格区域定义单元格名称，此时的“方案变量值”对话框中单元格的引用位置就显示的是单元格地址，而不是这里的名称），单击“添加”按钮，如图 9-14 所示。

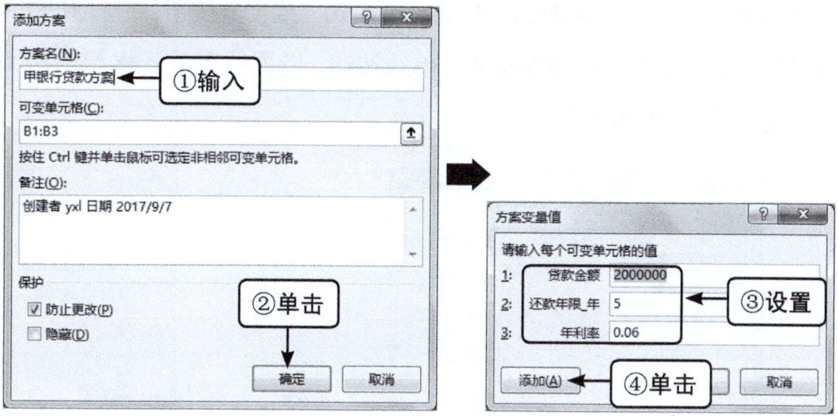

图 9-14

打开“添加方案”对话框，重复前面的操作，完成乙银行贷款方案、丙银行贷款方案和丁银行贷款方案的创建，并在设置丁银行贷款方案的“方案变量值”对话框中单击“确定”按钮，如图 9-15 所示。

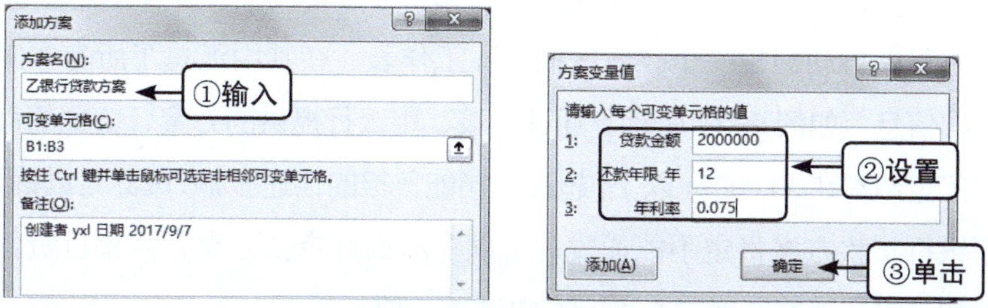

图 9-15

返回“方案管理器”对话框中，即可查看到所有创建的方案，选择任意方案，单击“显示”按钮即可在工作表中单独查看该方案下的相关贷款年限、利率和月还款额数据。

但是在当前工作表的单元格中只能看到多个方案中的一组方案值，如果要同时查看并比较所有方案的相关参数，可将当前工作表中的方案进行汇总，并显示在一个新的工作表中，要实现这个目的，可以使用方案摘要完成。在“方案管理器”对话框中单击“摘要”按钮，在打开的“方案摘要”对话框中选中“方案摘要”单选按钮，设置结果单元格后单击“确定”按钮，如图 9–16 所示。

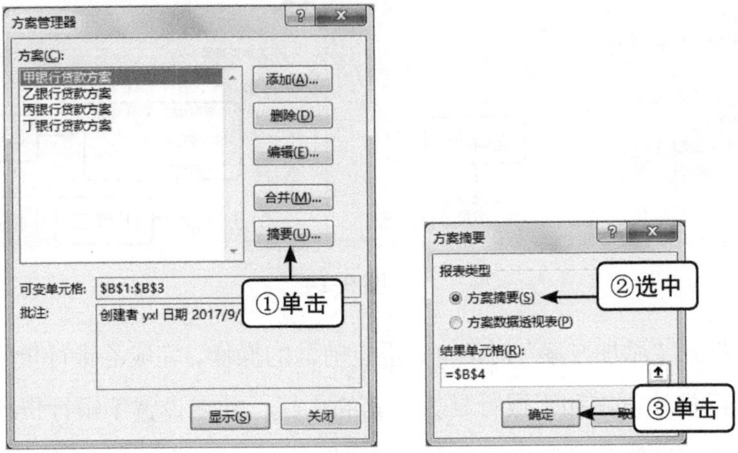

图 9-16

程序自动创建一个“方案摘要”工作表，在其中汇总了所有方案的数据信息，如图 9–17 所示。通过比较，甲银行提供的方案，公司的每月偿还金额都在 30 000 元以上，超过公司能负担的偿还金额，因此可以确定，甲银行贷款方案肯定不能通过，可以在乙银行贷款方案、丙银行贷款方案和丁银行贷款方案这 3 种方案中选择一种。

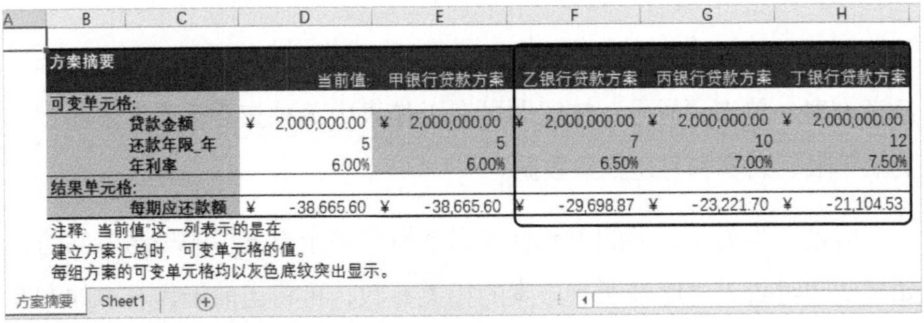

方案摘要		当前值:	甲银行贷款方案	乙银行贷款方案	丙银行贷款方案	丁银行贷款方案
可变单元格:						
	贷款金额	¥ 2,000,000.00	¥ 2,000,000.00	¥ 2,000,000.00	¥ 2,000,000.00	¥ 2,000,000.00
	还款年限_年	5	5	7	10	12
	年利率	6.00%	6.00%	6.50%	7.00%	7.50%
结果单元格:						
	每期应还款额	¥ -38,665.60	¥ -38,665.60	¥ -29,698.87	¥ -23,221.70	¥ -21,104.53

注释：当前值"这一列表示的是在
建立方案汇总时，可变单元格的值。
每组方案的可变单元格均以灰色底纹突出显示。

方案摘要 Sheet1

图 9-17

9.1.4 运用规划求解工具制定最优生产计划

素材 制定商品生产计划.xlsx
效果 制定商品生产计划.xlsx

在商业数据分析中，规划求解工具也是使用很频繁的工具之一，那什么是规划求解呢？

规划求解是一组命令的组成部分，用户也可以将其看作为假设分析工具。使用该工具可以对直接或间接与目标单元格中公式相关联的单元格中的数值进行调整，从而得到工作表中目标单元格中公式的最优值。

对于一个生产企业而言，当所有的原材料都确定后，只有充分利用原材料，减少原材料的浪费，才能获得最大利润。

例如，某食品公司的管理者制定了一个生产计划，要求使用 2 000 千克的原材料，并使用 1 440 小时生产袋装饼干和盒装饼干。根据生产部门返回的信息：每生产一箱袋装饼干，需要 5 小时，耗费原材料 6 千克，可获得毛利 80 元；每生产一箱盒装饼干，需要 4 小时，耗费原材料 8 千克，可获得毛利 100 元。各数据已经整理到如图 9–18 所示的表中。

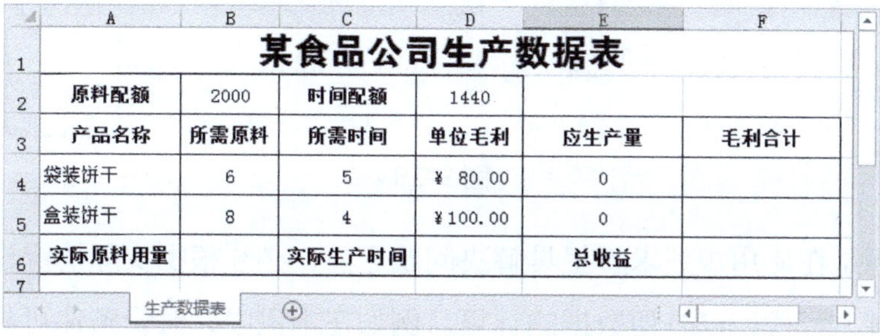

某食品公司生产数据表					
原料配额	2000	时间配额	1440		
产品名称	所需原料	所需时间	单位毛利	应生产量	毛利合计
袋装饼干	6	5	¥ 80.00	0	
盒装饼干	8	4	¥100.00	0	
实际原料用量		实际生产时间		总收益	

图 9-18

该问题看似非常复杂，但是若在 Excel 中使用规划求解工具就可以轻松求得如何获得利润最大值。默认情况下，规划求解工具并没有在功能区中显示，如果要利用规划求解工具求解数据，首先将该功能显示出来，其操作如下。

打开“Excel 选项”对话框，单击“加载项”选项卡，单击“转到”按钮，打开“加载项”对话框，选中“规划求解加载项”复选框，如图 9-19 所示，然后单击“确定”按钮，即可将该工具显示到“数据”选项卡的“分析”功能组中。

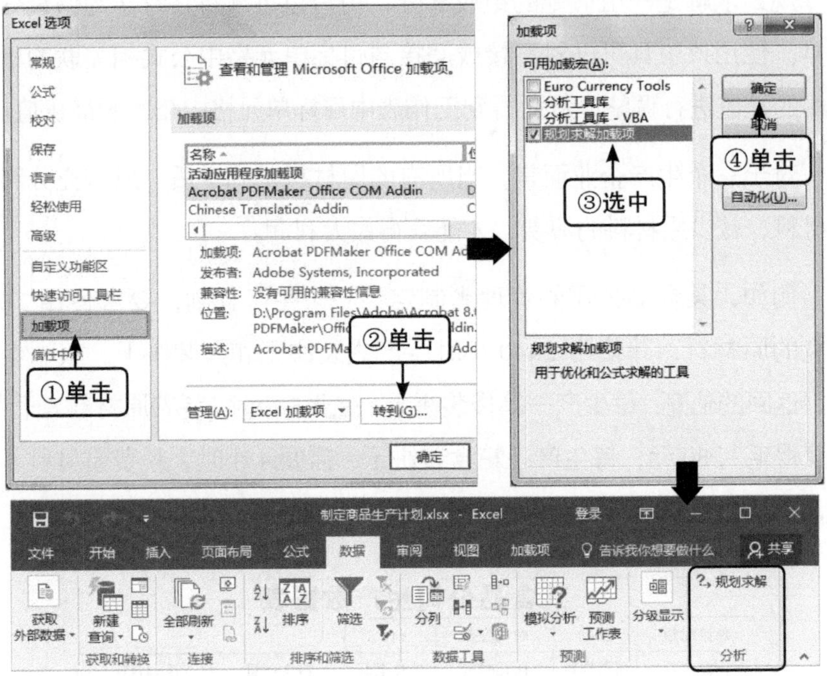

图 9-19

但是在使用规划求解工具解决问题之前，必须根据实际情况建立规划求解方程式，以方便数据的计算。例如在本例中，假设条件可将袋装饼干每月生产量设为 X，盒装饼干每月生产量设为 Y，总收益则为 Z，由此可列出下面的方程组：

原料公式：$6X+8Y \leqslant 2000$

时间公式：$5X+4Y \leqslant 1440$

生产数量：$X \geqslant 0$、$Y \geqslant 0$

求解目标：MAX Z=80X+100Y

由以上方程组可知，该生产问题实际上就是一个多元一次方程组，只要建立了这样的方程模型，就可以使用规划求解功能求解这个方程组，从而得出最优答案。

首先在表格中输入公式预计算商品的毛利合计、总收益及实际原料用量和实际生产时间，如图 9−20 所示。其对应的公式如下。

在 F4 单元格输入公式“=D4*E4”计算袋装饼干的毛利合计。

在 F5 单元格输入公式“=D5*E5”计算盒装饼干的毛利合计。

在 F6 单元格输入公式“=F4+F5”计算总收益。

在 B6 单元格输入公式“=B4*E4+B5*E5”计算实际原材料用量。

在 D6 单元格输入公式“=C4*E4+C5*E5”计算实际生产时间。

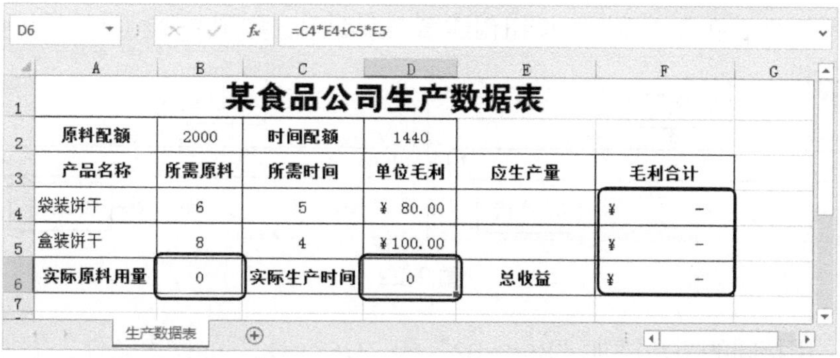

图 9-20

在“数据”选项卡的“分析”功能组中单击“规划求解”按钮，打开“规划求解参数”对话框，在“设置目标”文本框中设置目标为 F6 单元格，选中“最大值”单选按钮，将文本插入点定位到“通过更改可变单元格”文本框中，在工作表中选择 E4:E5 单元格区域，然后单击“添加”按钮，如图 9−21 所示。

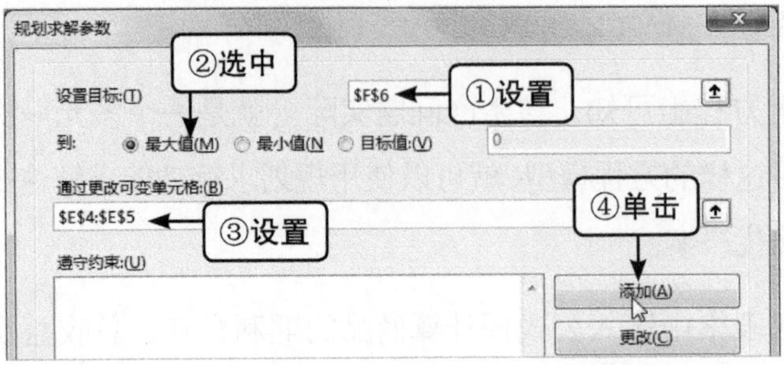

图 9-21

在打开的“添加约束”对话框中设置单元格引用为 E4 单元格，单击中间的下拉列表框右侧的下拉按钮，在弹出的下拉菜单中选择“>=”选项，然后在“约束”文本框中输入“0”，单击“添加”按钮创建第一个约束条件，如图 9–22（左）所示。

程序自动将创建的约束添加到“规划求解参数”对话框中的“遵守约束”列表框中，并再次打开“添加约束”对话框，设置“E5>=0”的约束条件，单击“添加”按钮创建第二个约束，如图 9–22（右）所示。

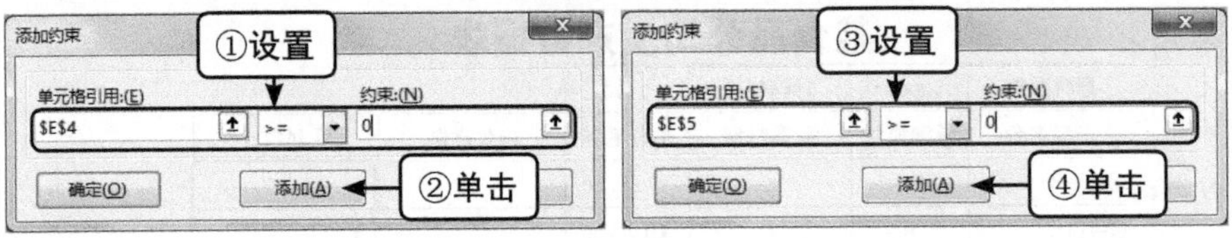

图 9-22

用相同的方法添加“B6<=B2”和“D6<=D2”的约束条件，添加完第四个约束条件后，单击“确定”按钮，如图 9–23 所示。

图 9-23

返回“规划求解参数”对话框，在“遵守约束”列表框中即可查看到添加的所有约束，单击右下角的“求解”按钮，如图 9–24（左）所示。在打开的“规划求解结果”对话框中保持“保留规划求解的解”单选按钮的选中状态，按住【Shift】键不放，在右侧的“报告”列表框中选择“运算结果报告”、“敏感性报告”和“极限值报告”选项，如图 9–24（右）所示。单击“确定”按钮，关闭“规划求解结果”对话框。

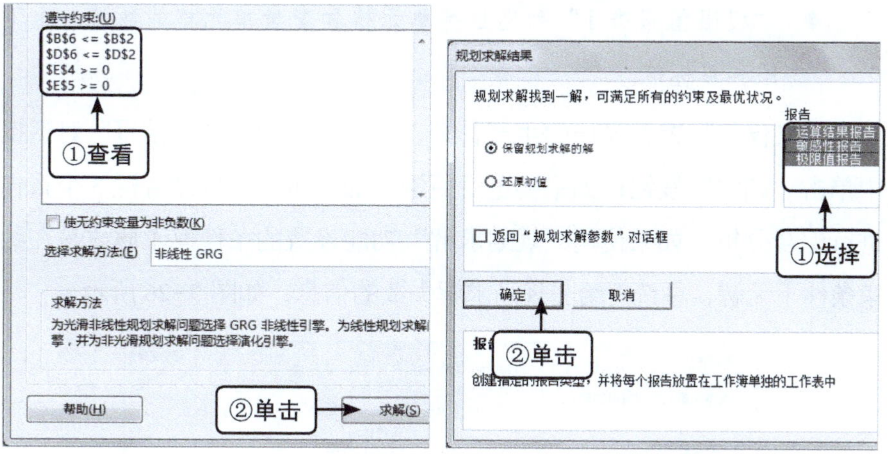

图 9-24

返回工作表中，在“生产数据表”中即可查看计算出的袋装饼干和盒装饼干的应生产量数据，以及这两种食品的最大收益数据，如图 9–25 所示。

	A	B	C	D	E	F	G
1	某食品公司生产数据表						
2	原料配额	2000	时间配额	1440			
3	产品名称	所需原料	所需时间	单位毛利	应生产量	毛利合计	
4	袋装饼干	6	5	¥ 80.00	220	¥ 17,600.00	
5	盒装饼干	8	4	¥100.00	85	¥ 8,500.00	
6	实际原料用量	2000	实际生产时间	1440	总收益	¥ 26,100.00	
7							

图 9-25

此时会同步创建“运算结果报告1”、“敏感性报告1”和“极限值报告1”工作表，各工作表的功能如下。

- “运算结果报告1”列出目标单元格和变量单元格的初值、终值及参数限制的公式内容。
- “敏感性报告1”提供有关目标单元格的公式和约束中微小变化的敏感度信息。
- “极限值报告1”列出目标单元格和变量单元格的数值、上下限和目标值。

如果仅仅是查看最佳的生产计划，直接在“规划求解结果”对话框中单击“确定”按钮；如果要进行更深入的分析，可以结合这3个报告进行综合分析。如果使用“规划求解”功能设置的条件有矛盾或是在约束条件下无解，系统将给出规划求解失败的信息，如图9-26所示。

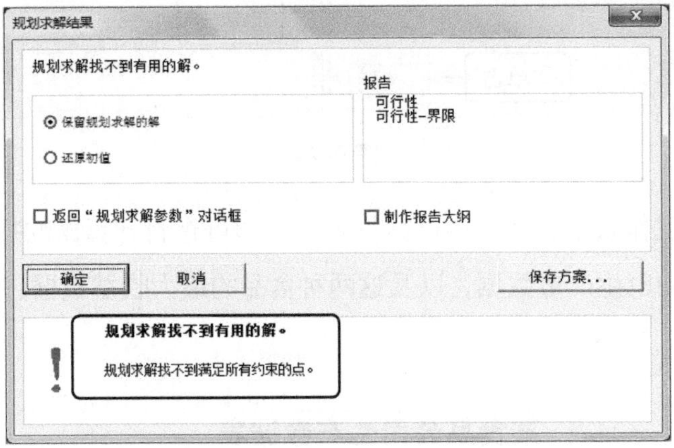

图9-26

此时可在“数据”选项卡的“分析”功能组中再次单击“规划求解”按钮，在打开的“规划求解参数”对话框中单击“选项”按钮，在打开的“选项”对话框中根据需要重新设置或修改部分选项（如精确度、允许误差等）后再重新求解。

9.2

数据的统计分析

统计分析是商业数据分析中最常见的一种分析类型，一提到统计分析，很多新手数据分析者都会有一种心理暗示——肯定复杂又麻烦，而且专业的统计分析工具又不会使用，因此更加畏惧。其实，在 Excel 的数据分析工具库中，程序内置了许多统计分析工具，通过这些分析工具，极大地方便了统计工作者的操作。由于各类数据分析工具的使用相似，下面介绍几种常见的数据分析工具的应用。

9.2.1 用描述统计工具分析生产状况

素材 企业生产状况记录.xlsx
效果 企业生产状况记录.xlsx

某公司对 2006 ~ 2017 年产品的总产值和利润情况进行了统计，数据如图 9-27 所示。

近几年企业生产状况记录

年份	总产值（万元）	利润（万元）
2006年	¥ 23,564.00	¥ 2,012.00
2007年	¥ 23,658.00	¥ 2,312.00
2008年	¥ 23,986.00	¥ 2,154.00
2009年	¥ 24,586.00	¥ 2,245.00
2010年	¥ 25,684.00	¥ 2,261.00
2011年	¥ 23,986.00	¥ 2,314.00
2012年	¥ 25,785.00	¥ 2,350.00
2013年	¥ 27,548.00	¥ 2,457.00
2014年	¥ 28,145.00	¥ 2,498.00
2015年	¥ 28,756.00	¥ 2,542.00
2016年	¥ 29,457.00	¥ 2,674.00
2017年	¥ 29,754.00	¥ 2,698.00

企业生产状况

图 9-27

现在要分析这几年总产值和利润的平均值、中位数、方差、最大值和最小值等，虽然在 Excel 中，程序也提供了许多统计类函数，通过这些函数可以完成数据的统计，但是由于涉及数据统计分析的指标众多，如果用函数逐个计算每个指标，仍然非常烦琐，而且可能遗漏部分指标。

Excel 为用户提供了一个描述统计工具，用于生成数据源区域中数据的单变量统计分析报表，提供有关数据趋中型和差异型趋势分布的信息。通过该工具，用户只需根据要统计的指标设置好描述统计工具各参数，就可以一次性产生统计中经常要用到的一系列指标值，这样就使得求出的指标值全面集中地显示出来，也可大大地降低统计工作者劳动量。

但是，由于该工具被包含在数据分析工具库中，所以在进行描述性统计分析之前，首先加载数据分析工具库，其加载方法与加载规划求解工具的方法相似，只需要打开“加载项”对话框，在“可用加载宏”列表框中选中“分析工具库”复选框，单击“确定”按钮，即可在“数据”选项卡的“分析”功能组中查看到添加了一个“数据分析”按钮，如图 9-28 所示。

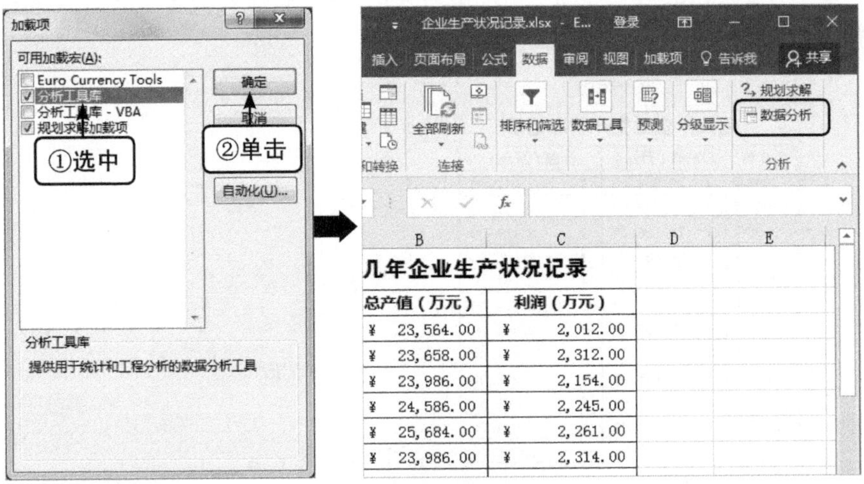

图 9-28

单击“数据分析”按钮，打开“数据分析”对话框，选择“分析工具”列表框中的“描述统计”选项，单击“确定”按钮，如图 9–29（左）所示。

将打开“描述统计”对话框，该对话框上有很多项目设置，设置描述统计参数后的对话框效果如图 9–29（右）所示，然后单击“确定”按钮。

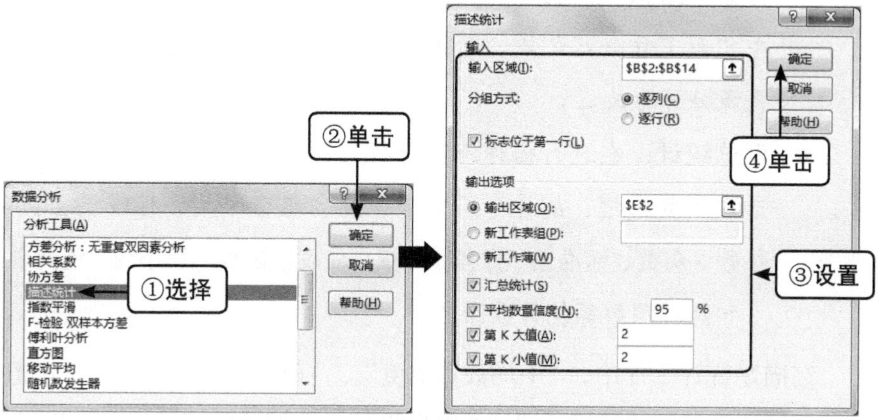

图 9-29

返回工作表中，即可查看到程序已经自动将关于总产值的所有相关指标按照设置的方式统计显示出来了。

如何正确地设置这些项目，对最终的结果将产生直接的影响，该步骤的操作是整个统计分析工作中的核心部分，下面对各个关键的设置项目做一个简单介绍。

- **输入区域：**用于设置要统计的数据单元格区域。一般来说，为了让得到的统计结果的指标说明性更好，通常会把表头单元格一起选择，如本例选择 B2:B14 单元格区域。
- **分组方式：**用于确定需要分析统计的数据组的排列方式，由于这里的总产量数据是按列排列的，分组方式就为逐列；反之，如果要分析统计的数据组是按行排列的，分组方式就为逐行。

- **标志位于第一行**：由于在设置输入区域时，已经包含表头单元格“总产值（万元）”，因此选中“标志位于第一行”复选框，这样得出的统计指标的表头就以“总产值（万元）”标注。
- **输出区域**：用于设置统计分析结果的保存位置，这里选择 E2 单元格，则统计分析结果将以 E2 单元格为起始位置进行保存，使得分析结果和数据源在同一工作表中显示。当然用户也可以选中“新工作表组”或“新工作簿”复选框，使得分析结果与数据源分开存放。
- **汇总统计**：在进行描述统计分析时，必须选中该复选框，只有选中该复选框，统计分析结果中才会包含平均、标准误差、中位数、众数、标准差、方差、峰度、偏度、区域、最小值、最大值、求和及观测数等统计数据。

在描述统计工作中，“平均数置信度”、“第 K 大值”和“第 K 小值”参数为可选参数，可以不设置。这里也将其复选框选中，其中含义如下。

- 平均数置信度是指总体均值区间估计的置信度。这里的平均数置信度为 95% 的意思是，总体均值有 95% 的可能性在计算出的区间中。
- 因为汇总统计会将最大值和最小值统计出来，这里将“第 K 大值”和“第 K 小值”参数都设置为 2，表示再单独统计第二大和第二小的数据）。

用相同的方法可以将有关利润的所有相关指标统计出来，最终将总产值和利润的统计数据与数据源显示在同一张工作表中，其效果如图 9-30 所示。这样，用户就可以通过指标数据从不同角度来描述企业的生产经营状况了。

近几年企业生产状况记录

年份	总产值（万元）	利润（万元）
2006年	¥ 23,564.00	¥ 2,012.00
2007年	¥ 23,658.00	¥ 2,312.00
2008年	¥ 23,986.00	¥ 2,154.00
2009年	¥ 24,586.00	¥ 2,245.00
2010年	¥ 25,684.00	¥ 2,261.00
2011年	¥ 23,986.00	¥ 2,314.00
2012年	¥ 25,785.00	¥ 2,350.00
2013年	¥ 27,548.00	¥ 2,457.00
2014年	¥ 28,145.00	¥ 2,498.00
2015年	¥ 28,756.00	¥ 2,542.00
2016年	¥ 29,457.00	¥ 2,674.00
2017年	¥ 29,754.00	¥ 2,698.00

总产值（万元）		利润（万元）	
平均	26242.41667	平均	2376.416667
标准误差	683.1742364	标准误差	59.17801321
中位数	25734.5	中位数	2332
众数	23986	众数	#N/A
标准差	2366.584976	标准差	204.9986511
方差	5600724.447	方差	42024.44697
峰度	-1.670514139	峰度	-0.4517706
偏度	0.306548587	偏度	0.034658319
区域	6190	区域	686
最小值	23564	最小值	2012
最大值	29754	最大值	2698
求和	314909	求和	28517
观测数	12	观测数	12
最大(2)	29457	最大(2)	2674
最小(2)	23658	最小(2)	2154
置信度(95.0%)	1503.656356	置信度(95.0%)	130.2499289

企业生产状况

图 9-30

对于已经熟悉了描述统计工具应用的统计工作者而言，在图 9-29（右）中设置输入区域时就会直接设置 B2:C14 单元格区域，一次性完成总产值和利润的统计工作。

职场小贴士

在利润数据的描述统计结果中可看到，众数指标的统计数据显示为“#N/A”，这是因为该组数据中没有重复的数据，没有频数最高的数据，所以 Excel 得不出数据结果。

9.2.2 用直方图工具快速分析员工工资分布

素材 员工工资分布统计.xlsx
效果 员工工资分布统计.xlsx

公司的高层管理者需要了解各个工资水平阶段的员工人数，从而更好地从宏观方面控制员工的工资情况。如果公司的员工人数多，要想了解不同工资阶段的员工人数分布情况，首先利用 FREQUENCY() 频数函数来制作员工工资数据频率分布表。

要完成该表的制作，首先要得出所有工资数据的最大值和最小值，根据这两个值得到全距值，即工资分布的上下限，从而根据这 3 个指标设置合理的区间段，最后再应用 FREQUENCY() 函数求得每个区间段内的员工人数分布。例如某公司有 400 名员工，工作人员统计了员工 9 月份的工资，并制作对应的工资分布频率表和图表，如图 9-31 所示。

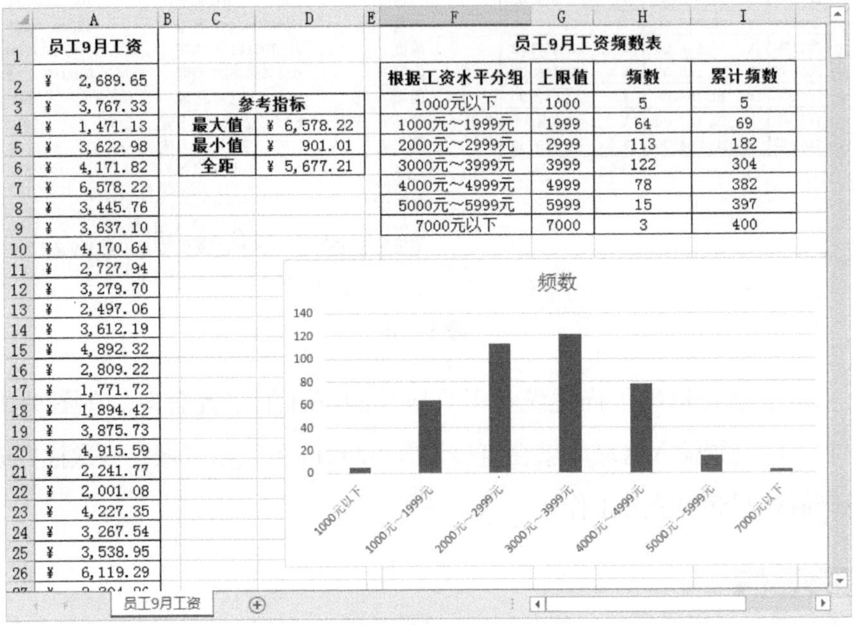

图 9-31

分析整个过程，要完成图表工资频数分布图，至少经过参考指标的计算、工资频数表的制作和图表的创建 3 个过程，而且在这个过程中会涉及大量的数据计算和函数的应用，且利用 FREQUENCY() 函数计算频数时还必须使用数组公式的方式才能计算出正确的结果，稍微疏忽一点，就可能造成最终数据出错。

其实，在 Excel 中，程序在数据分析工具库中内置了直方图工具，该工具可以计算源数据区域和数据接收区间的单个或累积频率，通常用于统计数据区域中某个值出现的次数，因此即使不懂 FREQUENCY() 函数的工作人员，也可以通过该工具快速、准确地完成频数分布直方图的创建，从而完成统计工作。

首先在“数据”选项卡“分析”功能组中单击“数据分析”按钮，打开“数据分析”对话框，选择“直方图”选项，单击“确定”按钮，如图 9–32（左）所示。

打开“直方图”对话框，在“输入区域”参数框中设置要分析的员工工资数据，这里设置为 A2:A401 单元格区域。在“接收区域”参数框中设置 F3:F9 单元格区域，该接收区域是根据最大值和最小值设置的不同的工资区间上限值。在“输出区域”参数框中设置分析结果的保存位置为 C10 单元格。

如果要按照发生频率大小顺序绘制直方图，需要选中“柏拉图”复选框，如果要显示每个分组数据所占的比例，则选中“累积百分率”复选框。这里只选中“图表输出”复选框，表示将得到的数据分布结果直接创建为图表，单击“确定”按钮，如图 9–32（右）所示。

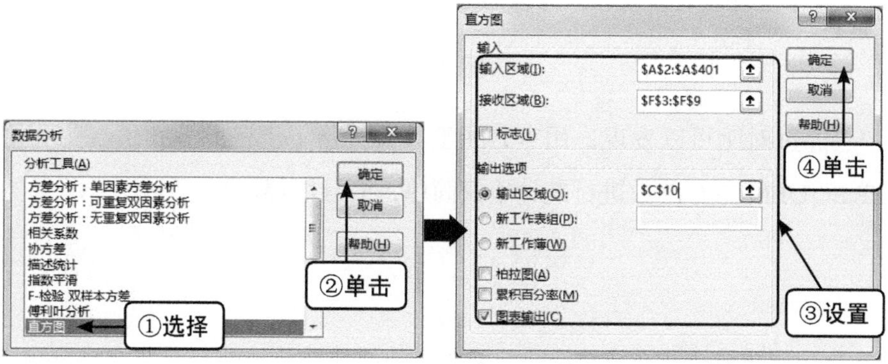

图 9-32

返回工作表中即可查看到程序根据设置的参数，创建了描述工资分布水平的直方图。此外还可以发现，系统除了创建出直方图之外，还新出现了两列数据，以“接收”和“频率”为表头显示在 C10:D18 单元格区域中。其中的“接收”数据就是源数据中 F3:F9 单元格区域中的上限值，“频率”数据就是系统使用直方图工具统计出来的每个区间的数据出现的次数，即可以通过 FREQUENCY() 函数手动计算数据的分布结果。

默认情况下得到的直方图中有“其他”数据项，将该数据项从图表中删除，并在图表中添加对应的数据标签，可以让整个图表的数据更加直观，如图 9-33 所示。

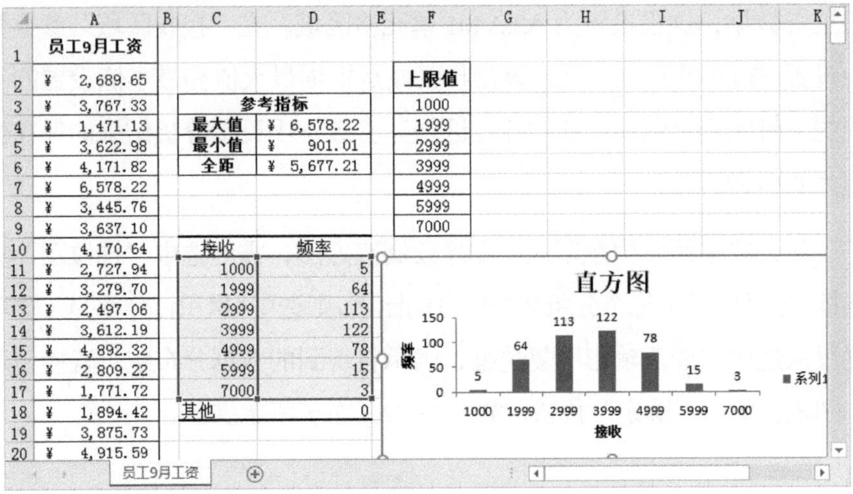

图 9-33

通过对比可以发现，用直方图工具分析员工工资的分布情况比利用 FREQUENCY() 函数进行统计不仅简单，而且快捷。

第10章

销售与生产类商业数据分析实战

在本书的前面9章内容中，对商业数据分析的整个流程及流程环节中涉及的Excel技术进行了全面深入的讲解。从本章开始，将运用这些技术来处理实战中的商业数据分析问题，加强读者对Excel商业数据分析技术的实战应用，本章通过具体实例讲解有关销售与生产问题的商业数据分析实战。

10.1

预测畅销商品的销量

素材 预测畅销商品的销量 .xlsx
效果 预测畅销商品的销量 .xlsx

某公司生产的商品近期大卖，公司有增加生产线扩大生产的计划，但是领导层还是有所顾虑：①如果生产线成倍增加后，市场热度减退，生产的商品过剩导致货物积压；②如果不扩大生产，市场热度持续，库存不足，商品供不应求；③如果要扩大生产，什么时候扩大最为合适……如何才能更好地控制生产计划，降低生产成本和商品存货的风险，更好地把握市场呢？

要解决这些问题，就需要使用趋势线，利用过去的销售数据来预测未来的销量情况，从而更好地控制生产时间和生产量。

趋势线是将变动数据的误差减少到最小限度的曲线，Excel 中提供的趋势线类型有很多，在预测商品未来的销售数量时，为了提高预测的准确度，最好多使用几条趋势线来进行对比分析和综合判断。

下面以根据过去一年的销量数据为基础，预测未来 6 个月在热卖市场持续的情况下的销售数量为例，讲解趋势线的实战应用方法。

10.1.1 制作历史销售变化倾向图表

某工作人员已经将去年 1 ～ 12 月的实际销量情况整理到 Excel 表格中，现在需要根据这些数据创建实际的销量变化折线图表，以此分析历史销售变化的倾向，其操作步骤如下。

选择 A2:B14 单元格区域，单击“插入”选项卡，在“图表”功能组中单击“插入折线图或面积图”下拉按钮，在弹出的下拉菜单中选择“带数据标记的折线图”选项，创建一个折线图，如图 10-1 所示。

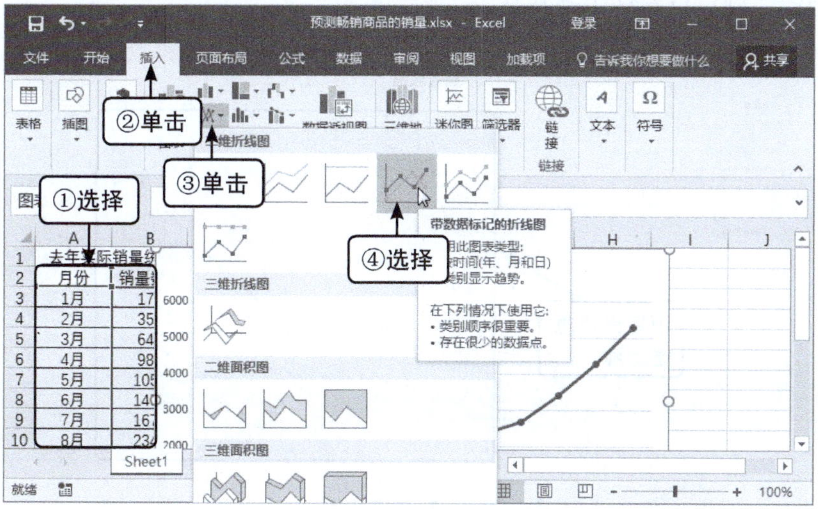

图 10-1

为了让图表最大化，方便查看图表数据，现在需要将其移动到新的图表工作表中，选择图表，单击“图表工具 设计”选项卡“位置”功能组中的“移动图表”按钮，如图 10-2（左）所示，在打开的“移动图表”对话框中选中“新工作表”单选按钮，输入工作表的名称为“销量数据图表”，单击“确定”按钮，如图 10-2（右）所示。

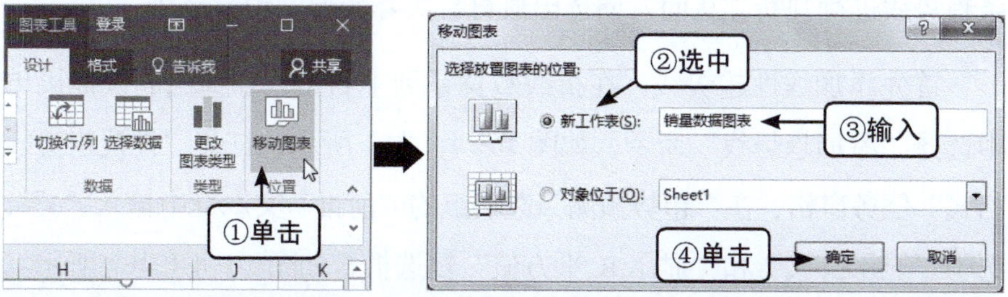

图 10-2

程序自动新建一张图表工作表，在其中完全仅显示图表，从中即可清晰地查看到每月的销售数量变化倾向，如图 10-3 所示。从图表中可以看到，公司该商品过去一年中整体呈现上升的销量变化趋势，尤其在 5 月后，销量呈急速上升趋势。

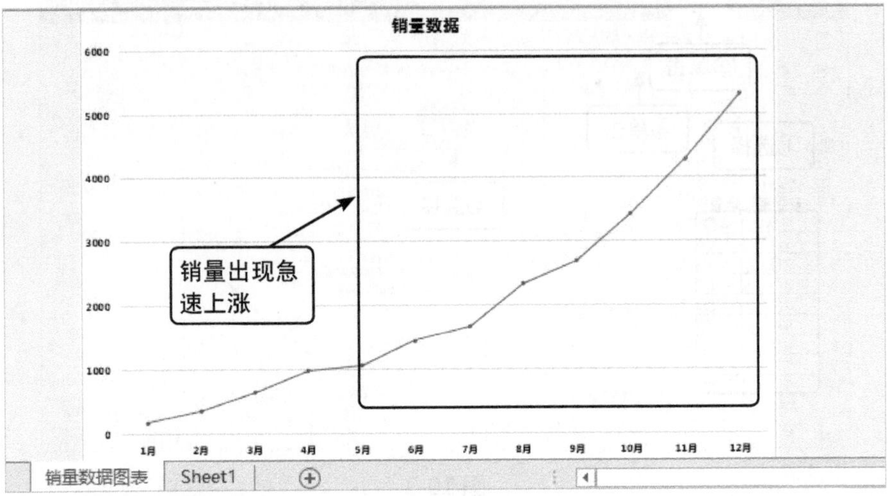

图 10-3

10.1.2 添加趋势线预测未来时间的销售情况

下面将利用趋势线功能来预测未来 6 个月的时间中，商品的销量趋势变化，在本例中，将综合线性趋势线、多项式趋势线和指数趋势线 3 条趋势线进行判断，从而方便选出最符合实际情况的销量趋势。

首先添加线性趋势线，在折线数据系列上右击，在弹出的快捷菜单中选择“添加趋势线”命令，如图 10-4（左）所示，打开“设置趋势线格式”任务窗格，在“趋势预测”选项组的“前推”文本框中输入“6”，选中“显示公式”和“显示 R 平方值”复选框，如图 10-4（中）所示。

在这里，需要说明 3 点问题，具体如下。

◆ 预测有前推和后推两种情况，主要用于将趋势线向左右两侧延长，其中前推是将趋势线向右侧延长，后推是将趋势线向左侧延长，由于这里是预测未来的6个月销售情况，因此设置的是“前推”参数。

◆ 选中“显示公式”复选框，是指将趋势线的公式显示到图表上，方便后面根据该公式预测未来的销量数据。

◆ R平方值是决定系数，通过该系数可以方便地判断趋势线是否合适。R平方值的取值范围为0~1之间，当值越接近1，则表示趋势线越符合实际情况。

为了让趋势线更加直观，这里单击“填充”图标，将趋势线的宽度设置为3磅，单击“关闭”按钮关闭任务窗格，如图10-4（右）所示。

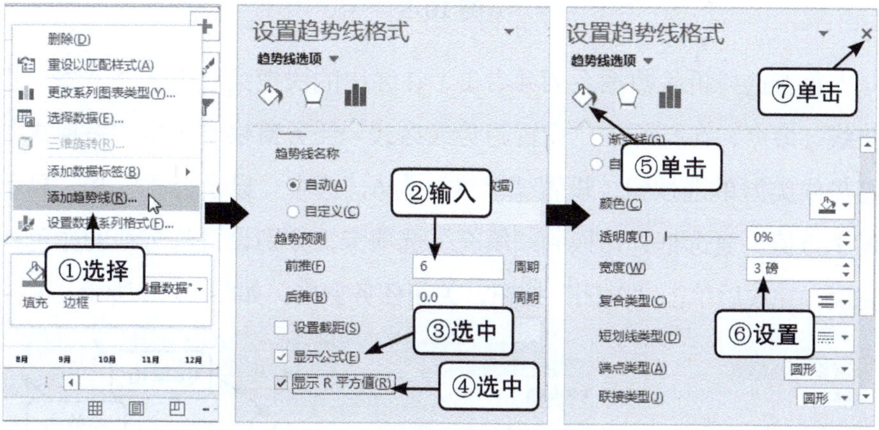

图 10-4

在返回的图表中即可查看到添加的趋势线，并在趋势线的上方显示对应的公式和R平方值。设置该数据的字体格式为“微软雅黑，10磅”，颜色为“黑色，文字1”，然后在图表顶部添加图例元素，并设置其字体格式为“微软雅黑，12磅”，颜色为“黑色，文字1”，设置后的最终效果如图10-5所示。

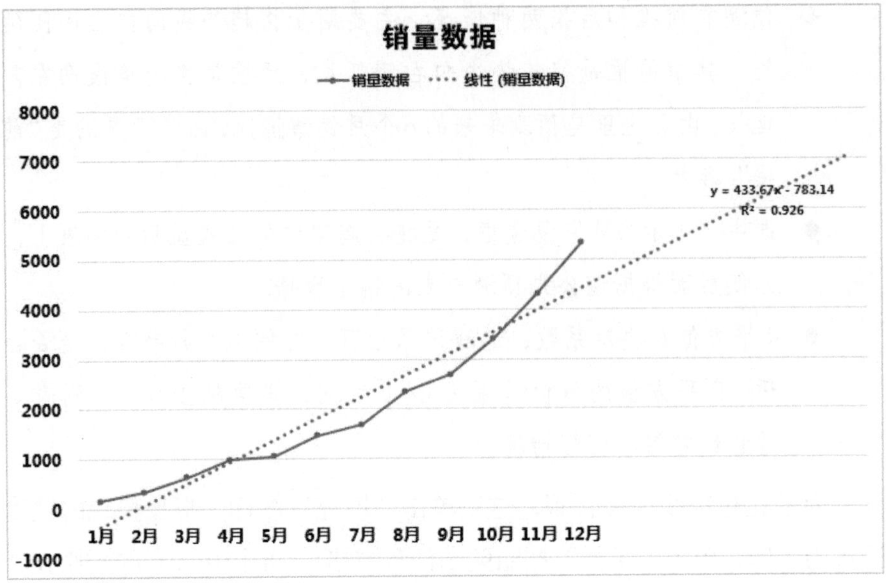

图 10-5

重新选择折线数据系列并右击，在弹出的快捷菜单中选择“添加趋势线”命令，在打开的“设置趋势线格式”任务窗格中选中“多项式”趋势线类型单选按钮，设置“前推”为 6，选中“显示公式”和“显示 R 平方值”复选框，切换到“填充”选项卡，分别设置趋势线的颜色和宽度，完成后单击“关闭”按钮，关闭任务窗格，如图 10-6 所示。

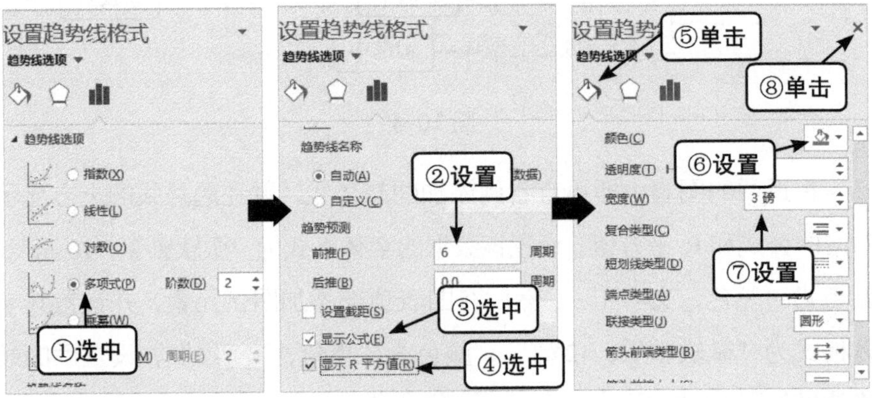

图 10-6

用相同的方法在销量数据图表中添加指定格式的指数趋势线，并分别设置多项式趋势线和指数趋势线的公式及 R 平均值字体的字体格式。然后单独选择每个趋势线公式和 R 平均值所在的文本框，按住鼠标左键不放，拖动鼠标调整每个文本框到合适的位置，其最终设置的效果如图 10−7 所示。

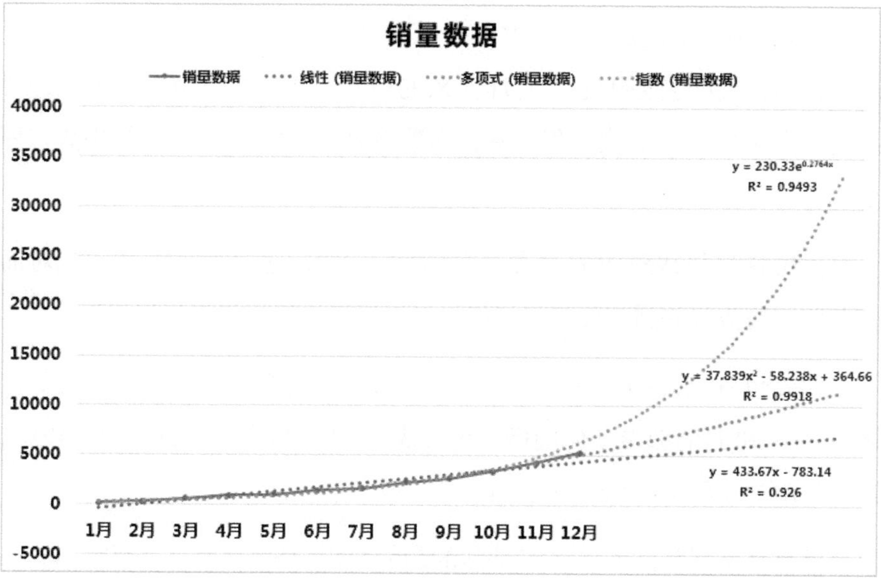

图 10-7

10.1.3 根据趋势公式和 R 平均值确定趋势线的适合度

得到销售数据的趋势线公式后，从中选择最合适的趋势线进行实际的应用。要确定到底哪条趋势线的实际适合度更高，就需要根据趋势线的公式来计算未来的预测数据，或者根据 R 平方值来进行判断。

从图 10−7 中可以得到 3 条趋势线的趋势公式和对应的 R 平方值，具体如表 10−1 所示。

表 10-1 销售数据趋势线公式及对应的 R 平方值

趋势线类型	趋势公式	R 平方值
线性趋势线	$Y=433.67X-783.14$	0.926
多项式趋势线	$Y=37.839X^2-58.238X+364.66$	0.9918
指数趋势线	$Y=230.33e^{0.2764X}$	0.9493

在表 10-1 中的趋势公式中，Y 代表销售数量，X 代表月份，可以对比看到，线性趋势线是关于月份 X 的一元一次方程求解，多项式趋势线是月份 X 的一元二次方程求解，指数趋势线是关于月份 X 的指数方程求解。

而每种趋势线对应的 R 平均值都大于 0.9，适合度都很高，相对而言多项式趋势线的适合度更好。

此外也可以根据肉眼观察趋势线进行对比判断，从整个历史的数据来看，1 ~ 10 月的数据变化趋势与趋势线几乎贴合，说明在这个时间段中，3 条趋势线的适合度都相差无几。

但是从 11 月开始，3 条趋势线的趋势变化出现了较大的差别，其中，指数趋势线的趋势方向远远地偏离了线性趋势线的趋势方向和多项式趋势线的趋势方向，与历史数据的趋势形成了明显的上升偏离趋势，因此可以判断该条趋势线的适合度没有另外两条趋势线的适合度好，所以不适合用于预测未来的数据。

线性趋势线和多项式趋势线的趋势方向相对历史数据而言，误差小一些，此时要判断这两条趋势线到底哪条更合适，就需要结合当时的市场环境来进行综合判断。

在本节的前面提到，此次预测的是在市场持续热卖的情况下商品未来的销量情况，因此也可以判断出趋势相对上涨迅速的多项式趋势线更合适。

10.1.4　根据趋势公式算出未来销量的预测数据

在选择出最合适的趋势线后，就可以根据该趋势线的趋势公式计算未来销量的预测数据，但是在这之前需要将一元二次方程的表达式转换为 Excel 中可识别的一元二次方程。

在 Excel 中，程序对 X^2 的表达方式是不能识别的，需要将 X^2 转换为 X^2 的方式来表示，即在 Excel 中，多项式趋势线的公式应该为“=37.839*X^2−58.238*X+364.66”。

下面根据去年 1 ~ 6 月的历史销售数据来预测今年 1 ~ 6 月的销售数据，为了得到一年后的 6 个月的预测销量，这里将预测的 1 ~ 6 月的月份修改为 13 ~ 18，其表格设计如图 10−8 所示。

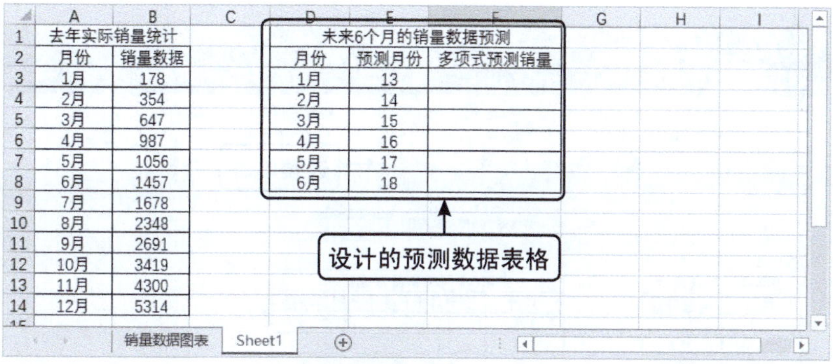

图 10-8

选择F3单元格，在编辑栏中输入公式“=37.839*E3^2−58.238*E3+364.66”，按【Ctrl+Enter】组合键确认输入的公式，并计算出 1 月的销售数据的预测值。双击控制柄填充公式，计算 2 ~ 6 月的销售数据的预测值，如图 10−9 所示。

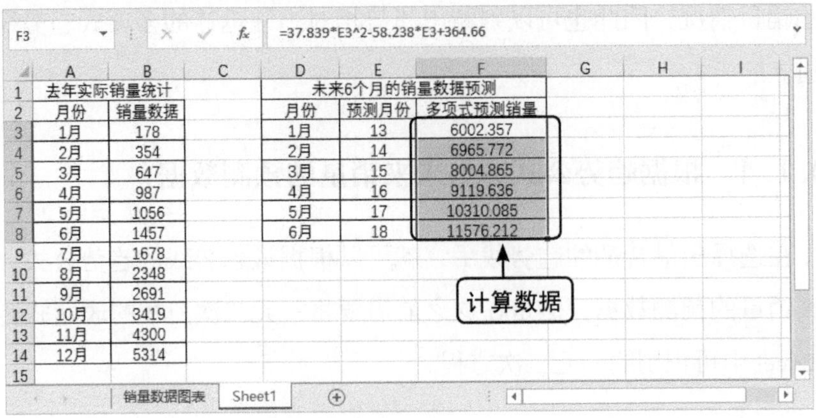

图 10-9

为了便于查看，需要对小数位数进行处理，由于整个数据都是进行的预测计算，并不要求结果那么的精确，因此这里不需要使用对应的小数位数处理函数来处理预测结果的尾数。保持预测数据的选择状态，连续单击“开始”选项卡“数字”功能组中的“减少小数位数”按钮，直到小数变为正数，如图 10-10 所示。

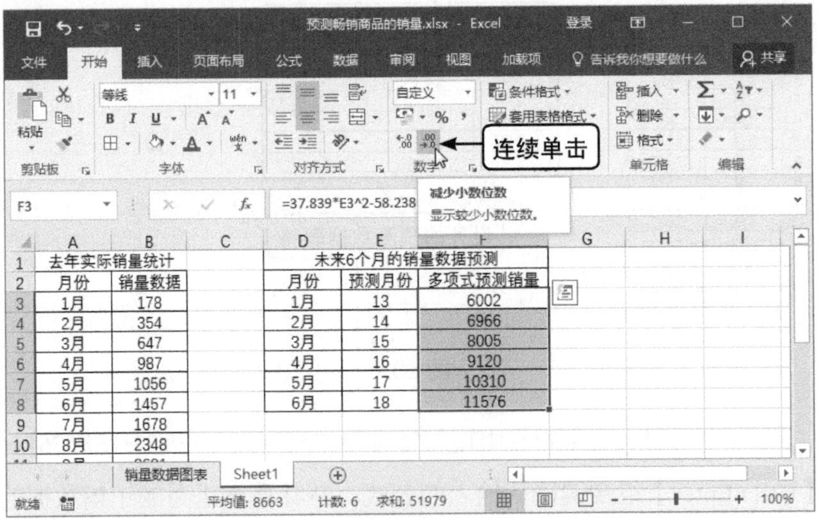

图 10-10

有了多项式趋势线预测销量的数据支持，对生产计划就有了明确的决策指导。此时，公司只需根据商品从订货到发货所需要经历的时间（研制周期）来确定何时进行生产，例如，该商品的研制周期需要半个月的时间，则公司只需提前半个月生产出商品即可。

职场小贴士

需要说明的是，研制周期越短，则客户拿到商品的时间就越快，相应的市场满意度就越高，畅销周期就越长。此外，研制周期越短，则商品提前生产的期间也能缩短，这就在一定程度上降低了库存积压的风险。因此，如果商品持续热卖，公司就要对该商品的研制周期进行优化，在保证质量的前提下，尽可能地缩短研制周期。

10.2

计算产品最大利润的产量

素材 生产计划.xlsx
效果 生产计划.xlsx

某工厂将生产 5 种产品，已知这几种产品每件的毛利润及其从原料到成品所需的生产时间如表 10-2 所示。

表 10-2 各产品的单件毛利润和所需的生产时间

产品名称	毛利润 / 件	生产时间 / 件	单位时间毛利润
产品 1	¥17 586.00	8	¥2 198.25
产品 2	¥30 789.00	13	¥2 368.38
产品 3	¥15 784.00	5	¥3 156.80
产品 4	¥47 893.00	14	¥3 420.93
产品 5	¥26 471.00	9	¥2 941.22

在制定生产计划时，有如下几个生产限制条件。

①最大生产时间为 4 320。

②最大生产数量为 400。

③所有产量数据必须为整数。

④每种产品的生产数量不低于 30。

⑤产品 5 的生产数量不得低于总产量的 20%。

现在要求在满足这些条件的情况下，考虑每种产品要生产多少才能让产品产生的毛利润最大，并且以改善生产为目的，将产品的数据进行一些修改，然后得出更改数据后的各种产品的各自生产数量如何分配，才能让毛利润最大，同时对变更数据前后的结果进行分析。

其实对于最优数据配置的求解直接使用 Excel 提供的规划求解工具就可以完成，但是在这之前，首先要理清解决该问题的思路，具体解析过程如下。

①公式化生产目的和限制条件。

②利用规划求解工具对原始数据进行求解。

③在可行的条件下，对数据源的部分生产数据进行修改。

④重新利用规划求解工具对数据重新求解，并生成报告。

⑤编辑报告，查看数据变化前后的毛利润差额和生产数量差额，解读报告结果。

10.2.1 公式化生产目的与限制条件

所谓公式化生产目的与限制条件，是指将用文字描述的信息转换为 Excel 可以处理的数据。这就要求首先设计合适的数据表格。在本例中，需要设计的表格有 3 个部分，分别是生产产品的基本信息（见表 10-2 中数据）、生产计划的限制条件和生产计划，其设计的最终效果如图 10-11 所示。

	A	B	C	D	E	F	G	H
1	生产产品的基本信息					生产计划的限制条件		
2	产品名称	毛利润/件	生产时间/件	单位时间毛利润		最大生产时间		以下
3	产品1	¥ 17,586.00	8	¥ 2,198.25		最大生产数量		以下
4	产品2	¥ 30,789.00	13	¥ 2,368.38		每种产品的生产数量		以上
5	产品3	¥ 15,784.00	5	¥ 3,156.80		产品5的生产数量		以上
6	产品4	¥ 47,893.00	14	¥ 3,420.93				
7	产品5	¥ 26,471.00	9	¥ 2,941.22				
8								
9	生产计划							
10	产品名称	毛利润/件	生产时间/件	计划生产数量	毛利润	生产时间		
11	产品1	¥ 17,586.00	8					
12	产品2	¥ 30,789.00	13					
13	产品3	¥ 15,784.00	5					
14	产品4	¥ 47,893.00	14					
15	产品5	¥ 26,471.00	9					
16	合计							

原始数据

图 10-11

在生产计划表格区域中，各单元格的设置如下。

- 各产品的计划生产数量为可变单元格，即 D11:D15 单元格区域，这里预设期初默认产量都为 0，在 D16 单元格中合计的计划总产量的计算公式为“=SUM(D11:D15)”。
- 各产品的毛利润计算公式为“单件毛利润 × 计划生产数量”，因此可以选择 E11:E15 单元格区域，在其中填充公式“=B11*D11”。本列的目标结果保存在 E16 单元格中，其计算公式为“=SUM(E11:E15)”。
- 各产品的生产时间计算公式为“单件生产时间 × 计划生产数量”，因此可以选择 F11:F15 单元格区域，在其中填充公式“=C11*D11”。在 F16 单元格中填充合计需要的总时间的计算公式为“=SUM(F11:F15)”。

在生产计划的限制条件表格区域中，各单元格的设置如下。

◆ 最大生产时间为 4 320，因此在 G2 单元格中输入 2 280。

◆ 最大生产数量为 400，因此在 G3 单元格中输入 400。

◆ 每种产品的生产数量不低于 30，因此在 G4 单元格中输入 30。

◆ 产品 5 的生产数量不得低于总产量的 20%，因此在 G5 单元格中输入公式“=D16*20%”。

最终公式化生产目的与限制条件后的表格效果如图 10-12 所示。

生产产品的基本信息			
产品名称	毛利润/件	生产时间/件	单位时间毛利润
产品1	¥ 17,586.00	8	¥ 2,198.25
产品2	¥ 30,789.00	13	¥ 2,368.38
产品3	¥ 15,784.00	5	¥ 3,156.80
产品4	¥ 47,893.00	14	¥ 3,420.93
产品5	¥ 26,471.00	9	¥ 2,941.22

生产计划的限制条件		
最大生产时间	4320	以下
最大生产数量	400	以下
每种产品的生产数量	30	以上
产品5的生产数量	0	以上

生产计划					
产品名称	毛利润/件	生产时间/件	计划生产数量	毛利润	生产时间
产品1	¥ 17,586.00	8	0	¥ -	0
产品2	¥ 30,789.00	13	0	¥ -	0
产品3	¥ 15,784.00	5	0	¥ -	0
产品4	¥ 47,893.00	14	0	¥ -	0
产品5	¥ 26,471.00	9	0	¥ -	0
合计			0	¥ -	0

原始数据

图 10-12

10.2.2 利用规划求解工具计算最优产量组合

在利用规划求解工具计算最优产量组合时，最关键的是约束条件的设置，在这里已经将所有的生产数据进行公式化并在表格中填列，只需根据制定生产计划时提出的限制条件来完成约束条件的设置即可。在本例中，生产计划的约束条件有 5 点，下面详细介绍如何通过规划求解工具找出满足约束条件下的各产品的最优生产量组合。

首先选择目标单元格，这里选择 E16 单元格，单击“数据”选项卡，在“分析”功能组中单击“规划求解”按钮（如果没有找到该按钮，说明当前 Excel 程序还未加载规划求解工具，需要先手动加载该工具，其加载方法见本书第 9 章），如图 10-13 所示。

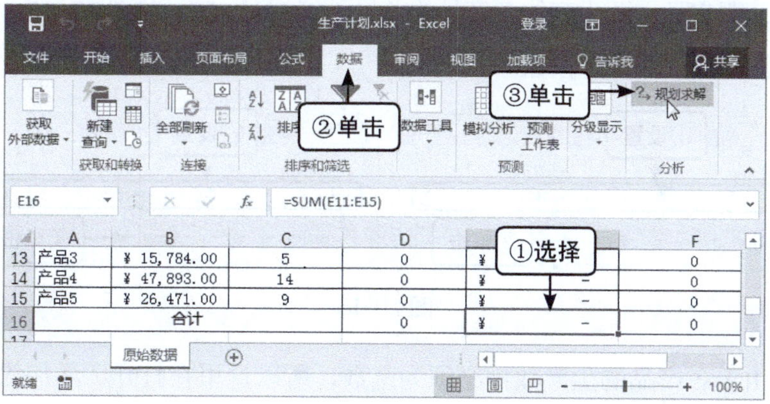

图 10-13

在打开的“规划求解参数”对话框的“设置目标”参数框中，程序自动设置为 E16 单元格，由于本例是计算最优的产量组合，因此保持“最大值”单选按钮的选中状态，将文本插入点定位到“通过更改可变单元格”参数框中，在表格中选择 D11:D15 单元格区域确认设置本次规划求解的可变单元格位置，单击“添加”按钮，如图 10-14 所示。

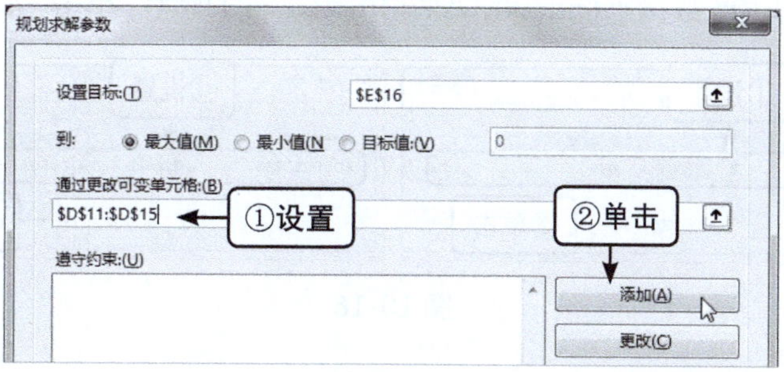

图 10-14

打开“添加约束”对话框，在其中设置“F16<=G2”约束条件，即实际需要的生产总时间不能超过 4 320，如图 10-15（左）所示。单击“添加”按钮。

程序继续打开“添加约束”对话框，在其中设置“D16<=G3”约束条件，即实际需要生产的各产品的总量不能超过400，如图10–15（右）所示。单击“添加”按钮。

图10-15

由于各产品的生产数据必须为整数，所以这里在打开“添加约束”对话框中设置单元格引用为D11:D15单元格区域，在中间的下拉列表框中选择“int”选项，在右侧的“约束”参数框中自动显示“整数”（其实这里可以单独对每个单元格进行约束设置，即“D11int整数”“D12int整数”“D13int整数”“D14int整数”和“D15int整数”，只是比较烦琐），如图10–16（左）所示。单击“添加”按钮。

在打开的“添加约束”对话框中设置“D11:D15>=G4”约束条件，即每种产品的生产数量不低于30，如图10–16（右）所示。单击“添加”按钮。

图10-16

由于产品5的生产数量不得低于总产量的20%，该约束结果已经在G5单元格中公式化，因此在打开的“添加约束”对话框中直接设置“D15>=G5”约束条件，单击“确定”按钮，返回“规划求解参数”对话框，在“遵守约束”列表框中即可查看到添加的所有约束条件，如图10–17所示。

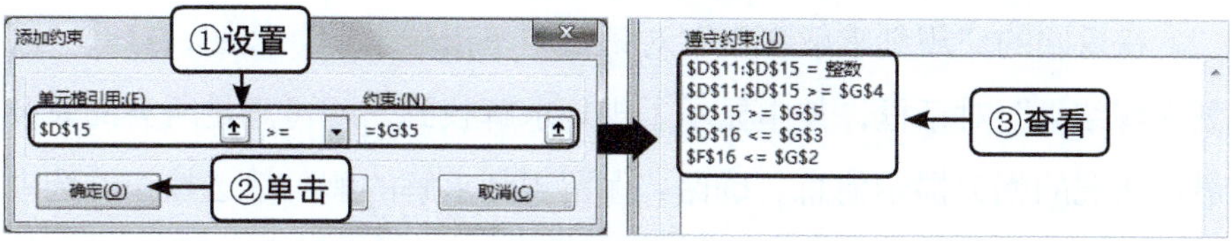

图 10-17

在本例中，是求解最大毛利润的问题，属于典型的线性规划问题，因此，为了提高求解的速度，同时保证有解，这里在“选择求解方法”下拉列表框中选择“单纯线性规划”选项，单击“选项”按钮，如图 10–18 所示。

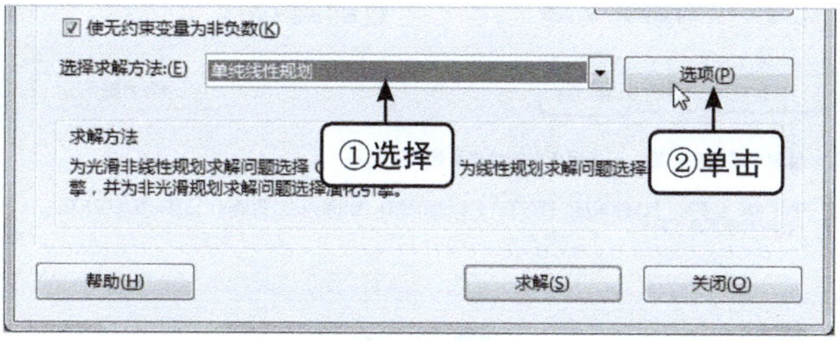

图 10-18

由于在生产计划约束条件中提出各产品的产量必须为整数，因此在打开的“选项”对话框中确保“忽略整数约束”复选框为取消选中状态，然后在“整数最优性”文本框中输入“0”，如图 10–19 所示，单击“确定”按钮确认并应用设置。

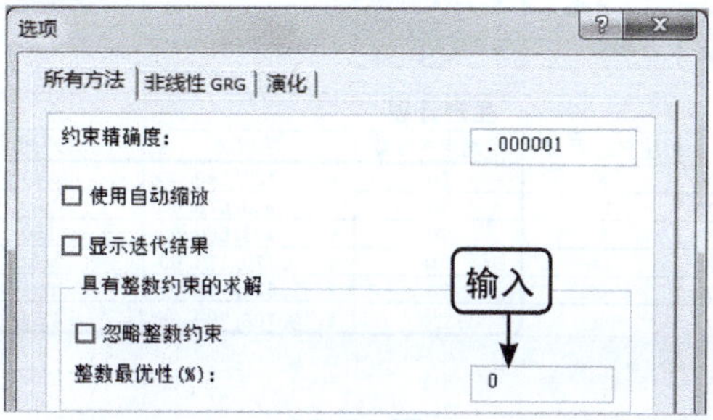

图 10-19

在返回的“规划求解参数”对话框中单击“求解”按钮，打开“规划求解结果”对话框，其中显示了规划求解找到一解可满足所有约束及最优状况的相关提示信息。确保“保留规划求解的解”单选按钮的选中状态（如果不想在表格中保留规划求解的解，选中“还原初值”单选按钮即可），单击“确定”按钮，如图 10-20 所示。

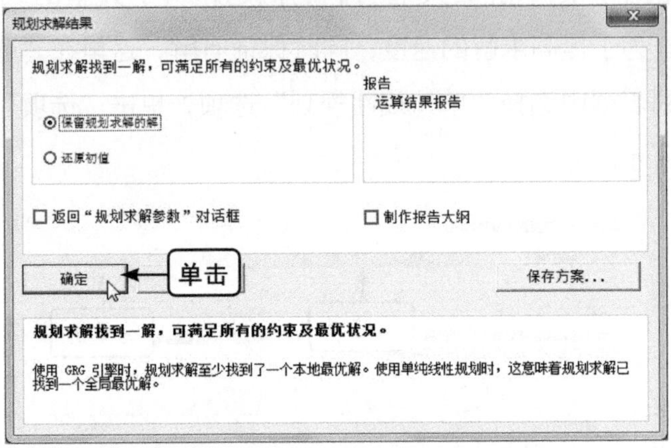

图 10-20

程序自动进行规划求解运算，并将最终的求解结果显示在数据源的表格中，返回工作表中即可查看最终的结果，如图 10-21 所示。

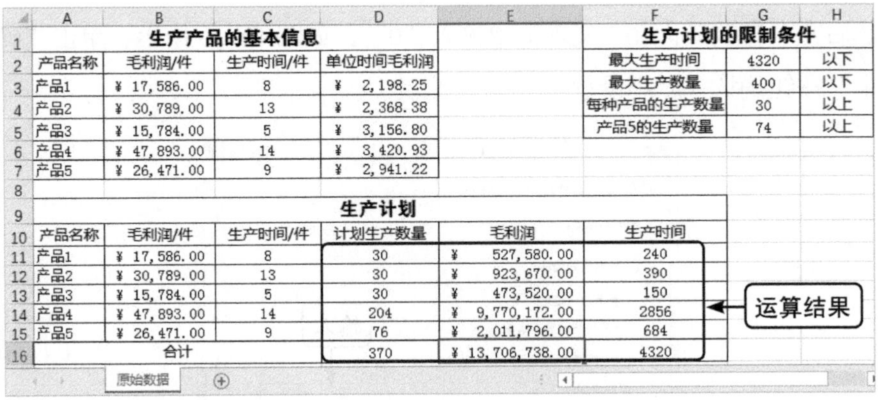

	A	B	C	D	E	F	G	H
1	生产产品的基本信息					生产计划的限制条件		
2	产品名称	毛利润/件	生产时间/件	单位时间毛利润		最大生产时间	4320	以下
3	产品1	¥ 17,586.00	8	¥ 2,198.25		最大生产数量	400	以下
4	产品2	¥ 30,789.00	13	¥ 2,368.38		每种产品的生产数量	30	以上
5	产品3	¥ 15,784.00	5	¥ 3,156.80		产品5的生产数量	74	以上
6	产品4	¥ 47,893.00	14	¥ 3,420.93				
7	产品5	¥ 26,471.00	9	¥ 2,941.22				
8								
9	生产计划							
10	产品名称	毛利润/件	生产时间/件	计划生产数量	毛利润	生产时间		
11	产品1	¥ 17,586.00	8	30	¥ 527,580.00	240		
12	产品2	¥ 30,789.00	13	30	¥ 923,670.00	390		
13	产品3	¥ 15,784.00	5	30	¥ 473,520.00	150		
14	产品4	¥ 47,893.00	14	204	¥ 9,770,172.00	2856		
15	产品5	¥ 26,471.00	9	76	¥ 2,011,796.00	684		
16	合计			370	¥ 13,706,738.00	4320		

图 10-21

从求解结果来看，虽然生产产品 4 所花费的时间比较长，但是该产品单位时间内的毛利润是最高的，因此在生产计划中最终的计划生产数量最多。而产品 1、产品 2 和产品 3 都只生产了最低生产数量。对于产品 5 而言，由于必须达到生产总量的 20% 及以上的生产限制，因此其生产量相对产品 1、产品 2 和产品 3 而言，计划生产数量要多一些。按这种生产计划来生产各产品，可以得到如下结论。

◆ 最终花费的生产时间为 4 320，达到预计的最大生产时间。

◆ 最终计划生产的总产量为 370。

◆ 生产的 5 种产品产生的最大总毛利润为 13 706 738 元。

10.2.3 优化数据并重新计算最优产量组合

为了改善生产，工厂决定对其中某种产品的生产工艺进行优化。从单位时间产生的毛利润来看，产品 1 的单位时间毛利润最低，因此考虑对其生产工艺进行优化。

假设经过工艺优化后，产品 1 的单位生产时间降低两小时，单件毛利润增加 15%，即产品 1 的单位生产时间为 6 小时，单件毛利润为 17 586+(17 586×0.15)=20 223.9 元。下面对于改善生产工艺后继续求解，如何生产各种产品，才能让产生的毛利润最大。

由于前面已经在该表格中进行过一次规划求解操作，对设置的目标单元格、可变单元格和约束条件等参数都会被保留下来，因此此时在修改产品 1 的相关数据后，如果要再次进行规划求解操作，就不需要再对这些操作进行设置。

但是为了方便对比查看优化产品 1 的生产工艺前后的生产计划的生产数量和毛利润差额，此次需要将规划求解结果保存到运算报告中，其具体操作如下。

在“原始数据”工作表的生产计划区域中将产品 1 的单件毛利润修改为 20 223.9，将单件生产时间修改为 6，其他数据保持不变，单击“数据”选项卡“分析”功能组中的“规划求解”按钮，如图 10-22 所示。

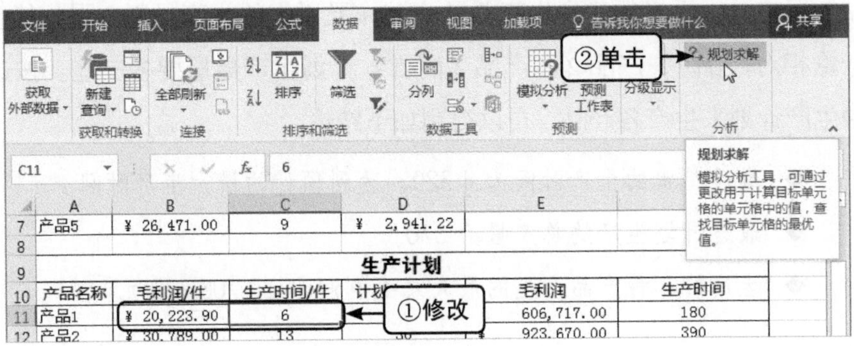

图 10-22

在打开的“规划求解参数”对话框中可以查看到保留的目标单元格、可变单元格、约束条件和求解方法，保持这些参数的默认设置不变，单击“求解”按钮，如图 10-23 所示。

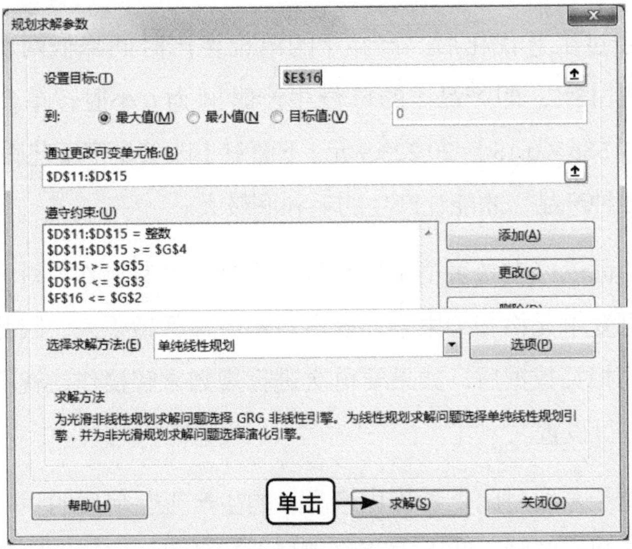

图 10-23

在打开的“规划求解结果”对话框中保持“保留规划求解的解”单选按钮的选中状态，选择“报告”列表框中的“运算结果报告”选项，单击“确定”按钮，如图 10-24 所示。

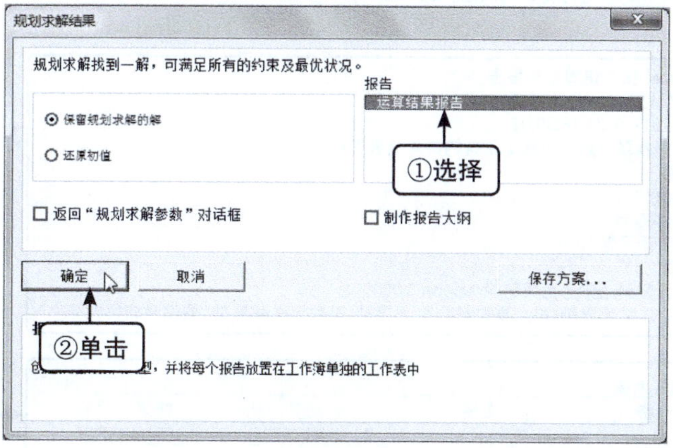

图 10-24

返回工作表中即可查看到，在生产计划区域中，计划生产数量、毛利润和生产时间都发生了变化，在生产计划的限制条件中，产品 5 的生产数量的最低值也发生了变化，同时创建了一张名为“运算结果报告 1”工作表，如图 10-25 所示。

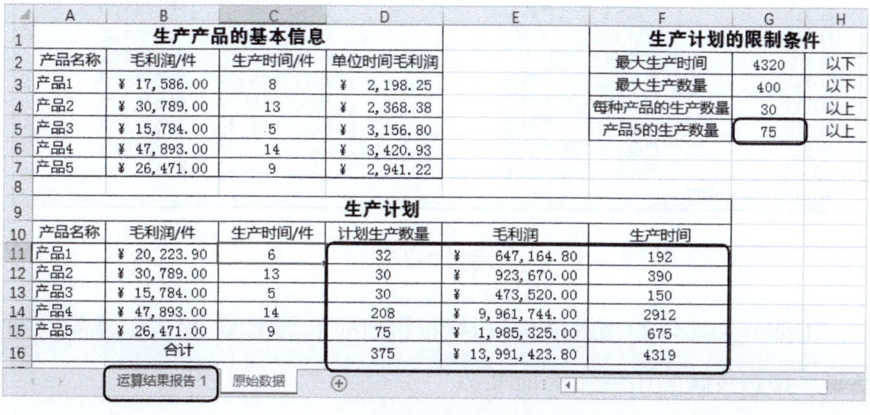

	A	B	C	D	E	F	G	H
1	生产产品的基本信息					生产计划的限制条件		
2	产品名称	毛利润/件	生产时间/件	单位时间毛利润		最大生产时间	4320	以下
3	产品1	¥ 17,586.00	8	¥ 2,198.25		最大生产数量	400	以下
4	产品2	¥ 30,789.00	13	¥ 2,368.38		每种产品的生产数量	30	以上
5	产品3	¥ 15,784.00	5	¥ 3,156.80		产品5的生产数量	75	以上
6	产品4	¥ 47,893.00	14	¥ 3,420.93				
7	产品5	¥ 26,471.00	9	¥ 2,941.22				
8								
9	生产计划							
10	产品名称	毛利润/件	生产时间/件	计划生产数量	毛利润	生产时间		
11	产品1	¥ 20,223.90	6	32	¥ 647,164.80	192		
12	产品2	¥ 30,789.00	13	30	¥ 923,670.00	390		
13	产品3	¥ 15,784.00	5	30	¥ 473,520.00	150		
14	产品4	¥ 47,893.00	14	208	¥ 9,961,744.00	2912		
15	产品5	¥ 26,471.00	9	75	¥ 1,985,325.00	675		
16	合计			375	¥ 13,991,423.80	4319		

图 10-25

10.2.4 编辑并分析运算结果报表

单击“运算结果报告 1”工作表标签切换到结果报告工作表，该表格主要由 4 部分组成，如图 10-26 所示。

①

Microsoft Excel 16.0 运算结果报告
工作表: [生产计划.xlsx]原始数据
报告的建立: 2017/9/29 16:39:07
结果: 规划求解找到一解，可满足所有的约束及最优状况。
规划求解引擎
引擎: 单纯线性规划
求解时间: .265 秒。
迭代次数: 1 子问题: 40
规划求解选项
最大时间 无限制, 迭代 无限制, Precision 0.000001
最大子问题数目 无限制, 最大整数解数目 无限制, 整数允许误差 0%, 假设为非负数

②

目标单元格 (最大值)

单元格	名称	初值	终值
$E$16	合计 毛利润	¥ 13,785,875.00	¥ 13,991,423.80

③

可变单元格

单元格	名称	初值	终值	整数
$D$11	产品1 计划生产数量	30	32	整数
$D$12	产品2 计划生产数量	30	30	整数
$D$13	产品3 计划生产数量	30	30	整数
$D$14	产品4 计划生产数量	204	208	整数
$D$15	产品5 计划生产数量	76	75	整数

④

约束

单元格	名称	单元格值	公式	状态	型数值
$D$15	产品5 计划生产数量	75	$D$15>=$G$5	到达限制值	0
$D$16	合计 计划生产数量	375	$D$16<=$G$3	未到限制值	25
$F$16	合计 生产时间	4319	$F$16<=$G$2	未到限制值	1
$D$11	产品1 计划生产数量	32	$D$11>=$G$4	到达限制值	0
$D$12	产品2 计划生产数量	30	$D$12>=$G$4	到达限制值	0
$D$13	产品3 计划生产数量	30	$D$13>=$G$4	到达限制值	0
$D$14	产品4 计划生产数量	208	$D$14>=$G$4	未到限制值	178
$D$15	产品5 计划生产数量	75	$D$15>=$G$4	到达限制值	0
$D$11:$D$15=整数					

图 10-26

①部分为报告的基本信息，包括报告对应的数据源、报告创建的时间、结果、规划求解的引擎和选项等。

②部分为目标单元格的求解数据信息，即最大毛利润数据。

③部分为可变单元格的求解信息，即各种产品的计划生产量数据。

④部分为生产计划的限制条件对应的数据信息。

其中，对于目标单元格和可变单元格部分，有初值和终值两列数据，初值是指更改产品 1 的单件毛利润和单件生产时间前得到的规划求解数据，终值是指更改产品 1 的单件毛利润和单件生产时间后得到的规划求解数据。

为了更好地对比更改数据前后的生产计划，现在需要在该结果报表中分别计算出毛利润差额和生产数量差额数据。

但是在报告中的“13 785 875”毛利润初始值是我们在手动修改产品 1 的单件毛利润和单件生产时间后，系统根据公式自动计算的结果，而这里要对比的是更改产品 1 相关数据前后的毛利润差额，首先要手动将该数据修改为 13 706 738。

其次，在 F15 单元格中输入“毛利润差额”文本，选择 F16 单元格，在编辑栏中输入公式“=E16−D16”，按【Ctrl+Enter】组合键，完成计算更改数据前后的毛利润变化值，如图 10−27 所示。

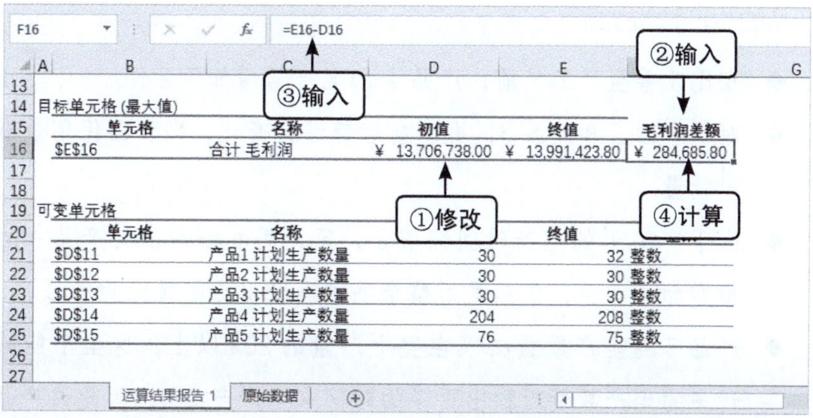

图 10-27

在 G20 单元格中输入“生产数量差额”文本，手动调整 G 列单元格的列宽，使表头字段的数据完整地显示出来，选择 G21:G25 单元格区域，在编辑栏中输入公式“=E21−D21”，按【Ctrl+Enter】组合键，完成各产品更改数据前后的生产数量变化值的计算，如图 10−28 所示。

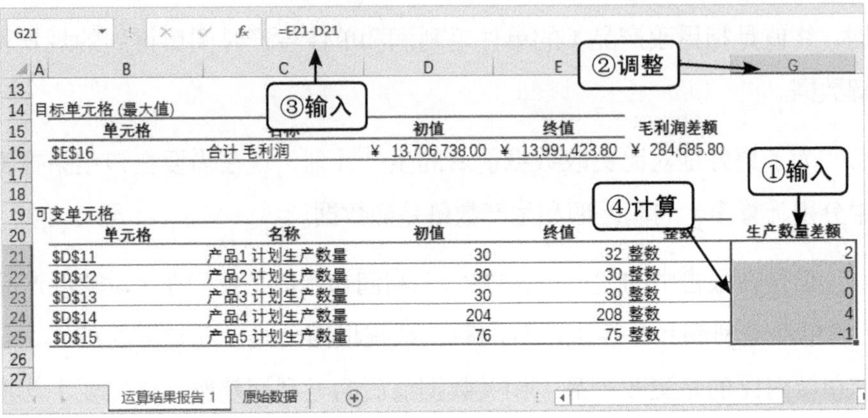

图 10-28

从图 10−28 可知，假设产品 1 的生产工艺经过优化后，总的毛利润会增加 284 685.8 元。从各产品的计划生产数量来看，在更改产品 1 的相关数据前，工厂的主要生产产品是产品 4，在更改产品 1 的相关数据后，各产品的生产情况如下。

- 相比改善生产工艺前，产品 1 的生产量增加了 2 件。
- 对于产品 2 和产品 3，更改前后都没有变化，即仍旧保留最低生产数量。
- 由于产品 1 的生产时间缩短了，因此毛利润最高的产品 4 的数量增加了 4 件，仍然是对整个毛利润做出贡献最大的产品。
- 产品 5 的生产数量必须在整个产量的 20% 以上，这里不能减少过多的生产数量而腾出更多的时间来生产产品 4，因此该产品最终的计划生产数量只减少了 1 件。

第 11 章

财务与运营类商业数据分析实战

公司是否能继续运营，就要看公司是否有利润可赚。因此对于公司的财务状况和产品的运营状况进行分析是商业数据分析中应重点把握的内容。而对财务和运营活动的数据分析有很多，在本章，将通过“确定客户的信用交易限额”和“用波士顿矩阵分析产品的市场定位”这两个例子来介绍如何利用 Excel 技术分析公司的财务和运营数据。

11.1

确定客户的信用交易限额

素材 客户信用管理.xlsx
效果 客户信用管理.xlsx

A 公司是一家食品加工厂，B 公司曾经 3 次与 A 公司合作，但是 3 次合作的加工费只有一次给付了，其他两次都还没有结算，每次 A 公司催款，B 公司都推脱。这次，B 公司又有一批原料需要进行加工，打算再次与 A 公司进行合作，但是 A 公司委婉地拒绝了。虽然多次合作也算老客户了，但是前期多次的加工费都还没有结算，B 公司对于 A 公司来说，已经没有信用可言了。为了避免损失的继续扩大，A 公司没有继续与 B 公司再合作。

在现代商场上，各企业之间的交易通常都不是一手交钱一手交货的买卖交易。如上示例，A 公司为 B 公司加工产品，在向 B 公司收取货款这段时间，通常处于“账期”状态（有的公司也通过开具票据的形式来代替现金），在这段时间，A 公司给予了 B 公司相当程度的信任，这称为“信用”。

在现实情况中，信用不会立即消失，它是逐渐降低的，最终导致信用破产，即完全没有信任可言。两个企业之间发生的交易金额也是随着信用的降低逐渐减少，最后才是终止交易。就好比某人在商店中赊购商品，初期可能还能赊购大额的商品，但是，在信用逐渐降低的过程中，商家都会规避“赖账不还”的风险。因此，为了降低损失，商店只能允许你赊购越来越小金额的商品，如果你始终都不结算前期赊欠的金额，一定时间后，最终你在该商店就再也赊购不到任何商品。

由此可见，在商业活动中，对客户公司的信用进行管理和评价分析，对一个企业来说有多重要。

我们可以通过对客户公司的信用进行分析，从而确定客户公司的信用范围，以此来确定与之发生的信用交易的最大限额。下面通过具体的实例来介绍如何确定信用交易的限额数据。

如图 11-1 所示为某新客户公司的资产负债表数据，其中主要包括 3 部分内容，分别是资产、负债和所有者权益。

客户的资产负债表			（单位：千元）
资产部分		负债和所有者权益部分	
流动资产	**150,052**	**流动负债**	**128,024**
现金及存款	38,756	交易性金融负债	33,875
交易性金融资产	42,365	短期借款	50,451
库存商品	9,765	应付票据	4,587
预付账款	124	应付账款	3,587
应收账款	354	其他流动负债	35,524
其他流动资产	57,841	**固定负债**	**106,747**
呆账准备金	847	长期应付款	14,540
固定资产	**141,732**	长期借款	69,754
厂房	29,781	退休给付专用基金	22,453
车辆	4,978	**负债合计**	**234,771**
器具及办公用具	1,342	**实收资本**	14,983
无形固定资产	**30,244**	**资本公积**	6,578
土地使用权	28,674	**盈余公积**	19,765
非专利技术	1,570	**当期未分配利润**	15,687
投资等	**75,387**		
长期预付账款	875		
保证金	74,512	**所有者权益合计**	**57,013**
资产合计	**291,784**	**负债和所有者权益合计**	**291,784**

图 11-1

要根据这个表格来确定该新客户的最大信用交易限额，主要借助两个指标，即流动比率与自有资本比率（有关这两个指标的具体作用将在 11.1.4 节分别进行详细介绍），具体的评价过程如下。

①核算资产和自有资本的基准金额。

②核算流动比率的信用范围。

③核算自有资本比率的信用范围。

④计算流动比率与自有资本比率。

⑤确定信用交易的最低限额。

为了更直观地进行信用分析，需要搭建一个信用评价分析的表格，如图 11–2 所示。

信用评价表

一、运算基准金额				
资产基准金额=流动资产–流动负债				
自有资本基准金额=自有资本				
二、核算流动比率的信用范围				
流动比率		评价	评价比重	信用交易额
三、核算自有资本比率的信用范围				
自有资本比率		评价	评价比重	信用交易额
四、核算流动比率并确定信用交易的最大限额				
计算信用管理指标			信用交易额	评价
流动比率				
自有资本比率				
信用交易最大限额				

图 11-2

下面进行逐个过程讲解。

11.1.1 核算资产和自有资本的基准金额

基准金额是评价分析中最基础的数据，在该数据的基础上加上比率数据的比重后，即可得到评价范围的极值。资产和自有资本的基准金额的计算公式如下。

资产基准金额 = 流动资产 – 流动负债

自有资本基准金额 = 自有资本

打开“客户信用管理”工作表，在信用评价表格区域中选择 I3 单元格，在编辑栏中输入公式“=B3–D3”，按【Ctrl+Enter】组合键，确认公式的输入并计算资产基准金额，如图 11–3 所示。

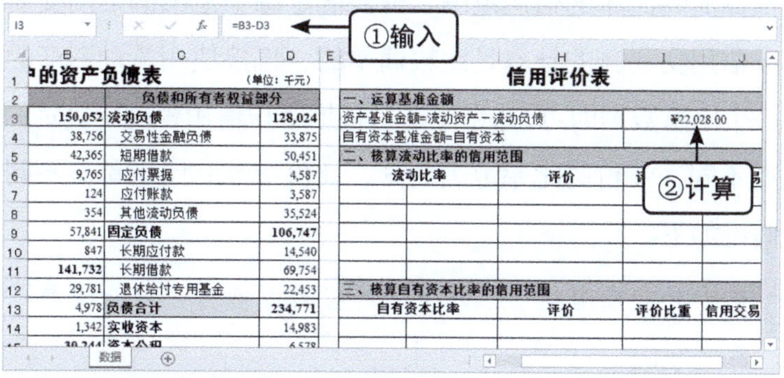

图 11-3

自有资本是指股东出资形成的资本金、资本盈余及其运行结果累积留存收益，它们统称为所有者权益，因此，在资产负债表中，对应表格中的所有者权益合计数据。

这里选择 I4 单元格后，在编辑栏中输入引用所有者权益合计的数据公式，即输入公式“=D20”，按【Ctrl+Enter】组合键，确认公式的输入并计算自有资本基准金额，如图 11–4 所示。

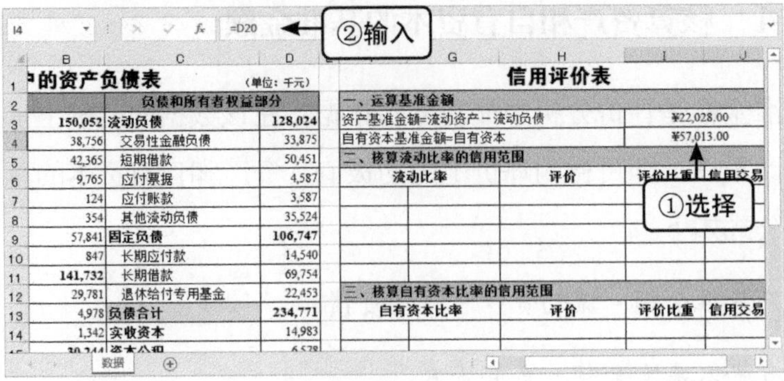

图 11-4

11.1.2 核算流动比率的信用范围

要核算流动比率的信用范围，就要确定每个范围的信用交易额是多少。对于信用交易额的计算是比较简单的，直接使用流动资产的基准金额乘以一个比重数据即可，这个比重是根据客户信用程度所决定的系数。由于企业不同，评价的比率范围划分、评价标准和比重都会不同，在本例中，假设如下。

◆ 流动比率范围在 90% 以下，对应的评价为“停止交易”，评价系数为 0。

◆ 流动比率范围在 90%~100% 之间，对应的评价为“慎重”，评价系数为 0.5。

◆ 流动比率范围在 100%~110% 之间，对应的评价为“维持现状”，评价系数为 1。

◆ 流动比率范围在 110%~150% 之间，对应的评价为“积极”，评价系数为 1.5。

◆ 流动比率范围在 150% 以上，对应的评价为“优先”，评价系数为 2。

现在根据这个假设在信用评价表的 F7::I11 单元格区域中进行填列，

其最终的填列效果如图 11–5 所示。

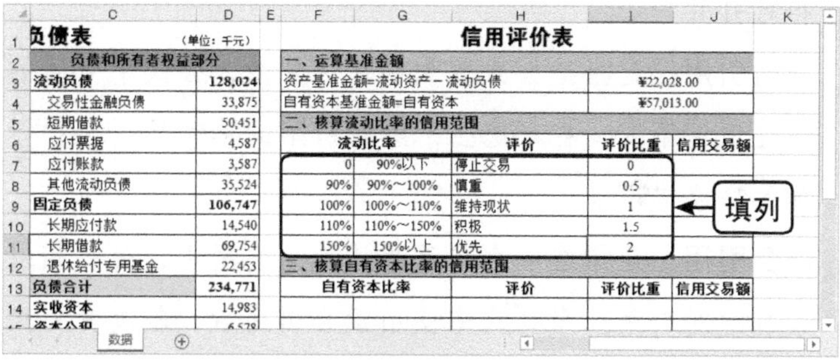

图 11-5

选择 J7:J11 单元格区域，在编辑栏中输入公式“=$I$3*I7”，按【Ctrl+Enter】组合键，完成各个流动比率信用范围下的信用交易额数据填充，如图 11–6 所示。

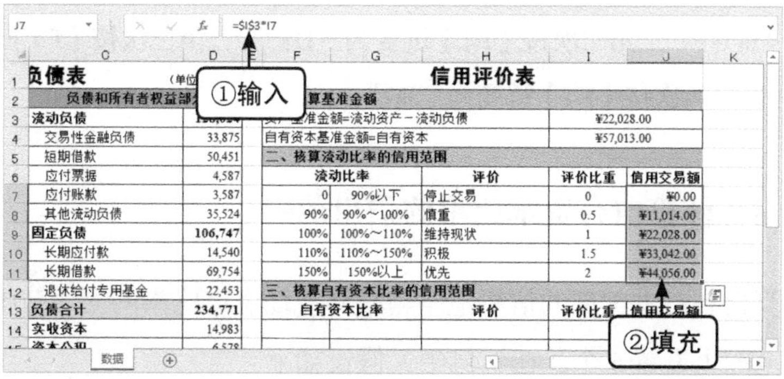

图 11-6

需要注意的是，由于是批量输入公式进行数据计算，所有流动比率信用范围的信用交易额都是依托 I3 单元格中基准金额数据来计算的，因此必须使用绝对应用方式。

在 Excel 中，单元格的引用方式分为 3 种，分别是相对引用、绝对引用和混合引用。各种引用方式的具体说明如下。

◆ **相对引用**：是指把公式复制到新位置后，公式中单元格的地址相对于公式所在的位置而发生改变。默认情况下，Excel中使用相对引用。

- **绝对引用：** 是指把公式复制到新位置后，公式中引用的单元格地址保持不变。在形态上，绝对引用的单元格列标和行号之前加入符号“$”。
- **混合引用：** 是指在一个单元格的地址引用中，既有相对引用，又有绝对引用。当公式中使用混合引用后，若改变公式所在的单元格地址，则相对引用的单元格地址改变，而绝对引用的单元格地址不变。

职场小贴士

要将相对引用转换为绝对引用，可在需转换的单元格列标和行号之前加入符号“$”，也可在公式的单元格地址前或后按【F4】键，如“D7”，第一次按【F4】键变为“$D$7”，第二次按【F4】键变为“D$7”，第三次按【F4】键变为“$D7”，第四次按【F4】键变为“D7”。

11.1.3 核算自有资本比率的信用范围

核算自有资本比率的信用范围与核算流动资产比率的信用范围相似，其比率范围也设置5个。在本例中，假设如下。

- 自有资本比率范围在0以下，对应的评价为“停止交易”，评价系数为0。
- 自有资本比率范围在0~10%之间，对应的评价为“慎重”，评价系数为1。
- 自有资本比率范围在10%~25%之间，对应的评价为“维持现状”，评价系数为1。
- 自有资本比率范围在25%~50%之间，对应的评价为“积极”，评价系数为 1。

◆ 自有资本比率范围在 50% 以上，对应的评价为“优先”，评价系数为 1。

现在根据这个假设在信用评价表的 F14::I18 单元格区域中进行填列，其最终的填列效果如图 11-7 所示。

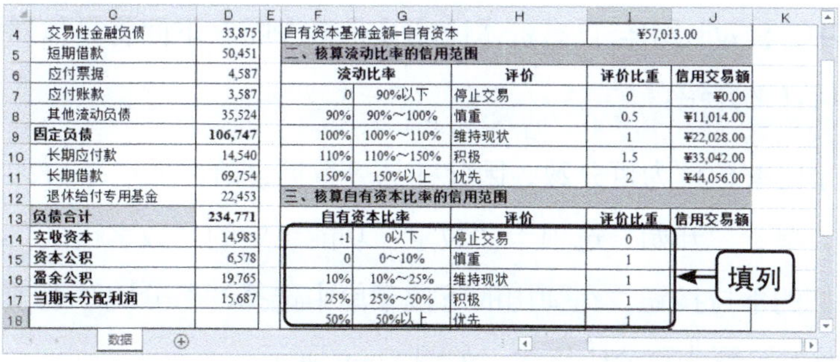

	C	D	E	F	G	H	I	J
4	交易性金融负债	33,875		自有资本基准金额=自有资本			¥57,013.00	
5	短期借款	50,451		二、核算流动比率的信用范围				
6	应付票据	4,587		流动比率		评价	评价比重	信用交易额
7	应付账款	3,587		0	90%以下	停止交易	0	¥0.00
8	其他流动负债	35,524		90%	90%~100%	慎重	0.5	¥11,014.00
9	固定负债	106,747		100%	100%~110%	维持现状	1	¥22,028.00
10	长期应付款	14,540		110%	110%~150%	积极	1.5	¥33,042.00
11	长期借款	69,754		150%	150%以上	优先	2	¥44,056.00
12	退休给付专用基金	22,453		三、核算自有资本比率的信用范围				
13	负债合计	234,771		自有资本比率		评价	评价比重	信用交易额
14	实收资本	14,983		-1	0以下	停止交易	0	
15	资本公积	6,578		0	0~10%	慎重	1	
16	盈余公积	19,765		10%	10%~25%	维持现状	1	
17	当期未分配利润	15,687		25%	25%~50%	积极	1	
18				50%	50%以上	优先	1	

图 11-7

选择 J14:J18 单元格区域，在编辑栏中输入公式“=$I$4*I14”，按【Ctrl+Enter】组合键，完成各个自有资本比率信用范围下的信用交易额数据计算，如图 11-8 所示。

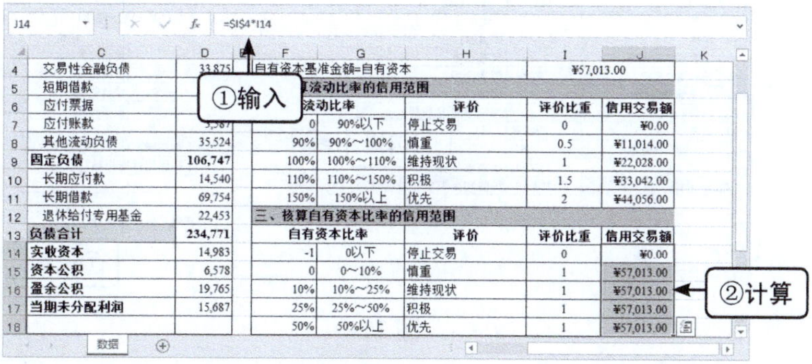

	C	D	E	F	G	H	I	J
4	交易性金融负债	33,875		自有资本基准金额=自有资本			¥57,013.00	
5	短期借款			二、核算流动比率的信用范围				
6	应付票据			流动比率		评价	评价比重	信用交易额
7	应付账款	3,587		0	90%以下	停止交易	0	¥0.00
8	其他流动负债	35,524		90%	90%~100%	慎重	0.5	¥11,014.00
9	固定负债	106,747		100%	100%~110%	维持现状	1	¥22,028.00
10	长期应付款	14,540		110%	110%~150%	积极	1.5	¥33,042.00
11	长期借款	69,754		150%	150%以上	优先	2	¥44,056.00
12	退休给付专用基金	22,453		三、核算自有资本比率的信用范围				
13	负债合计	234,771		自有资本比率		评价	评价比重	信用交易额
14	实收资本	14,983		-1	0以下	停止交易	0	¥0.00
15	资本公积	6,578		0	0~10%	慎重	1	¥57,013.00
16	盈余公积	19,765		10%	10%~25%	维持现状	1	¥57,013.00
17	当期未分配利润	15,687		25%	25%~50%	积极	1	¥57,013.00
18				50%	50%以上	优先	1	¥57,013.00

图 11-8

这里同样需要注意，所有自有资本比率信用范围的信用交易额都是依托 I4 单元格中基准金额数据来计算的，因此在批量计算数据时必须使用绝对引用方式。

11.1.4 计算流动比率与自有资本比率

前面准备了许多的基础数据，都是建立在流动比率与自有资本比率的基础上进行的信用判断，那么到底什么是流动比率与自有资本比率呢？在本例中，流动比率与自有资本比率又是多少呢？下面将具体对这两个指标进行详细介绍。

由于比率数据为百分数，因此在计算数据之前，先选择 H21 和 H22 单元格，单击“开始”选项卡“数字”功能组中的“数字格式”下拉列表框右侧的下拉按钮，在弹出的下拉菜单中选择“百分比”选项，将单元格的格式设置为百分比格式，如图 11–9 所示。

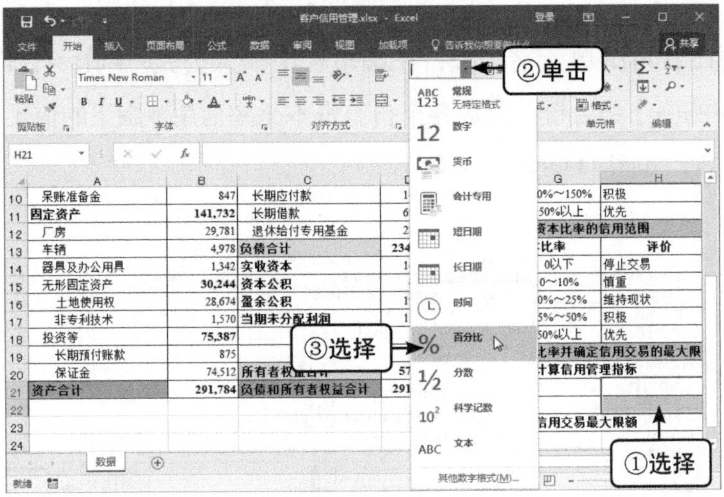

图 11-9

1. 计算流动比率

流动比率是流动资产对流动负债的比率，该指标是衡量企业流动资产在短期债务到期以前，可以变为现金用于偿还负债的能力。一般来说，比率越高，说明企业资产的变现能力越强，短期偿债能力也越强；反之则弱。

一般而言，较为理想的流动比率应在 2 ∶ 1 以上，即流动比率数据在 200% 以上，表示流动资产是流动负债的两倍，即使流动资产有一半在短期内不能变现，也能保证全部的流动负债得到偿还。如果流动比率在 100% 以下，表示流动负债比流动资产大，由此可以预知该公司目前流动资金短缺，短期支付能力弱。

在本例中，流动比率的计算方式为：选择 H21 单元格，在编辑栏中输入公式“=B3/D3”，按【Ctrl+Enter】组合键完成数据计算，如图 11-10 所示。

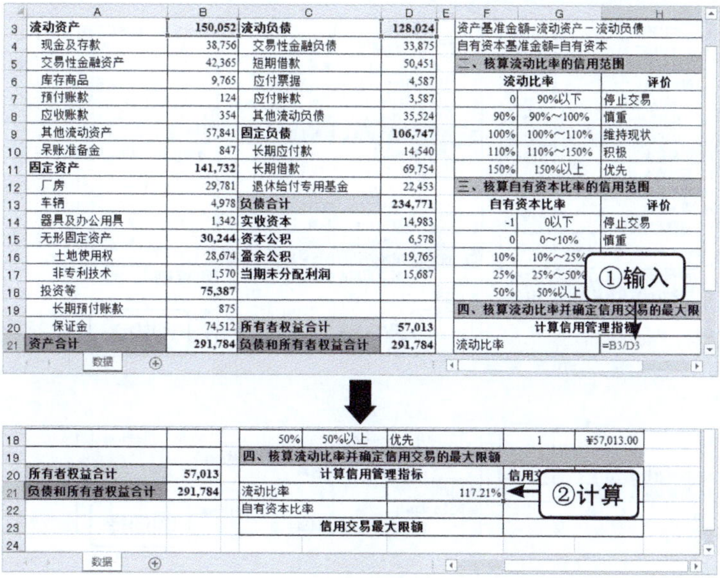

图 11-10

2. 计算自有资本比率

自有资本比率即企业营运资金中自有资本所占的比率，在资产负债表中为自有资本与总资产（在资产负债表中对应负债和所有者权益合计数据）的比例，它是衡量公司资本结构是否健全的重要指标。

由于是自有资本占总资产的比例，因此比例值越高，说明公司自有资本越多，负债越少，公司在经营时对外来资本的依赖性就较小，其资本结构越健全，当然，公司的偿还能力也就越强。自有资本比率究竟以多高为合适，应根据行业的特点和资金市场的形势来定，同时还要考虑到自有资本中固定资金和流动资金的比例。

在本例中，自有资本比率的计算方式为：选择H22单元格，在编辑栏中输入公式“=D20/D21”，按【Ctrl+Enter】组合键完成数据计算，如图11-11所示。

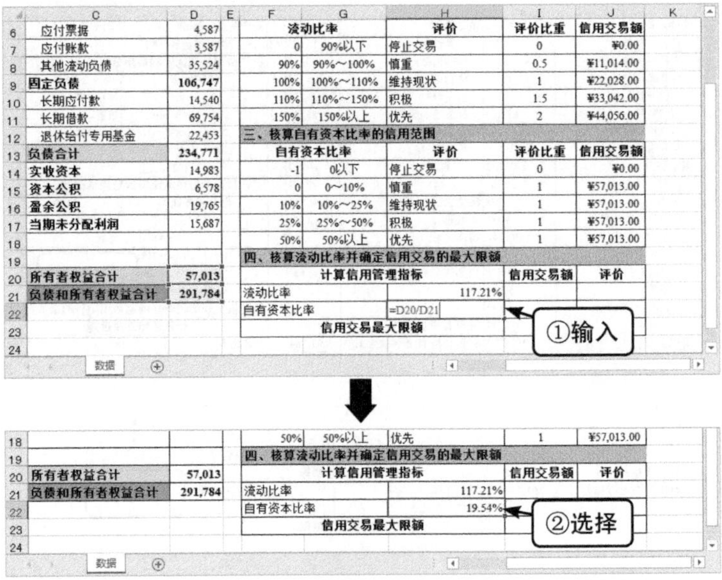

图11-11

11.1.5 确定信用交易的最大限额

计算出该客户公司的流动比率和自有资本比率后，即可分别根据这两个数据来确定该公司的信用交易额，具体的操作思路如下。

①判断流动比率属于哪个信用范围，返回对应的信用交易额和评价。

②判断自有资本比率属于哪个信用范围，返回对应的信用交易额和评价。

③由于该公司是新合作的公司，不管其在其他公司中的信用有多好，对于初次合作，其最大的信用交易限额都应该从低交易额开始进行，因此在实际的合作中，要选择较小的信用交易额作为最大信用交易限额进行交易。

判断比率数据的信用范围，并返回信用范围表格中的对应信用交易额和评价时，在 Excel 中直接使用 VLOOKUP() 函数即可完成，其具体的语法格式为：

VLOOKUP(lookup_value,table_array,col_index_num,[range_lookup])

从函数的语法格式可以看出，VLOOKUP() 函数包含 3 个必选参数和一个可选参数，各参数的意义如下。

- lookup_value：必选参数。要在数组第 1 行中查找的值，可以为数值、引用或文本字符串。
- table_array：必选参数。要在其中查找数据的区域，通常使用单元格引用或单元格名称。
- col_index_num：必选参数。表示要返回查找内容在单元格区域中第几列的值，如 col_index_num 参数为 1，则返回查找区域第 1 列对应单元格的值，参数为 2 则返回查找区域第 2 列对应单元格的值。
- range_lookup：可选参数。指定查找方式是否为精确匹配，省略可将参数设置为 TRUE，则返回近似匹配值，如果参数设置为

FALSE，则使用精确匹配，如果找不到匹配的值，则返回“#N/A”错误。

在本例中，选择 I21 单元格，在编辑栏中输入公式“=VLOOKUP (H21, F7:J11,5)”，按【Ctrl+Enter】组合键，确认输入的公式并计算出该流动比率对应的信用交易额，如图 11-12 所示。

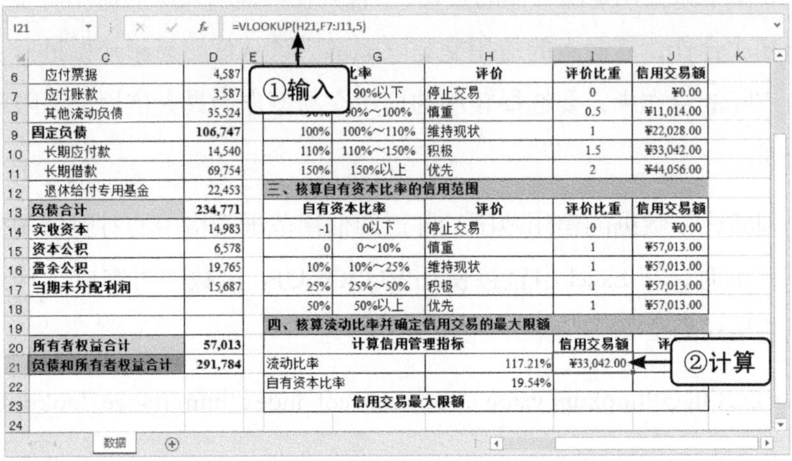

图 11-12

在该公式中，省略了 range_lookup 参数，VLOOKUP() 函数在 F7:J11 单元格区域中进行模糊匹配，与 117.21% 数据最接近的是 110%，因此判断出该数据属于 110%~150% 这个信用范围内，而信用交易额在 F~J 列中排列在 J 列，相对于 F 列位于第 5 列，因此将 col_index_num 参数设置为 5，最终返回当流动比率为 117.21% 时，对应的信用交易额为 33 042 元。

下面根据该流动比率对该公司进行评价，其方式与计算信用交易额相似，选择 J21 单元格，在编辑栏中输入公式“=VLOOKUP(H21,F7:J11,3)”，按【Ctrl+Enter】组合键，确认输入的公式并计算出该流动比率对应的评价，如图 11-13 所示。

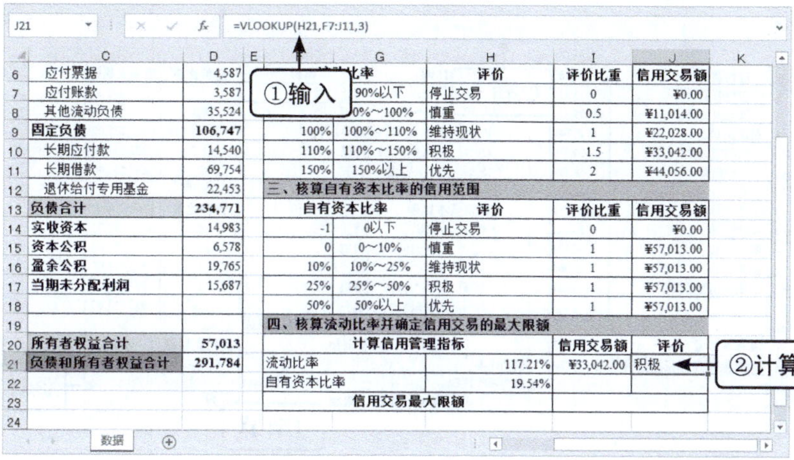

图 11-13

在本例中，计算得到的流动比率相对还是比较高，评价为“积极”，但是还应该注意一个问题，流动比率高的企业并不一定偿还短期债务的能力就很强，因为流动资产中虽然现金、有价证券和应收账款变现能力很强，但是存货和待摊费用等也属于流动资产，这些项目的变现时间相对较长，特别是存货很可能发生积压、滞销、残次和冷背等情况，从而导致流动性较差，所以不能盲目地决定与该公司。

下面继续根据自有资本比率数据来计算信用交易额和评价。

选择I22单元格，在编辑栏中输入公式“=VLOOKUP(H22,F14:J18,5)”，按【Ctrl+Enter】组合键，确认输入的公式并计算出该自有资本比率对应的信用交易额。

选择J22单元格，在编辑栏中输入公式“=VLOOKUP(H22,F14:J18,3)”，按【Ctrl+Enter】组合键，确认输入的公式并计算出该自有资本比率对应的评价，如图 11-14 所示。

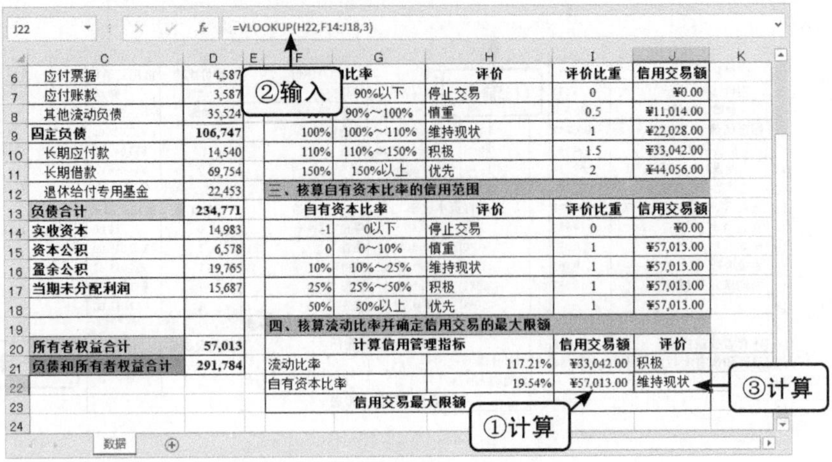

图 11-14

从上面的计算结果可以知道，根据自有资本比率指标计算的信用交易额为 57 013 元，对应的评价为维持现状。

相比根据流动比率计算的信用交易额要大一些，但是在本例中，由于是初次与客户公司合作，为了稳妥，要选择相对较小的信用交易额，因此该公司最终的信用交易最大限额为 33 042 元。

为了确保最终数据的准确性，一般情况下都不手动输入数据，在这里，要在两个数据中选择最小的数据作为最大信用交易限额，直接使用 MIN() 函数即可，该函数的语法格式为：MIN(number1[,number2],...)。

在该语法格式中，number 参数主要用于指定给定的一组数据或者单元格区域的引用，其个数的取值范围为 1 ～ 255。

在本例中，选择 I23 单元格，在编辑栏中输入公式“=MIN(I21:I22)”，按【Ctrl+Enter】组合键，确认输入的公式并计算出该公司最终的信用交易的最大限额数据，如图 11-15 所示。

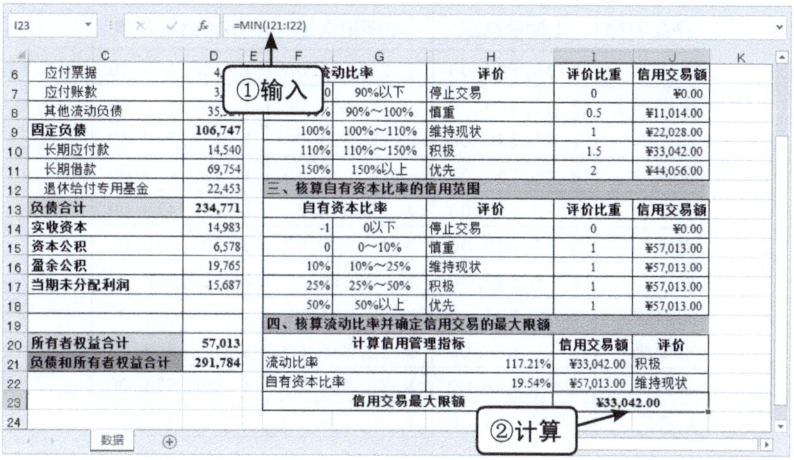

	C	D	E	F	G	H	I	J
6	应付票据	4,		流动比率		评价	评价比重	信用交易额
7	应付账款	3,		0	90%以下	停止交易	0	¥0.00
8	其他流动负债	35,		%	90%~100%	慎重	0.5	¥11,014.00
9	固定负债	106,747		100%	100%~110%	维持现状	1	¥22,028.00
10	长期应付款	14,540		110%	110%~150%	积极	1.5	¥33,042.00
11	长期借款	69,754		150%	150%以上	优先	2	¥44,056.00
12	退休给付专用基金	22,453		三、核算自有资本比率的信用范围				
13	负债合计	234,771		自有资本比率		评价	评价比重	信用交易额
14	实收资本	14,983		-1	0以下	停止交易	0	¥0.00
15	资本公积	6,578		0	0~10%	慎重	1	¥57,013.00
16	盈余公积	19,765		10%	10%~25%	维持现状	1	¥57,013.00
17	当期未分配利润	15,687		25%	25%~50%	积极	1	¥57,013.00
18				50%	50%以上	优先	1	¥57,013.00
19				四、核算流动比率并确定信用交易的最大限额				
20	所有者权益合计	57,013		计算信用管理指标			信用交易额	评价
21	负债和所有者权益合计	291,784		流动比率		117.21%	¥33,042.00	积极
22				自有资本比率		19.54%	¥57,013.00	维持现状
23				信用交易最大限额			¥33,042.00	
24								

图 11-15

需要说明的是，也不是每次信用交易最大限额都要选择较小的数据来进行交易，随着合作的次数越来越多，如果客户公司的信用越来越好，此时公司可以增加该客户公司的信用最大限额。

素材	产品市场定位分析 .xlsx
效果	产品市场定位分析 ..xlsx

11.2

用波士顿矩阵分析产品的市场定位

如图 11-16 所示为某零食生产公司对近期各产品的销售情况进行的数据统计，通过分析数据，公司欲停止素肉串烧的生产，并加大对巧克力产品的生产和宣传。这让很多销售人员不解，从图中可以很清晰地查看到，本期素肉串烧的销售额为 16 587 元，而巧克力的销售额只有 8 657 元，素肉串烧的销售额几乎是巧克力销售额的两倍，有这样高的销售数据，为什么公司内部会做出这样的决策呢？

产品名称	上期销售额	本期销售额	市场销售总额
豆干	¥ 19,865.00	¥ 21,456.00	¥ 165,475.00
素肉串烧	¥ 15,468.00	¥ 16,587.00	¥ 265,418.00
威化饼	¥ 13,546.00	¥ 19,865.00	¥ 165,742.00
蛋卷	¥ 15,754.00	¥ 26,015.00	¥ 135,426.00
肉松饼	¥ 9,213.00	¥ 12,546.00	¥ 125,478.00
饼干	¥ 10,245.00	¥ 16,875.00	¥ 258,745.00
果冻	¥ 6,542.00	¥ 9,875.00	¥ 125,875.00
口香糖	¥ 32,564.00	¥ 39,654.00	¥ 258,964.00
棒棒糖	¥ 9,864.00	¥ 12,345.00	¥ 325,647.00
喜糖	¥ 65,478.00	¥ 78,654.00	¥ 356,874.00
巧克力	¥ 6,124.00	¥ 8,657.00	¥ 65,471.00

图 11-16

其实对于产品销售来说，是继续生产还是停产、是继续推广宣传还是撤销下架，这些运营计划并不是单独查看当期的销售额就能简单判断的。对于产品的销售生命是否到尽头，需要进行科学的计算和综合分析来判断，其中广泛使用的方法就是利用波士顿矩阵来对产品具体的市场定位进行分析。

波士顿矩阵是由美国著名的管理学家、波士顿咨询公司创始人布鲁斯·亨德森于 1970 年首创。波士顿矩阵认为，一般决定产品结构的基本因素有两个，即企业实力与市场引力。

- 企业实力包括市场占有率、技术、设备和资金利用能力等，其中市场占有率是决定企业产品结构的内在要素，它直接显示出企业竞争实力。
- 市场引力包括企业销售量（额）增长率、竞争对手强弱及利润高低等。其中最主要的是反映市场引力的综合指标——销售增长率，这是决定企业产品结构是否合理的外在因素。

因此在利用波士顿矩阵来分析产品的市场定位时，主要是通过市场占有率和销售额增长率这两个指标来进行。

在波士顿矩阵中，以纵轴表示销售增长率，横轴表示市场占有率，将坐标图划分为 4 个象限，通过市场占有率和销售增长率这两个因素的相互作用，会出现 4 种不同性质的产品类型，分别是问题产品、明星产品、现金牛产品和瘦狗产品，如图 11−17 所示。

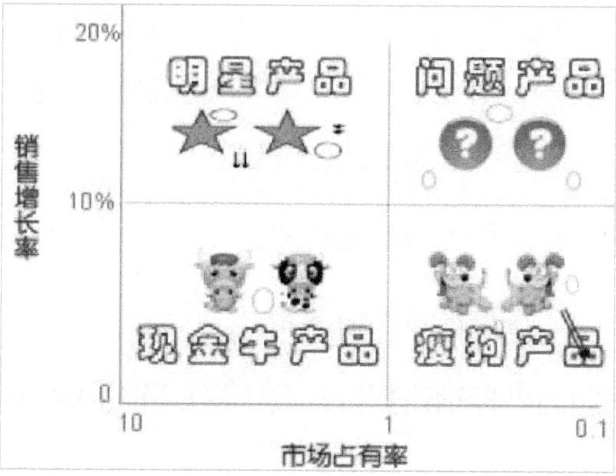

图 11-17

不同的产品会有不同的产品发展前景，具体如下。

问题产品。是指销售增长率高但市场占有率低的产品群，前者说明市场机会大，前景好，而后者则说明在市场营销上存在问题，这类产品的利润率较低，所需资金不足，负债比率高。例如，在产品生命周期中处于引进期、未能开拓市场局面的新产品就属于问题产品，对于这类产品，首先确定对该象限中那些经过改进可能会成为明星产品的进行重点投资，提高市场占有率，使之转变成“明星产品”。

明星产品。是指销售增长率和市场占有率“双高”的产品群，这类产品可能成为企业的现金牛产品，需要加大投资以支持其迅速发展。

现金牛产品。又称为厚利产品，是指销售增长率低、市场占有率高的产品群，这类产品销售量大，产品利润率高、负债比率低，给企业带来大量财源，而且由于增长率低，也无须增大投资。

瘦狗产品。也称衰退类产品，是指销售增长率和市场占有率“双低”的产品群，其财务特点是利润率低、处于保本或亏损状态，负债比率高，无法为企业带来收益。对这类产品应采取先减少产量，再逐渐撤退的策略，对那些销售增长率和市场占有率均极低的产品应立即撤销下架。

在了解了波士顿矩阵后，就可以利用该矩阵来对所有产品的市场定位进行重新组合分析。在Excel中，要将数据转换为波士顿矩阵，从而完成数据的分析，需要经过如下几个过程。

①计算市场占有率和销售额成长率。

②制作气泡图，将数据转换为图表。

③编辑气泡图的坐标轴使其符合波士顿矩阵的坐标轴。

④在矩阵图中将所有产品的名称显示出来，方便查看。

⑤分割四象限完善波士顿矩阵并分析数据。

下面以波士顿矩阵来分析图11-16中的数据为例，讲解如何在Excel中完成波士顿矩阵的分析。

11.2.1 计算市场占有率和销售额增长率

市场占有率和销售额增长率是波士顿矩阵分析中的关键数据，因此在进行分析之前，首先在Excel表格中计算出每种产品的这两个数据。下面分别对这两个指标的计算进行具体讲解。

需要注意的是，市场占有率和销售额增长率都是百分比数据，因此在计算这两个数据之前，首先将对应的单元格的格式设置为百分比格式，否则计算出来的数据将以小数形式显示。

1. 计算市场占有率

市场占有率又称“市场份额”，它是分析公司竞争状况的重要指标，也是衡量公司营销状况的综合经济指标。市场占有率高，表明公司营销状况好，竞争能力强，在市场上占有有利地位；反之，则表明公司营销状态差，竞争能力弱，在市场上处于不利地位。市场占有率包括两种情况，分别是绝对市场占有率和相对市场占有率，其计算公式分别如下。

绝对市场占有率 = 产品销售量（额）/ 市场销售总量（额）×100%

相对市场占有率 = 该产品本公司市场占有率 / 该产品市场占有份额最大者（或特定的竞争对手）的市场占有率

但是，我们通常说的市场占有率一般是指绝对市场占有率，因此，在本例中，产品的市场占有率的计算为：

市场占有率 = 本期销售额 / 市场销售总额 ×100%

选择 E2:E12 单元格区域，在编辑栏中输入公式“=C2/D2”，按【Ctrl+Enter】组合键确认输入的公式，并计算每种产品的市场占有率数据，如图 11-18 所示。

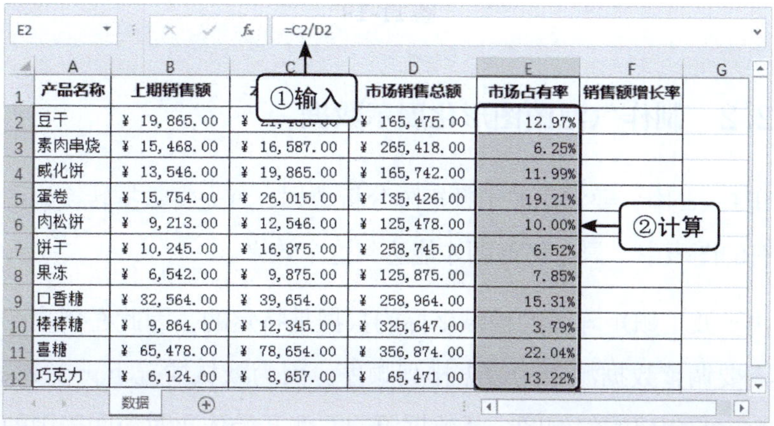

产品名称	上期销售额	[illegible]	市场销售总额	市场占有率	销售额增长率
豆干	¥ 19,865.00	[illegible]	¥ 165,475.00	12.97%	
素肉串烧	¥ 15,468.00	¥ 16,587.00	¥ 265,418.00	6.25%	
威化饼	¥ 13,546.00	¥ 19,865.00	¥ 165,742.00	11.99%	
蛋卷	¥ 15,754.00	¥ 26,015.00	¥ 135,426.00	19.21%	
肉松饼	¥ 9,213.00	¥ 12,546.00	¥ 125,478.00	10.00%	
饼干	¥ 10,245.00	¥ 16,875.00	¥ 258,745.00	6.52%	
果冻	¥ 6,542.00	¥ 9,875.00	¥ 125,875.00	7.85%	
口香糖	¥ 32,564.00	¥ 39,654.00	¥ 258,964.00	15.31%	
棒棒糖	¥ 9,864.00	¥ 12,345.00	¥ 325,647.00	3.79%	
喜糖	¥ 65,478.00	¥ 78,654.00	¥ 356,874.00	22.04%	
巧克力	¥ 6,124.00	¥ 8,657.00	¥ 65,471.00	13.22%	

图 11-18

2. 计算销售额增长率

销售额增长率是公司某段时间内某种产品销售额的变化程度，其计算公式如下。

销售额增长率 =（本期销售额 - 上期销售额）/ 上期销售额 ×100%

选择 F2:F12 单元格区域，在编辑栏中输入公式“=(C2−B2)/B2”，按【Ctrl+Enter】组合键确认输入的公式，并计算每种产品的销售额增长率数据，如图 11−19 所示。

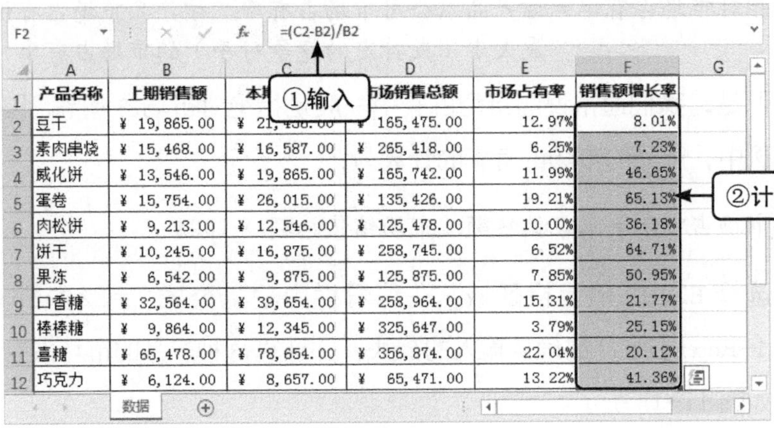

产品名称	上期销售额	本[illegible]	市场销售总额	市场占有率	销售额增长率
豆干	¥ 19,865.00	¥ 21,[illegible]	¥ 165,475.00	12.97%	8.01%
素肉串烧	¥ 15,468.00	¥ 16,587.00	¥ 265,418.00	6.25%	7.23%
威化饼	¥ 13,546.00	¥ 19,865.00	¥ 165,742.00	11.99%	46.65%
蛋卷	¥ 15,754.00	¥ 26,015.00	¥ 135,426.00	19.21%	65.13%
肉松饼	¥ 9,213.00	¥ 12,546.00	¥ 125,478.00	10.00%	36.18%
饼干	¥ 10,245.00	¥ 16,875.00	¥ 258,745.00	6.52%	64.71%
果冻	¥ 6,542.00	¥ 9,875.00	¥ 125,875.00	7.85%	50.95%
口香糖	¥ 32,564.00	¥ 39,654.00	¥ 258,964.00	15.31%	21.77%
棒棒糖	¥ 9,864.00	¥ 12,345.00	¥ 325,647.00	3.79%	25.15%
喜糖	¥ 65,478.00	¥ 78,654.00	¥ 356,874.00	22.04%	20.12%
巧克力	¥ 6,124.00	¥ 8,657.00	¥ 65,471.00	13.22%	41.36%

图 11-19

11.2.2 制作气泡图图形化展示数据

在 Excel 中，要利用波士顿矩阵分析数据，首先将数据转换为图表，在所有的图表中，只有气泡图才能达到这个效果。

由于波士顿矩阵图的横纵坐标的数据是特定的，因此在创建图表之前，需要调整数据源中的数据排列顺序。因为默认情况下，在 Excel 中选择数据源创建的气泡图，从数据源的左侧开始依次对应图表中的横坐标轴、纵坐标轴和气泡大小，所以数据源中的数据排列顺序是不方便转换为图表的，选择 C 列数据右击，在弹出的快捷菜单中选择“复制”命令，再选择 G 列单元格右击，在弹出的快捷菜单中选择“插入复制的单元格”命令，将 C 列的数据复制到该位置，如图 11–20 所示。

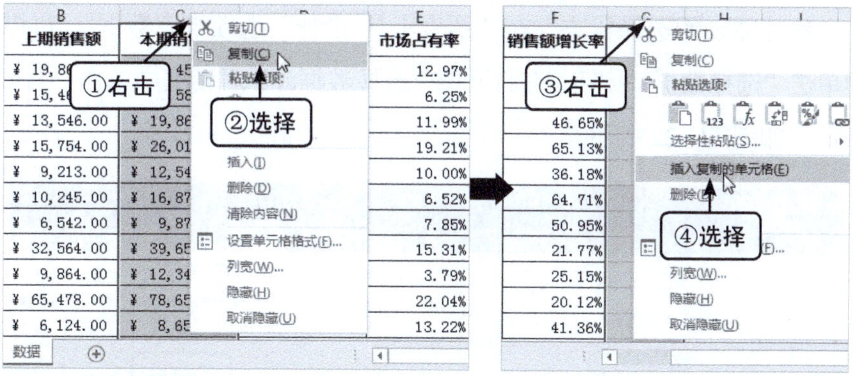

图 11-20

选择 E1:G12 单元格区域，单击“插入”选项卡，在“图表”功能组中单击“插入散点图（X、Y）或气泡图”下拉按钮，在弹出的下拉菜单中选择“三维气泡图”选项，如图 11–21 所示。

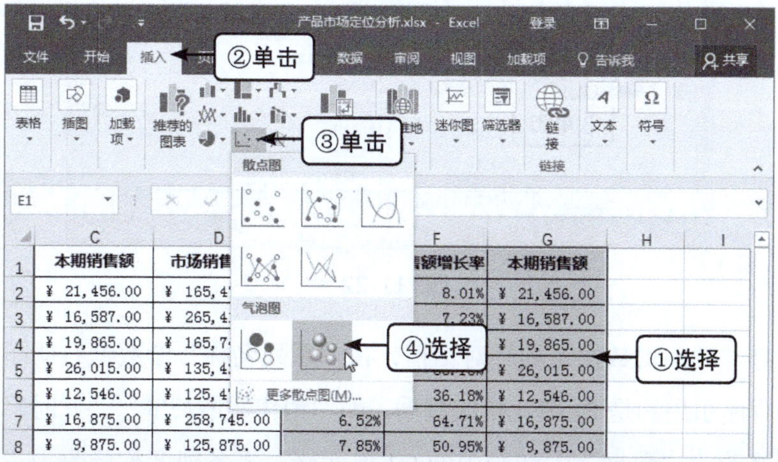

图 11-21

程序自动根据数据源创建一个气泡图，但是默认情况下创建的图表的图例和图表标题都为销售额增长率，为了更直观地展示销售额增长率、市场占有率和本期销售额数据在波士顿矩阵图中的关系，这里需要手动将图表的图例更改为本期销售额。

保持图表的选择状态，在“图表工具 设计”选项卡“数据”功能组中单击“选择数据”按钮，在打开的“选择数据源”对话框中单击“编辑”按钮，如图 11-22 所示。

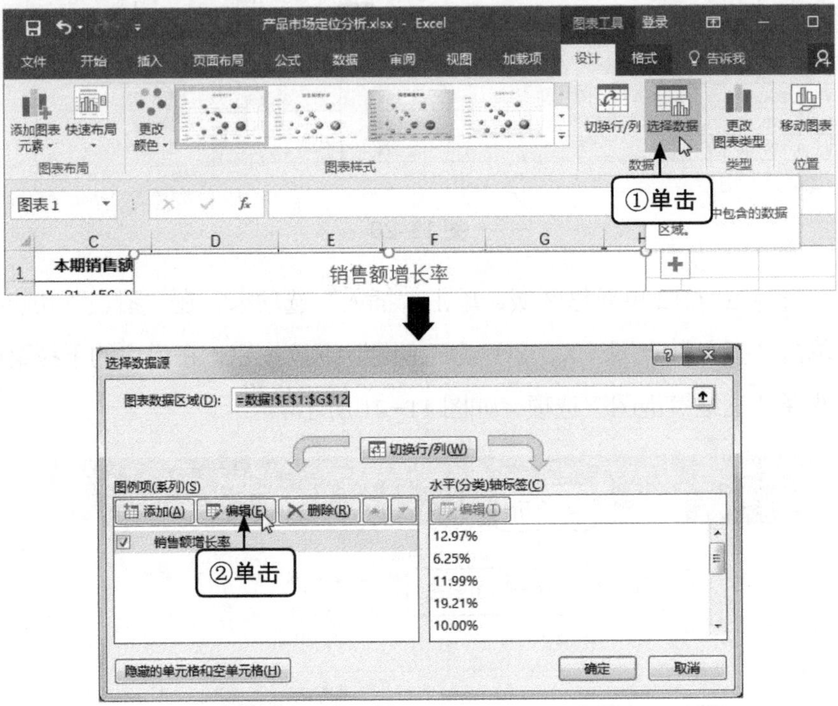

图 11-22

打开“编辑数据系列”对话框，在“系列名称”参数框右侧即可查看到程序引用的是 F1 单元格的数据，即“销售额增长率”，此时将引用位置修改为“数据”工作表中的 G1 单元格，将系列名称修改为“本期销售额”，如图 11-23 所示，单击“确定”按钮确认设置。在返回的“选择数据源”对话框中单击“确定”按钮，确认并应用设置。

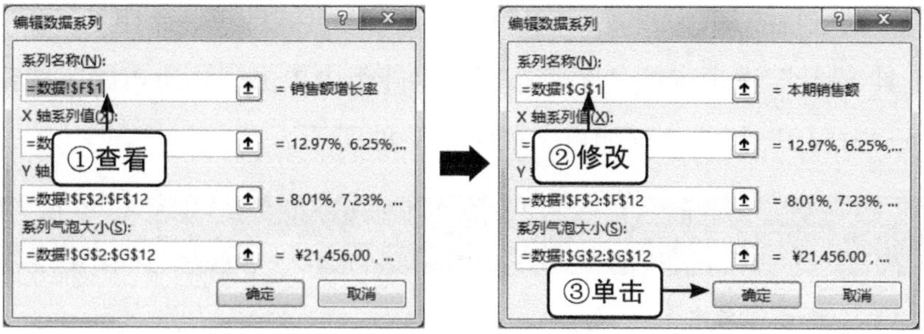

图 11-23

为了更好地查看图表中的数据，现在将图表移动到图表工作表中，在返回的工作表中单击“图表工具 设计”选项卡“位置”功能组中的“移动图表”按钮，在打开的“移动图表”对话框中选中“新工作表”单选按钮，在其右侧的文本框中输入图表工作表的名称“波士顿矩阵图”，单击“确定”按钮，如图 11−24 所示。

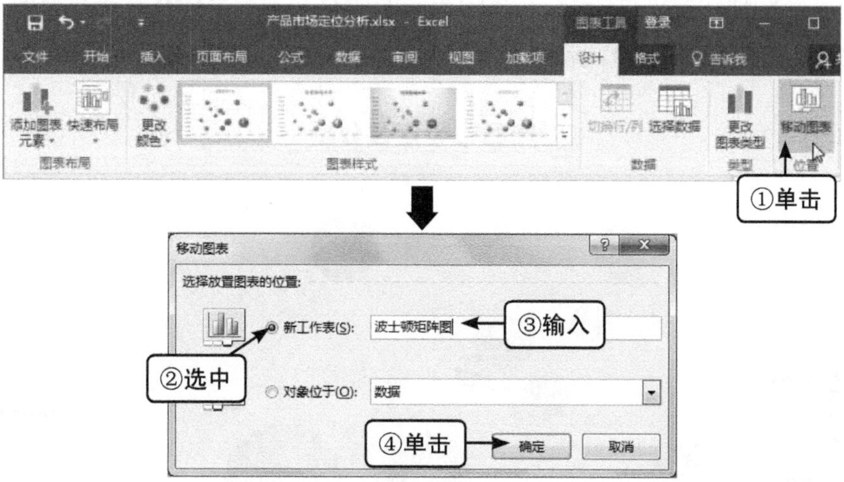

图 11-24

返回工作界面中，即可查看到程序自动新建了一个“波士顿矩阵图”图表工作表，在其中只显示了创建的气泡图。默认情况下，创建的气泡图中没有显示横坐标标题、纵坐标标题和图例这 3 个重要的元素，现在需要手动进行添加，为其应用布局 1 图表布局样式即可，操作是：在“图表工具 设计”选项卡的“图表布局”功能组中单击“快速布局”按钮，选择“布局 1”样式选项即可，如图 11–25 所示。

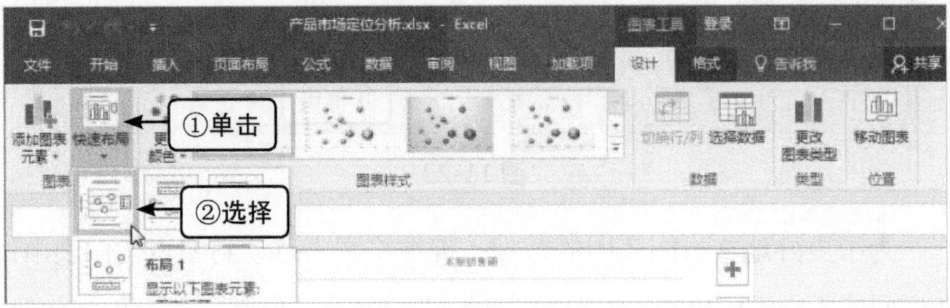

图 11-25

程序自动在图表中添加对应的横坐标轴标题占位符和纵坐标轴标题占位符，且在图表区的右侧显示图例。手动对图表标题、横坐标轴标题和纵坐标轴标题进行修改，并将图表中的所有文本的字体格式进行修改，修改后的效果如图 11–26 所示。

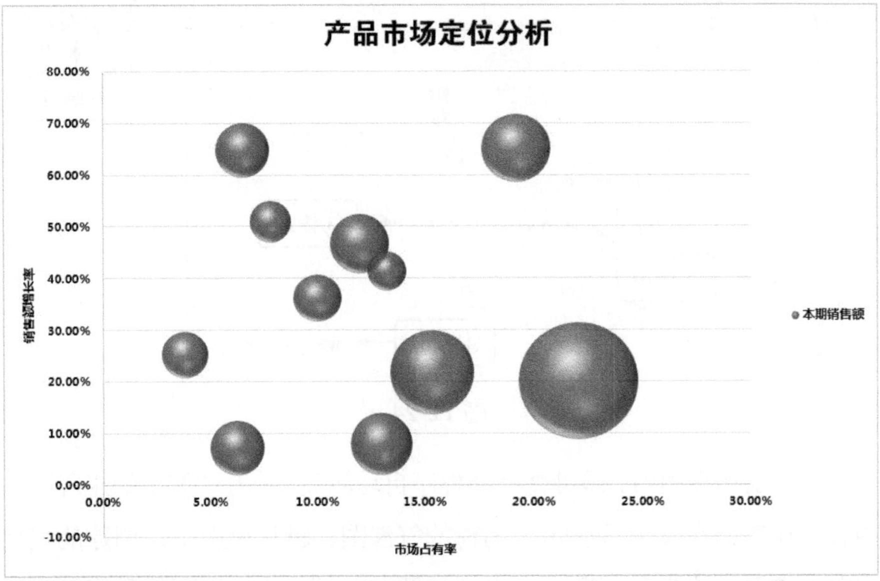

图 11-26

添加完所需的关键图表元素后，还需要对图表进行进一步优化，让图表布局更合理，更方便分析数据。

选择图表，单击右上角的“图表元素”按钮展开“图表元素”面板，将鼠标光标移动到“图例”选项上，程序自动在右侧显示向右的展开按钮，单击该按钮，在弹出的子菜单中选择“顶部”选项，如图 11–27（左）所示。通过这个设置可以将图表的图例移动到图表标题的正下方。

展开“网格线”图表元素的子菜单，选中“主轴主要垂直网格线”复选框，如图 11–27（中）所示。通过这个设置可以在图表中添加垂直网格线，用户可以利用这些网格线辅助查看数据所在的大概区域。

单击“数据标签”按钮，展开“数据标签”图表元素的子菜单，选择“居中”选项，如图 11–27（右）所示。通过这个设置可以在气泡上显示对应的数据标签，此处默认显示的数据标签是销售额增长率，该数据将在 11.2.4 节中修改为产品的名称，让数据分析更加直观。

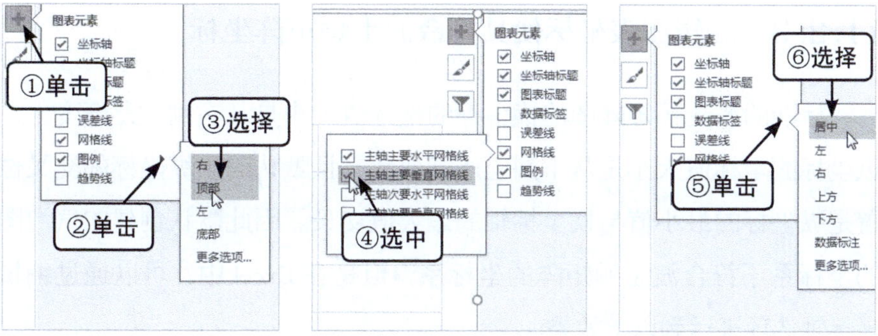

图 11-27

再次单击图表右上方的“图表元素”按钮可以关闭“图表元素”面板（也可以在图表工作表中单击图表以外的其他空白位置），在图表中选择任意气泡上的数据标签将所有气泡上的数据标签选中，将其字体格式修改为“微软雅黑，10，加粗”，将字体的颜色设置为“自动”，其最终的设置效果如图 11–28 所示。

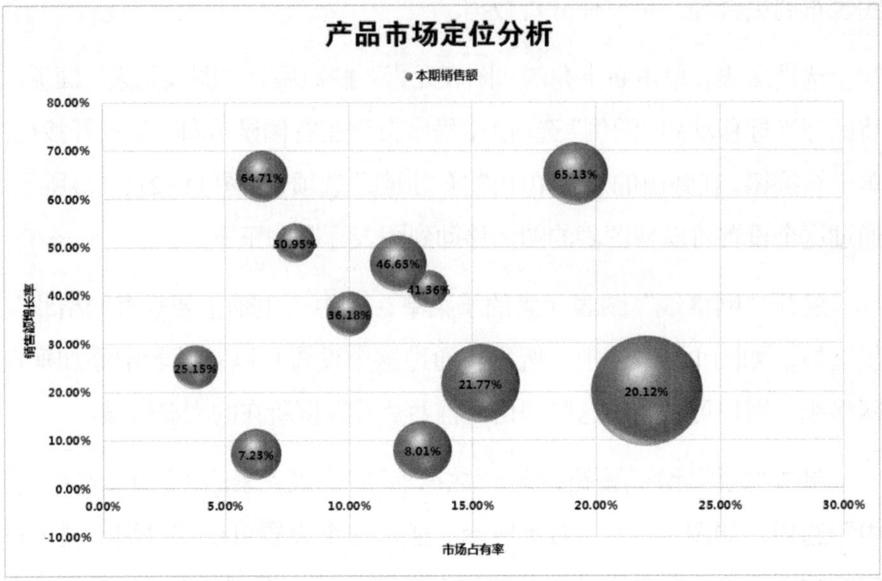

图 11-28

11.2.3 编辑图表坐标使其符合波士顿矩阵坐标

标准的波士顿矩阵图的横坐标的坐标值大小是从右到左逐渐变大，纵坐标的坐标值大小是从下到上逐渐变大，且默认的横纵坐标的交叉位置是纵坐标的最小值与横坐标轴的最大值交叉。因此默认创建的气泡图的坐标系不符合波士顿矩阵的坐标系，但是在 Excel 中，可以通过编辑坐标轴选项来达到以上效果。

选择横坐标轴，在其上右击，在弹出的快捷菜单中选择“设置坐标轴格式”命令，如图 11–29（左上）所示。

打开“设置坐标轴格式”任务窗格，在“坐标轴选项”目录下选中“逆序刻度值”复选框，如图 11–29（右上）所示，可以看到程序自动将图表的横坐标轴和纵坐标轴的坐标都进行了逆序显示，如图 11–29（下）所示。

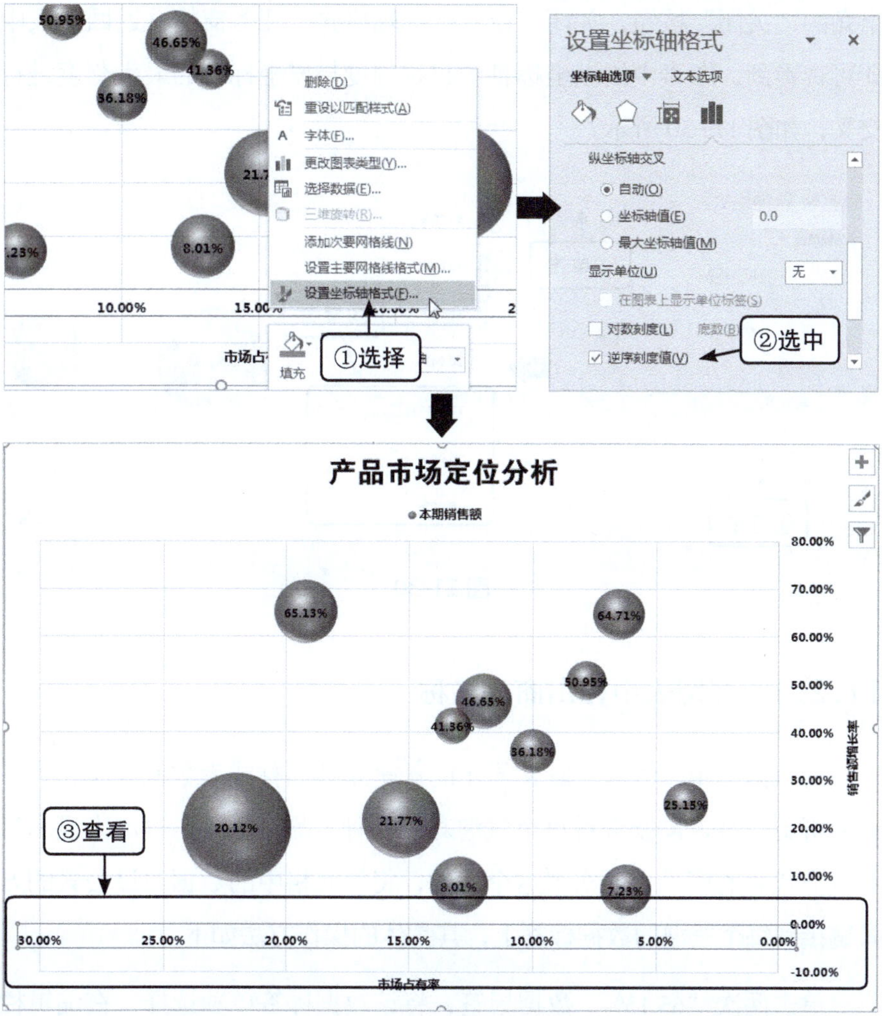

图 11-29

设置逆序刻度后，横坐标轴的显示顺序已经符合波士顿矩阵的横坐标轴显示要求，但是纵坐标轴与横坐标轴的交叉位置都是最小值，因此还需要对坐标系的交叉位置进行调整。

在“设置坐标轴格式”任务窗格的“坐标轴选项”目录下的“纵坐标轴交叉”选项组中选中“最大坐标轴值”单选按钮，单击任务窗口右上角的“关闭”按钮，关闭“设置坐标轴格式”任务窗格，返回图表中即可查看到，图表中的纵坐标轴的起始刻度与横坐标轴的最大刻度进行交叉，如图 11–30 所示。

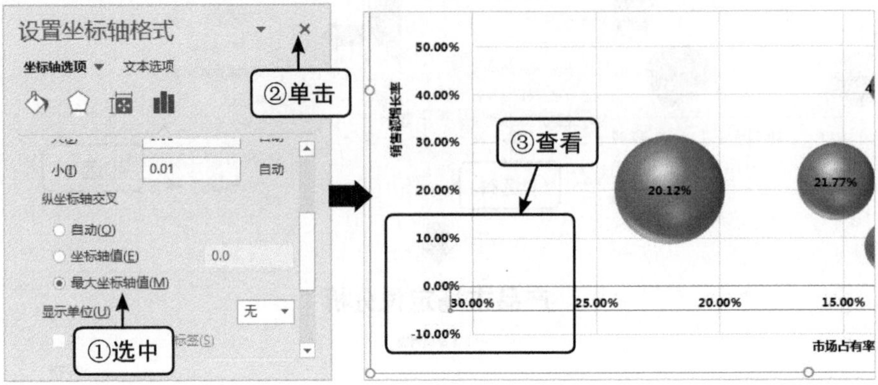

图 11-30

11.2.4 在图表中标出商品名称

在气泡图中，气泡上默认显示的都是系列名称或者数值大小，为了让分析更直观，需要查看每个气泡对应哪种产品，此时在气泡上显示每个气泡代表的产品，要实现这个目的，将单元格中的数据通过公式的方式链接到每个气泡的数据标签上，其具体的操作方法如下。

单击两次“65.13%”数据标签，将该数据标签单独选择，在编辑栏中输入“=”，选择“数据”工作表标签，程序自动切换到“数据”工作表，在其中选择销售额增长率为 65.13% 对应的产品名称所在的单元格，这里选择 A5 单元格，完成公式的输入，按【Enter】键确认输入的公式，并将工作表切换到“波士顿矩阵图”图表工作表中，此时可以查看到，图表中的气泡上的“65.13%”数据标签变为“蛋卷”数据标签，如图 11–31 所示。

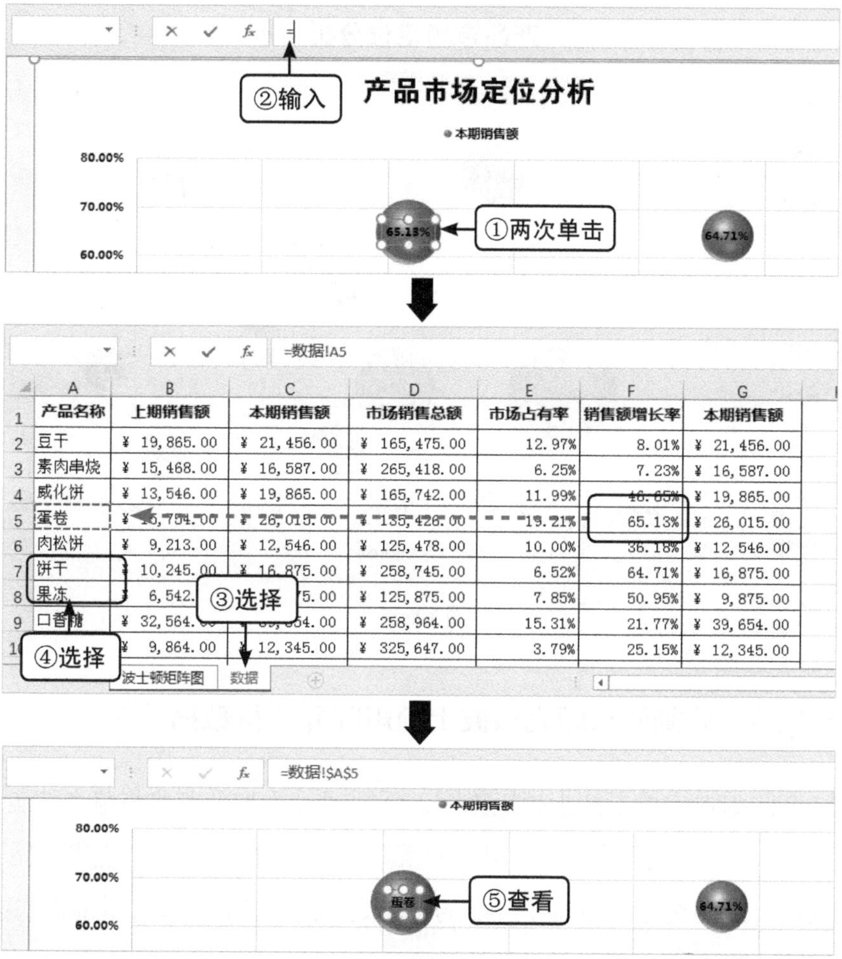

图 11-31

用相同的方法将其他气泡上的销售额增长率数据标签更换为对应的产品名称。需要注意的是，如果销售额增长率相同，要确定该数据对应的产品时，就必须结合市场占有率来进行坐标定位，从而确定最终的产品名称，本例最后将所有销售额增长率标签更改为产品名称后的效果如图 11-32 所示。

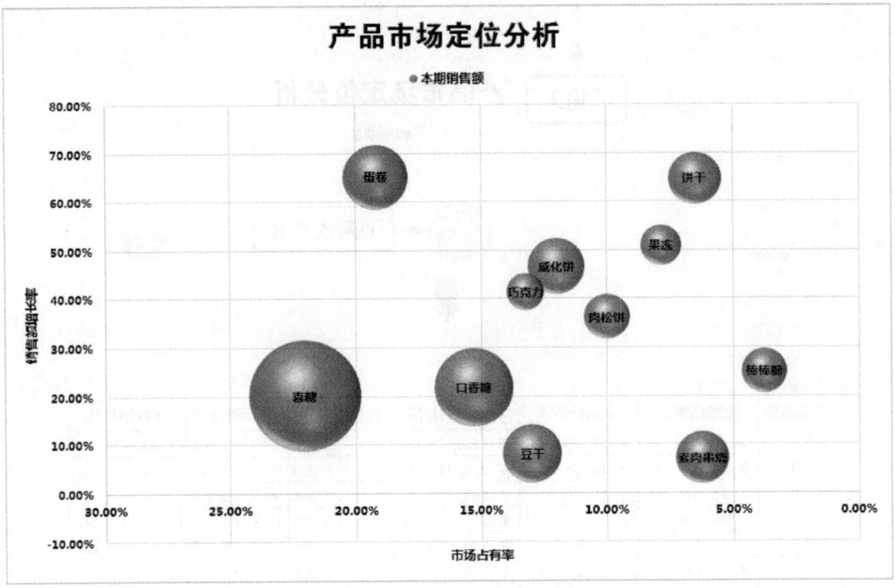

图 11-32

11.2.5 分割四象限完善波士顿矩阵并分析数据

至此基本完成了波士顿矩阵图，下面通过添加分割线将整个波士顿矩整图划分为“问题产品”、“明星产品”、“现金牛产品”和“瘦狗产品”4个区域，从而更好地对每个产品的市场定位进行判断。如何来确定矩阵图中的分割线呢？

通常，以 10% 的销售额增长率和 20% 的市场占有率为高低标准分界线，将坐标图划分为 4 个象限，但是不同的公司，其划分界限的位置也是不同的，这必须结合公司自身所处的环境来确定，有的公司销售额只要比去年增长 10% 就够了，但是有的公司却要增长 100% 才行，即销售额必须倍增。

在本例中，假设销售额增长率为 40%，市场占有率为 10% 就够了，即以这个数据来绘制分割线。

对于分割线，用 Excel 中的直线形状代替即可，先选择图表，单击“插入”选项卡，在“插图”功能组中单击“形状”下拉按钮，在弹出的下拉列表中选择“线条”栏下的“直线”选项，如图 11–33 所示。

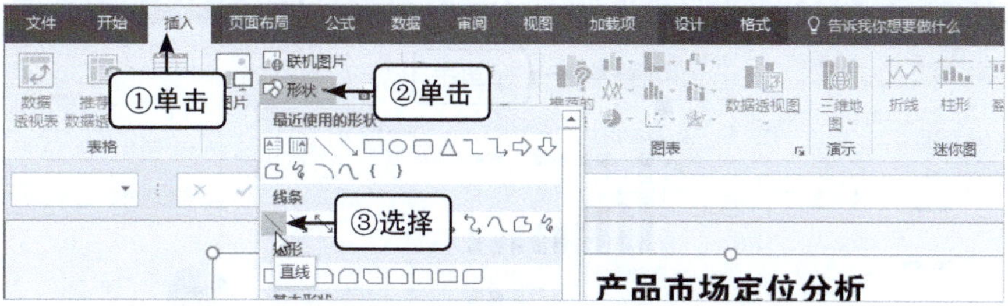

图 11-33

此时，鼠标光标变为十字形状，将其移动到销售额增长率为 40% 的坐标刻度上，按住鼠标左键不放的同时按下【Shift】键，向右拖动鼠标光标到最右侧的垂直网格线位置后释放鼠标左键，绘制一条水平直线。

保持直线的选择状态，在“绘图工具 格式”选项卡中单击“形状轮廓”按钮右侧的下拉按钮，在弹出的下拉菜单中选择“深红”选项，更改直线的轮廓颜色，如图 11–34 所示。

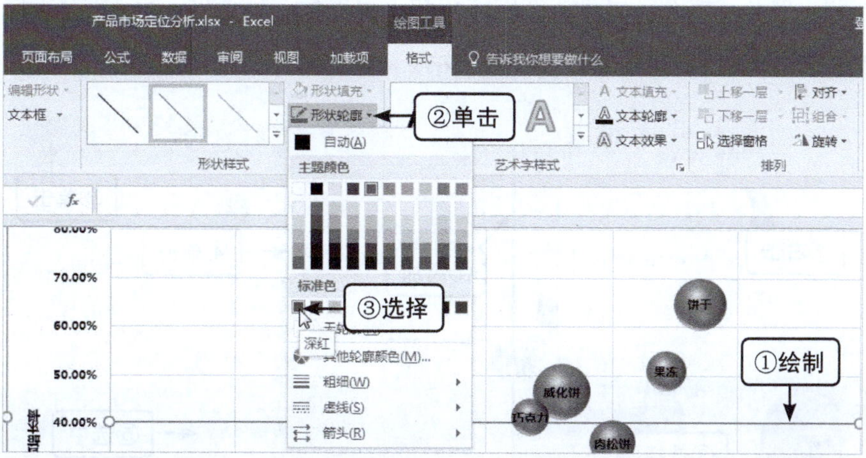

图 11-34

再次展开“形状轮廓”下拉菜单，选择“粗细”选项，在弹出的子菜单中选择“3 磅”选项，更改水平直线的粗细，如图 11−35 所示。

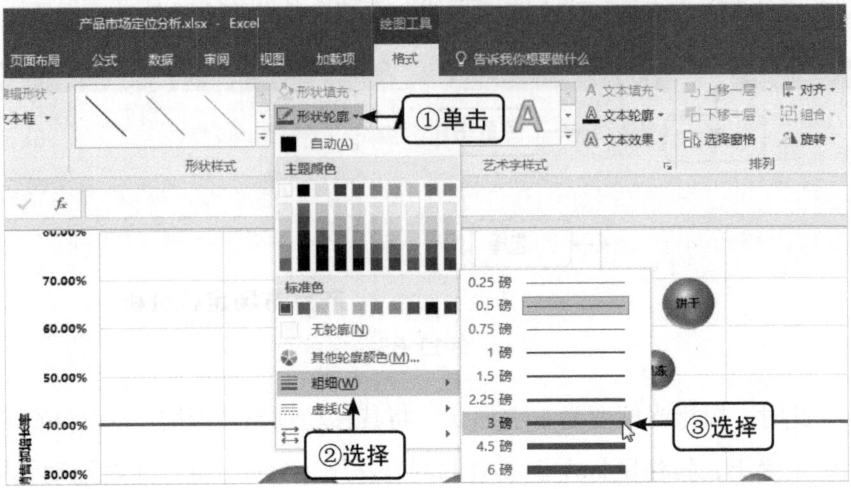

图 11-35

用相同的方法在市场占有率为 10% 的位置添加相同格式的垂直直线。选择所有的数据系列，在其上右击，在弹出的快捷菜单中选择“设置数据系列格式”命令，打开“设置数据系列格式”任务窗格，单击“填充”按钮，展开“填充”目录，选中“依数据点着色”复选框，单击“关闭”按钮关闭任务窗格，如图 11−36 所示。

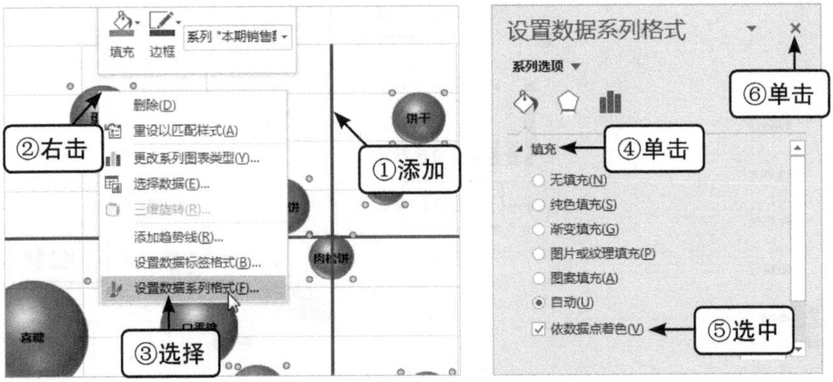

图 11-36

返回图表中即可查看到，程序自动以数据点为单位，为每个数据点都填充了不同的颜色，以示区别，最后用矩形形状的方式在每个象限的合适位置添加对应的标签，让“问题产品”、“明星产品”、“现金牛产品”和“瘦狗产品”4 个区域更直观，其最终的效果如图 11-37 所示。

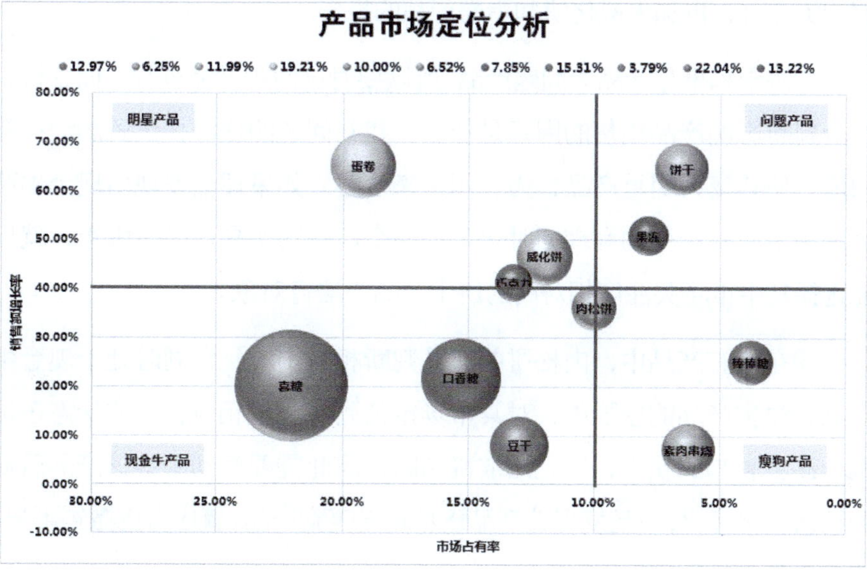

图 11-37

从上面的波士顿矩阵图中，可以得到如下结论。

①由于气泡的大小代表的是各产品的本期销售额，而喜糖和口香糖产品的气泡明显大，因此可以判定这两种产品是该公司的主力产品。

②棒棒糖和素肉串烧是瘦狗产品，公司要考虑是否停止生产该产品。

③喜糖、口香糖和豆干产品为公司的现金牛产品，由于这 3 类产品的市场相对稳定，因此所需要投入的精力不会太多，公司尽量维持这 3 类产品的目前生产情况即可，并将由这些产品产生的利润合理分配，用于投资明星产品和问题产品。

④蛋卷、威化饼和巧克力产品是公司的明星产品，为了提升其市场竞争力，公司应该继续投资，加大宣传力度，使其变为现金牛产品。尤其是巧克力产品，已经有部分跨向现金牛产品的象限，如果评估时发现公司目前资金有些紧张，可以优先考虑主要投资和宣传该产品，待有足够的资金时，再加大威化饼和蛋卷产品的投资。

⑤饼干和果冻产品为问题产品，所以要对这两种产品进行全面分析，综合判断影响产品销售的因素是什么，找到问题的根源，然后加大投资力度，使其变为明星产品，为公司带来效益。如果评估发现由现金牛产品和明星产品产生的利润同时培育这两个产品为明星产品有困难，就只能选择其中市场关注度相对高的饼干产品为培育对象。

⑥在所有产品中，肉松饼的产品判断相对困难，它同时处于现金牛产品和瘦狗产品的象限中，对其市场定位到底属于相对稳定的状态还是属于逐步衰竭的状态，还无法准确判断，因此需要密切观察该产品后期的销售变化情况，一旦发现该产品逐步转向瘦狗产品，就应考虑撤销下架，停止生产。